Vicens Vives
Educació Secundària

Geografia i Història

en Xarxa GiH 1

CONTÉ LLICÈNCIA DIGITAL

Cristina Gatell Arimont (Coordinació)
Catedràtica de Secundària de Geografia i Història

Rafael de Miguel González
Professor de Didàctica de la Geografia
President d'EUROGEO

Jesús Domínguez Castillo
Catedràtic de Secundària de Geografia i Història

Joaquín García Andrés
Professor de Secundària de Geografia i Història

José Antonio Lucero Martínez
Professor de Secundària de Geografia i Història
Youtuber a "La cuna de Halicarnaso"

Diego Sobrino López
Professor de Secundària de Geografia i Història

Mireia Garcia González
Professora de Secundària de Geografia i Història

Com és aquest llibre

L'objectiu principal d'aquest projecte és desenvolupar les capacitats que permeten a l'alumnat analitzar fets i situacions a partir de l'aplicació de **metodologies actives**, **dinàmiques** i **motivadores**, i de les competències pròpies de la matèria.

D'aquesta forma es fomenta l'interès per la investigació i el coneixement, amb l'objectiu que l'alumnat adquireixi hàbits de **reflexió** i **pensament crític**, habilitats per al **treball en equip**, l'**aprenentatge autònom**, la **iniciativa personal**, etc., per desenvolupar una consciència ciutadana.

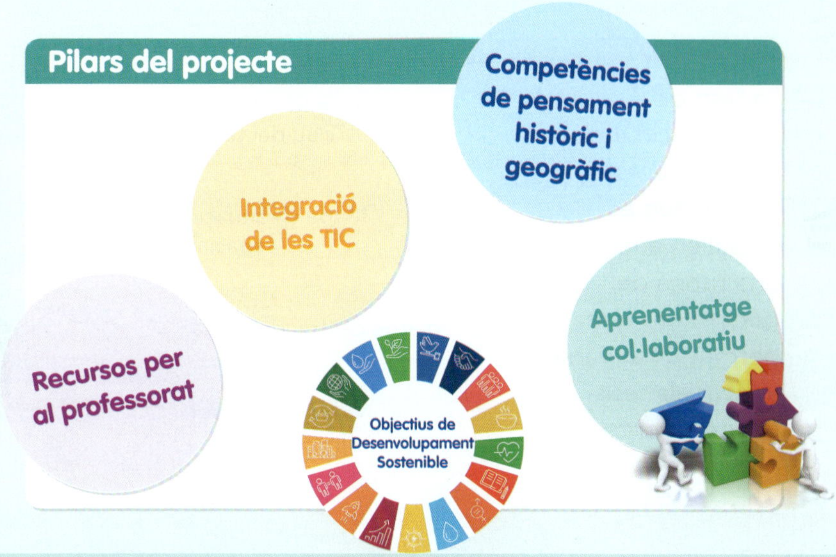

En aquest projecte trobaràs:

Àudios
Audiollibre per escoltar els continguts dels apartats.

Vídeos
Vídeos motivadors per aplicar la Flipped Classroom.

Recursos gràfics
Elements gràfics per focalitzar l'atenció i interpretar els continguts.

edubook BASIC

Activa la llicència impresa en aquest llibre a **activa.vicensvives.com** i accedeix a:

- Continguts digitals
- Vídeos motivadors
- Activitats digitals
- Animacions digitals i infografies

La proposta d'exercicis, activitats i tasques va dirigida a afavorir les competències, les dimensions i els processos cognitius que es treballen. S'indiquen de la manera següent:

Competències de la matèria i dimensions

En aquest llibre es treballen quatre grups de competències, que es corresponen amb quatre dimensions de les ciències socials. Aquestes dimensions s'han fet atenent a criteris de teoria del coneixement, didàctics i educatius:

- **Dimensió històrica**
- **Dimensió geogràfica**
- **Dimensió cultural i artística**
- **Dimensió ciutadana**

Processos cognitius

Conèixer: en aquestes activitats l'alumnat treballa directament el contingut.

Aplicar: aquestes activitats relacionen el contingut treballat amb els coneixements previs de l'alumnat i amb l'entorn, és a dir, treballen amb el context.

Raonar: aquestes activitats tenen com a objectiu que l'alumnat reflexioni, expliqui i raoni els perquès de les seves respostes.

Cada tema s'estructura en tres fases pedagògiques

Començo

La fase de presentació inclou uns elements gràfics que es treballen amb una rutina de pensament que permet a l'alumnat activar els seus coneixements previs.

Títol interrogatiu.

Aprendràs: punts clau del tema.

Mapa de situació espacial.

Imatge central del tema.

Vídeo motivador.

Eix cronològic en els temes d'història i il·lustracions de conceptes clau en els temes de geografia.

Rutina de pensament: Observo, Penso, Em pregunto.

Penso geogràficament i històricament

En aquesta segona fase es desenvolupen els continguts amb diferents tipus d'activitats, classificades segons els processos cognitius, les competències bàsiques i les competències de pensament geogràfic o històric.

Títol de l'apartat en forma de pregunta.

Activitats classificades segons els processos cognitius: conèixer, aplicar i raonar.

Títols dels subapartats en forma de frase.

Competències històriques i geogràfiques

Activitats que permeten a l'alumnat contextualitzar els fets i interpretar la informació per adquirir-ne consciència a través de les competències.

Competències geogràfiques i històriques

- Canvi i continuïtat
- Passat i present
- Empatia
- Espai i temps
- Causalitat
- Fonts històriques
- Patrimoni històric i artístic

- Localització
- Fonts d'informació geogràfiques
- Causes múltiples
- Processos geogràfics
- Patrimoni ambiental i desenvolupament sostenible
- Pensament crític
- Compromís cívic

Mapes, il·lustracions, gràfics, esquemes, etc., que complementen el contingut dels apartats.

Tiching.

Fonts històriques o geogràfiques que permeten la reconstrucció, l'anàlisi i la interpretació dels esdeveniments i l'espai.

Continguts distribuïts en blocs, amb alguns documents per estructurar-ne la informació.

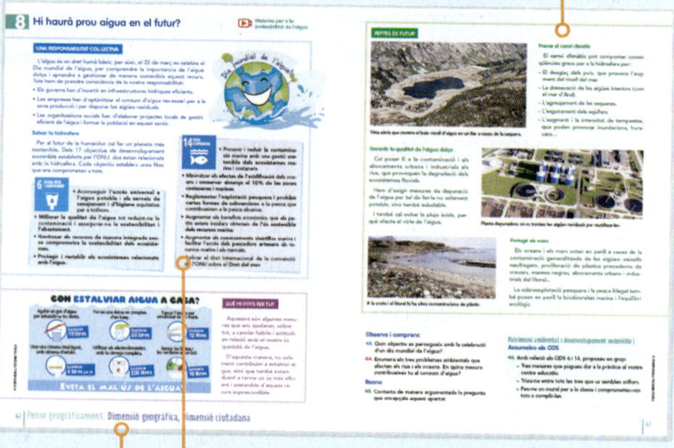

Dimensions que es treballen a la doble pàgina.

Documents que amplien o complementen continguts de l'apartat.

M'avaluo

En l'última fase s'inclouen activitats per tal que l'alumnat sintetitzi i consolidi els coneixements i competències desenvolupats al llarg del tema.

Resum i mapa conceptual.

Activitats per consolidar allò après.

Activitats competencials.

Anàlisi d'un vídeo de l'interior del tema.

Desenvolupament d'un procediment.

Col·laboro i comunico

Activitats per desenvolupar el treball col·laboratiu a l'aula.

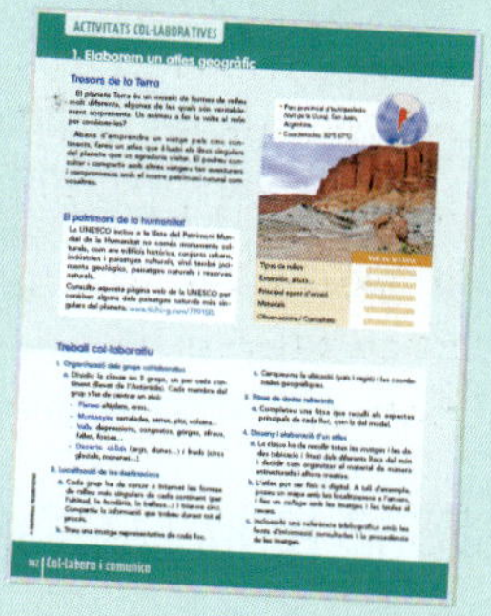

Projecte digital

Continguts del projecte en format digital, distribuïts en diapositives que s'estructuren segons aquestes fases pedagògiques:

edubook BASIC

»

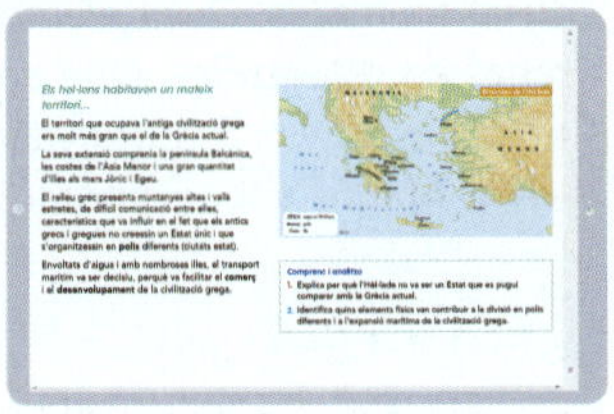

»

»

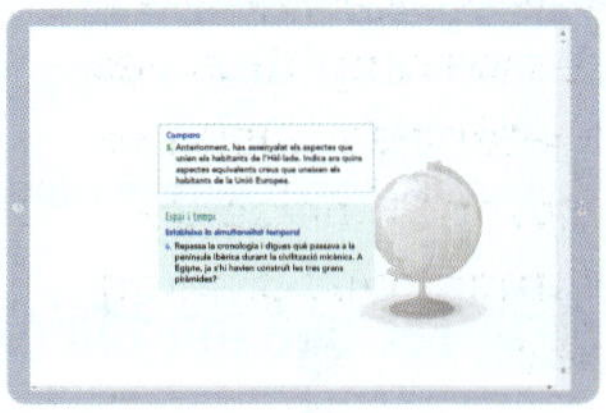

Vídeos

Vídeo motivador que introdueix el tema i activa els coneixements previs.

Vídeo que recrea una narrativa històrica o explica un aspecte del tema, amb activitats per consolidar-ne els coneixements.

Activitats digitals

Activitats digitals autocorrectives per reforçar els processos d'aprenentatge.

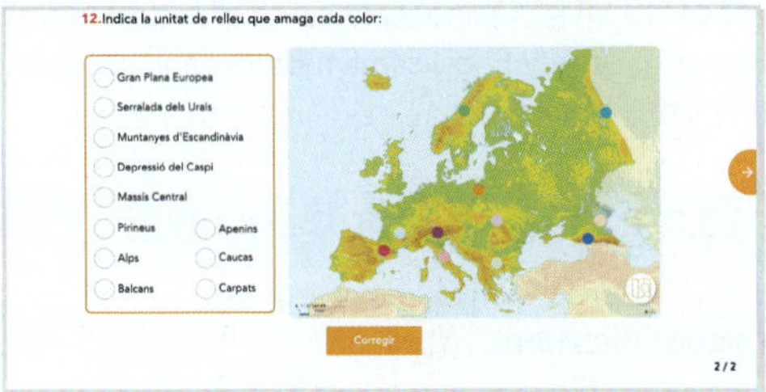

tiching.com

Enllaços a Internet que permeten ampliar algun contingut del tema.

Geografia

Història

1 La Terra, un planeta viu?

En aquest tema aprendràs:

- Com són l'Univers i el Sistema Solar.
- Que a la Terra es donen unes condicions astronòmiques i geogràfiques úniques que permeten el desenvolupament de la vida.
- Com determinar coordenades geogràfiques i calcular distàncies.
- Com podem representar la Terra.
- Com s'interpreta un mapa topogràfic.

La Terra des de l'Estació Espacial Internacional.

Començo

Observo...

- Quins cossos celestes observes a la il·lustració principal?
- Si contemplem la Terra des de l'espai, quines parts s'hi distingeixen?
- Quins colors aprecies en els continents de la Terra?

Big Bang.

Sistema Solar.

Elements de la Terra.

Coordenades geogràfiques.

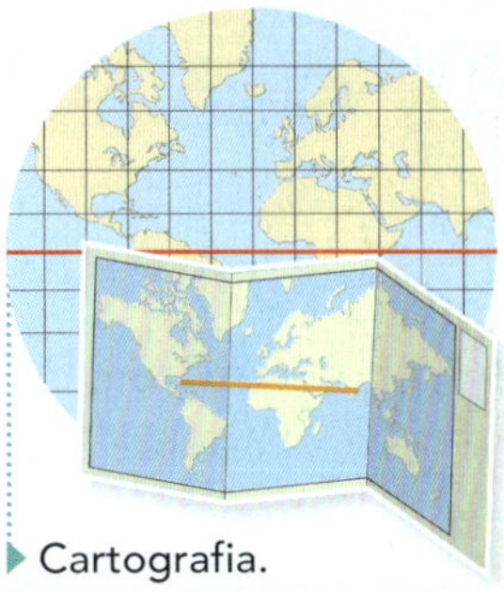

Cartografia.

La Terra a l'Univers.

... penso...

- El nostre planeta és l'únic del Sistema Solar que té aigua i vida. Saps per què?
- L'aigua i l'atmosfera... són les úniques condicions perquè existeixi vida a la Terra?
- De quina manera podem localitzar un lloc a la Terra?

... i em pregunto

Després de veure el vídeo, planteja dues preguntes que et semblin interessants sobre els **Objectius de Desenvolupament Sostenible (ODS)**, i posa-les en comú amb la resta de la classe.

OBJECTIUS DE DESENVOLUPAMENT SOSTENIBLE

1 Què és i com va sorgir l'Univers?

L'Univers és tot el que existeix...

L'Univers és la totalitat de la matèria, l'energia, l'espai i el temps, és a dir, de tot allò que es pot tocar, mesurar o detectar.

L'Univers està format per galàxies, constel·lacions, estels, planetes, cometes, asteroides, meteoroides, etc.

... i les galàxies formen part de l'Univers

Les **galàxies** són els cossos celestes més grans de l'Univers i n'hi ha de diversos tipus i mides.

Estan compostes per conjunts d'estels, planetes, matèria fosca, núvols formats per gas, pols còsmica i energia units per la força de la gravetat.

Els astrònoms calculen que a l'Univers hi ha prop de dos bilions de galàxies.

Un any llum

Es tracta d'una unitat de longitud que es fa servir per indicar distàncies astronòmiques, com per exemple la distància entre estels i galàxies.

Un any llum equival a la distància que la llum recorre en un any, que és aproximadament de 9,46 bilions de kilòmetres.

La velocitat de la llum té un valor proper a 300 000 km per segon.

La teoria del Big Bang

Per a la majoria de científics la teoria més acceptada sobre l'origen de l'Univers és la del **Big Bang** o la **gran explosió**, que va tenir lloc fa uns 13 800 milions d'anys i que va llançar matèria en totes les direccions i que va fer que l'espai s'expandís per ell mateix.

Quan l'Univers es va refredar, la matèria es va condensar per formar els diversos **cossos celestes**.

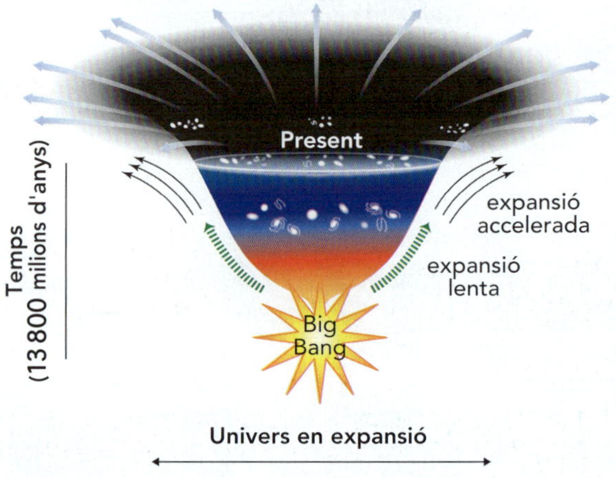

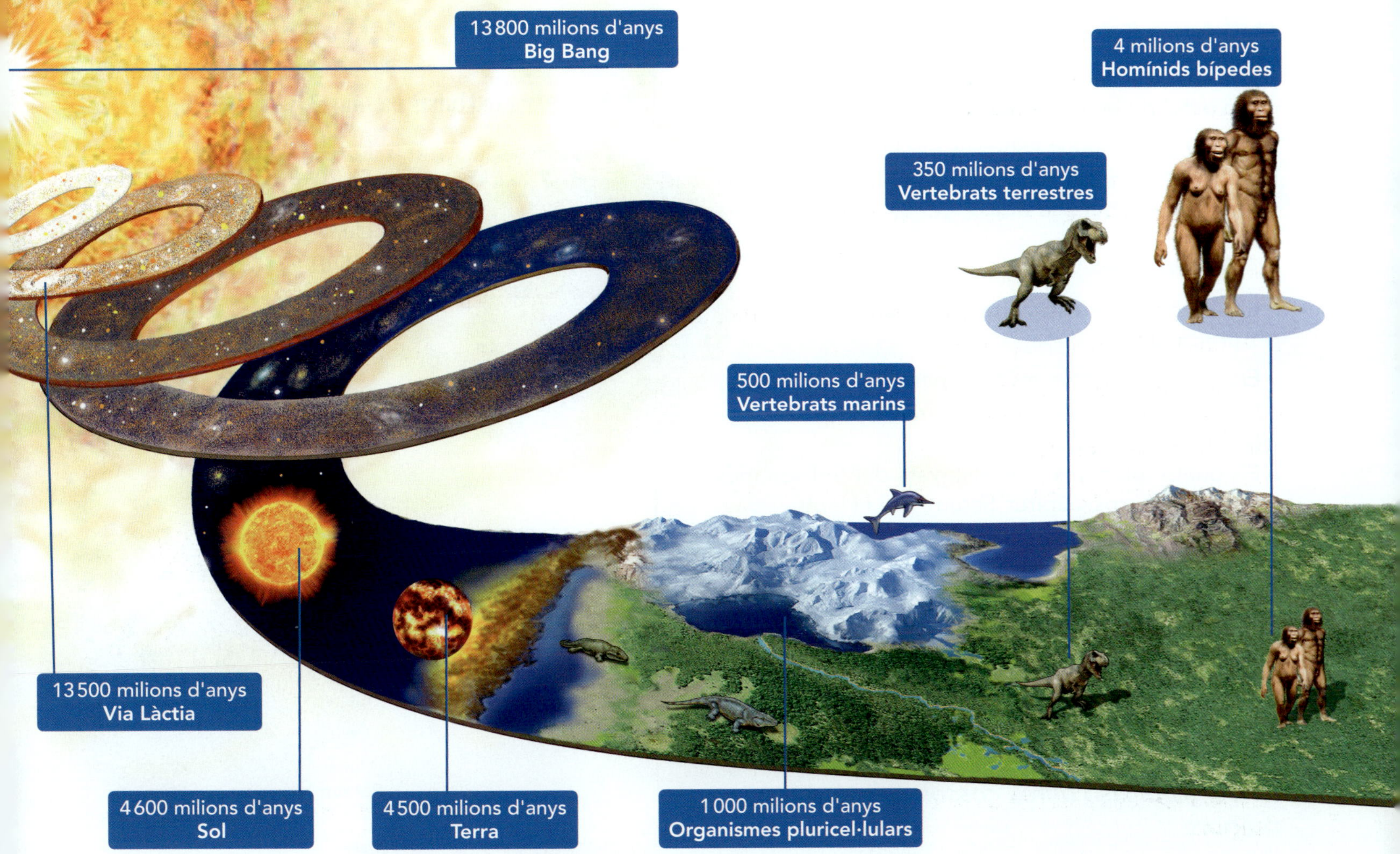

La nostra galàxia és la Via Làctia

A l'Univers hi ha centenars de milers de milions de galàxies, que formen grups les unes amb les altres. La **Via Làctia** pertany a un grup de més de quaranta galàxies, que constitueix l'anomenat **Grup Local**. D'aquest conjunt la galàxia més propera a nosaltres és **Andròmeda**.

La **Via Làctia** té forma d'espiral, amb diversos braços que giren al voltant del centre, i agrupa una multitud d'estels, entre 100 000 i 400 000 milions. Un d'aquests estels és el Sol.

El diàmetre de la Via Làctia és d'uns 200 000 anys llum, és a dir, tardaríem 200 000 anys a creuar-la a la velocitat de la llum.

En un dels braços de la Via Làctia hi ha el **Sistema Solar**, format per un estel central, el Sol, i un gran nombre de cossos celestes que hi giren al voltant units per la força de la gravetat.

El planeta Terra i el seu satèl·lit, la Lluna, formen part del Sistema Solar.

Comprenc

1. Ordena de més gran a més petit els cossos celestes següents: estel, galàxia, planeta i satèl·lit.
2. Què és una galàxia? A quina galàxia es troba la Terra?
3. Com es mesuren les distàncies a l'Univers?
4. Assenyala les diferències entre la Via Làctia i el Sistema Solar i digues quina relació tenen.

Investigo

5. La teoria del Big Bang és l'única que explica l'origen de l'Univers? Busca a Internet altres teories que en descriguin l'origen.
6. Esbrina quins altres tipus de galàxies existeixen segons la forma que tenen.

Processos geogràfics | Interpreto els canvis

7. Observa el dibuix i contesta: van tardar el mateix a formar-se els estels, els planetes, els éssers vius i els éssers humans?

2 Com és el nostre Sistema Solar?

El Sistema Solar està format pel Sol...

El Sistema Solar s'organitza al voltant del Sol, que és un **estel de la Via Làctia**.

El Sol està compost sobretot per hidrogen (92%) i heli (7,8%), i produeix l'energia, la llum i la calor necessàries per a la vida.

... els planetes...

El Sistema Solar està format per vuit planetes principals:

- Els quatre **planetes més propers al Sol** són relativament **petits** i **rocosos**: Mercuri, Venus, la Terra i Mart.
- Els quatre **planetes més allunyats del Sol** són **més grans** i **gasosos**: Júpiter, Saturn, Urà i Neptú.

Els planetes giren al voltant del Sol descrivint una òrbita el·líptica que és més gran com més distància hi ha respecte del Sol.

D'aquesta manera, Mercuri –el planeta més proper al Sol– tarda 20 dies a completar una volta, mentre que Neptú –el planeta més allunyat del Sol– tarda gairebé 165 anys.

... els satèl·lits i altres cossos celestes menors

Alguns planetes tenen un satèl·lit o més d'un que giren al seu voltant. La Lluna és el satèl·lit que gira al voltant de la Terra. Altres cossos menors del Sistema Solar són:

- Els **asteroides**, cossos rocosos més petits que un planeta. La majoria giren al voltant del Sol formant cinturons. D'altres creuen les òrbites dels planetes.
- Els **cometes**, formats per heli, pols i roques, que són visibles quan s'acosten al Sol.
- Els **meteoroides**, trossos d'asteroides o cometes que viatgen per l'espai.

Hi ha aigua a la Lluna? I a Mart?

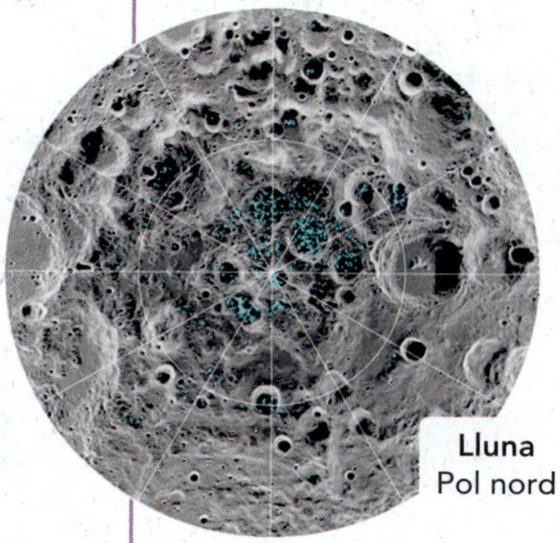

Lluna
Pol nord

El 2018 es va confirmar la presència d'aigua a la Lluna i a Mart, com pots comprovar en aquestes imatges.

L'agència espacial dels Estats Units (NASA) ha confirmat evidències de gel als dos pols de la Lluna, com pots comprovar mirant les taques blaves d'aquestes fotografies.

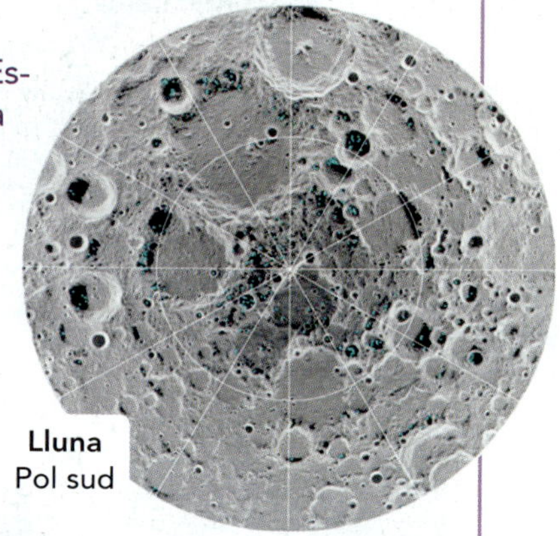

Lluna
Pol sud

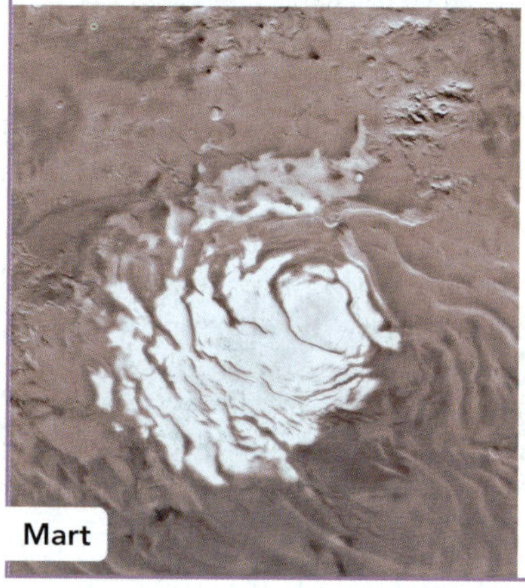

Mart

A Mart ja s'havia demostrat prèviament la presència d'aigua, però ara s'ha anunciat el descobriment d'un llac d'aigua líquida sota el gel del pol sud.

Observo i comprenc

8. Fes la distinció entre planetes majors i planetes menors i explica'n les diferències.
9. Quin planeta fa més lentament el moviment de rotació? I més ràpid?
10. Ordena els planetes del Sistema Solar per mida (diàmetre del seu equador), pes (massa) i durada del període de rotació.

Pensament crític | Distingeixo les dades de les opinions

11. L'existència d'aigua a la Lluna i a Mart, és una dada comprovada? Com ho han sabut els científics?
12. S'ha comprovat també l'existència de vida a Mart, encara que siguin organismes de mida microscòpica? Segons el teu parer, creus que és possible? Per què?

ELS PLANETES DEL SISTEMA SOLAR					
Planeta	Distància del Sol en km	Diàmetre del seu equador (vegades el de la Terra)	Vegades la massa de la Terra	Període de rotació (dies)	Períodes de translació (anys)
Mercuri	57 910 000	0,382	0,06	58,6	0,241
Venus	108 200 000	0,949	0,82	243	0,615
Terra	149 600 000	1,00	1,00	1,00	1,00
Mart	227 940 000	0,53	0,11	1,03	1,88
Júpiter	778 330 000	11,2	318	0,414	11,86
Saturn	1 429 400 000	9,41	95	0,426	29,46
Urà	2 870 990 000	3,98	14,6	0,718	84,01
Neptú	4 504 300 000	3,81	17,2	0,671	164,79

3 Per què hi ha vida a la Terra?

Condicions de la Terra que permeten la vida

Perquè hi ha aigua...

La Terra disposa de **reserves d'aigua**, tant salada com dolça, que es troba en els tres estats físics: sòlid, líquid i gasós.

L'**aigua és essencial per a la vida**, sobretot l'aigua dolça líquida. Sense la presència d'aigua no s'haurien desenvolupat els primers organismes vius en aquest planeta, ni es podria mantenir l'espècie humana.

... perquè l'atmosfera és rica en oxigen...

L'atmosfera és una capa gasosa que protegeix la Terra de **les radiacions solars nocives**, ja que són filtrades en gran part per la capa d'ozó.

L'atmosfera també **fa que no hi hagi grans contrastos tèrmics** perquè regula la temperatura gràcies a l'efecte d'hivernacle natural.

A més, conté una sèrie de gasos necessaris per al desenvolupament de les funcions vitals dels éssers vius, com ara l'**oxigen** i el **nitrogen**.

... perquè rep llum i energia del Sol...

La distància de la Terra al Sol fa que la **llum**, la **calor** i l'**energia** del Sol que arriben a l'atmosfera no siguin extrems.

El camp magnètic de la Terra, a més, protegeix el planeta dels vents solars i, sobretot, la capa d'ozó.

La successió de dies i nits, així com d'estacions, també contribueix a aquest equilibri tèrmic de la Terra.

... i pels cicles naturals

La Terra està formada per tres elements que tenen una composició química molt variada:

- L'**atmosfera**, la capa gasosa que envolta la Terra, es compon de nitrogen, oxigen, argó...
- La **hidrosfera**, el conjunt d'aigües de la Terra, està formada per hidrogen, oxigen...
- La **litosfera**, l'escorça terrestre, conté ferro, oxigen, silici, magnesi...

Aquests tres elements es relacionen entre ells creant **cicles naturals**, que són imprescindibles perquè **hi hagi vida a la Terra** i són clau per a la **biosfera**, que és el sistema format pel conjunt d'éssers vius de la Terra.

Els cicles naturals són els processos físics i químics que tenen lloc quan interactuen els elements que componen la Terra per redistribuir l'aigua i els nutrients necessaris per a la vida.

Els cicles naturals principals són el **cicle del carboni** i el **cicle de l'aigua**, que analitzarem al tema 3.

Els elements de la Terra

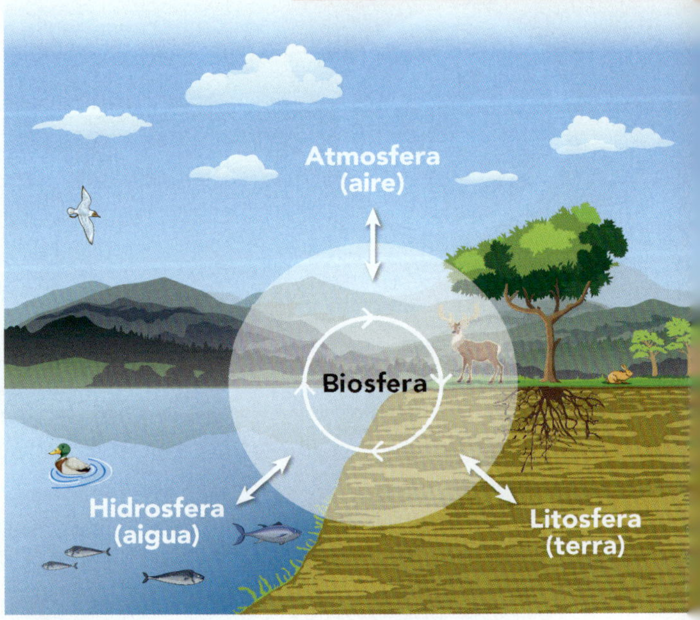

Els elements que componen la Terra estan relacionats entre ells, de manera que, si un es modifica, la resta es veuen afectats.

El cicle natural del carboni

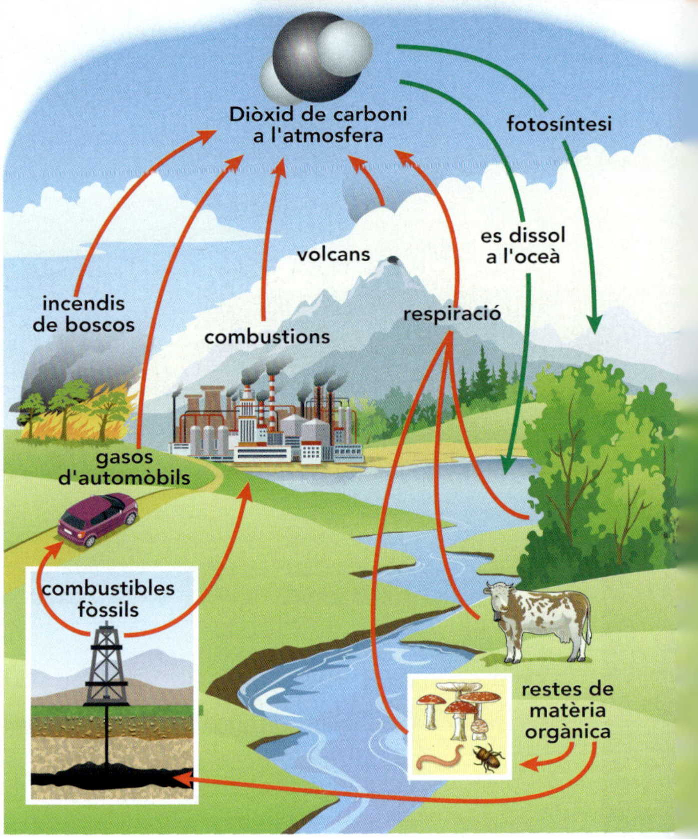

El carboni circula a través de l'atmosfera en forma de diòxid de carboni (CO_2); a la hidrosfera en forma de carbonat; i a la litosfera, per exemple, el trobem en el carbó i el petroli. Una interrupció d'aquest cicle comportaria problemes greus per als éssers vius.

EL FUTUR DE LA VIDA A LA TERRA

El futur de la vida a la Terra depèn de si s'aconsegueix un **desenvolupament sostenible**, capaç de satisfer les necessitats actuals dels éssers humans sense comprometre els recursos i les possibilitats de les generacions futures.

Amb la finalitat d'aconseguir un desenvolupament sostenible, l'Organització de les Nacions Unides (ONU) ha elaborat els **Objectius de Desenvolupament Sostenible (ODS)**, un conjunt d'objectius globals per erradicar la pobresa, protegir el planeta i assegurar la prosperitat per a tothom.

Cada objectiu té metes específiques que s'han d'assolir en els propers 15 anys amb la participació de tot el món.

Comprenc

13. Per què l'oxigen i l'aigua són dos elements imprescindibles per a la vida?

14. Quins són els tres elements de la Terra? Explica en què consisteix cadascun. Què és la biosfera?

Raono

15. Quin paper juga l'atmosfera en la protecció de la biosfera?

Patrimoni ambiental i desenvolupament sostenible | Comprenc els ODS

16. Quins són els Objectius per al Desenvolupament Sostenible directament relacionats amb la biosfera? I amb l'atmosfera? I amb la hidrosfera?

17. Feu parelles i trieu un ODS. Després busqueu informació a Internet i expliqueu quines són les metes de l'ODS que heu triat.

4 Per què se succeeixen el dia i la nit?

El moviment de rotació

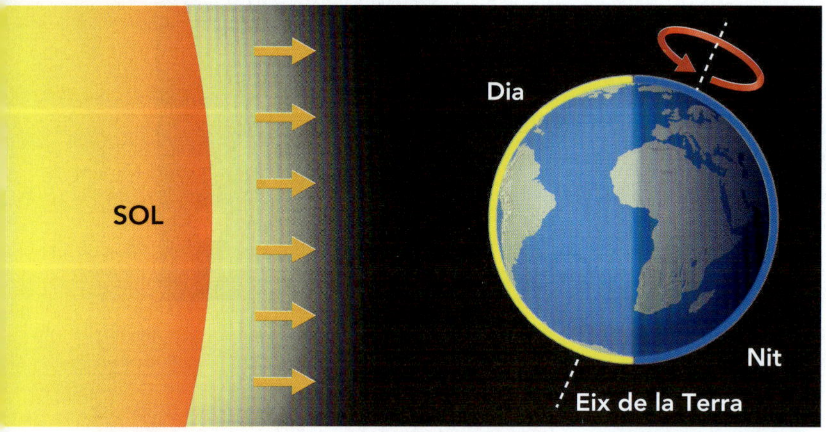

La posició del Sol

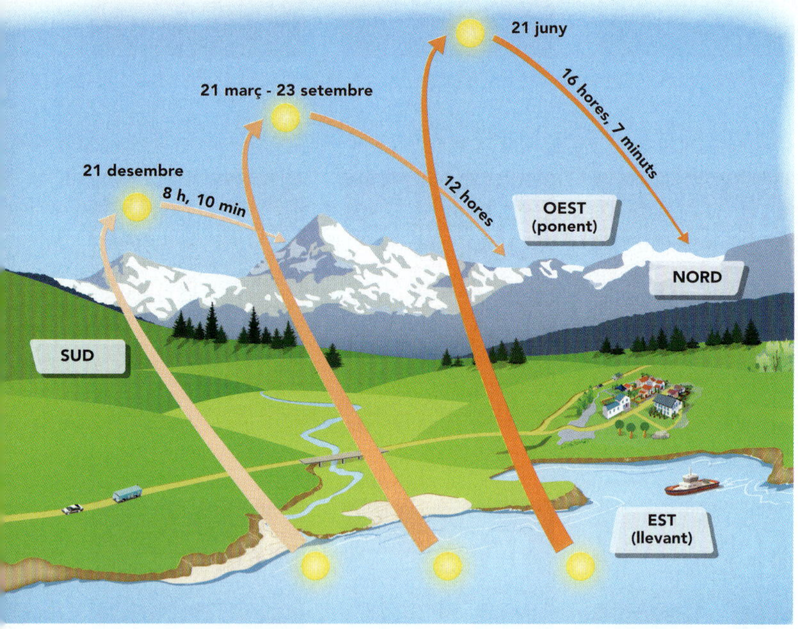

La direcció per on surt i es pon el Sol ens ajuda a orientar-nos quan estem a l'aire lliure durant el dia.

El moviment de rotació de la Terra...

La Terra gira sobre si mateixa amb un **moviment de rotació**, que consisteix a fer una volta completa al voltant del seu eix en sentit contrari al de les agulles del rellotge, d'**oest a est**.

El Sol surt sempre per l'est (per orient o per llevant) i es pon per l'oest (per occident o per ponent).

... dona lloc als dies i a les nits...

La Terra tarda **24 hores**, és a dir, un dia, a fer una volta sobre el seu eix a una velocitat de 1 670 km per hora a l'equador, mentre que als pols la velocitat gairebé és zero.

La successió del dia i la nit permet que la llum i l'energia arribin a tots els punts del planeta. Aquest fet contribueix a l'**equilibri tèrmic de la Terra**, tan necessari per a la vida, de manera que una meitat del planeta es refreda a la nit mentre que l'altra meitat s'escalfa durant el dia.

... a les marees...

El moviment de rotació de la Terra, sincronitzat amb el de rotació de la Lluna, també té un efecte directe en els **canvis del nivell del mar**: les marees.

Les marees són ascensos i descensos de l'aigua del mar provocats per l'atracció de la Lluna i, en menor mesura, del Sol.

... i a les diferències horàries

El moviment de rotació de la Terra també és responsable de les **diferències horàries**. Es fa de dia primer als llocs situats cap a l'est, per on veiem sortir el Sol.

Observo i comprenc

18. En quina direcció gira la Terra? Quins fenòmens es deriven de la rotació? Què succeiria si la Terra no girés sobre si mateixa?

19. Per què a les Illes Canàries és una hora menys que a la resta d'Espanya?

Raono

20. A quina part de la Terra hi ha més diferència entre el dia i la nit: als pols o a l'Equador?

21. Esbrina per què el personatge de Phileas Fogg de l'obra de Jules Verne va fer la volta al món cap a l'est en 80 dies, però al calendari només n'havia avançat 79.

Processos geogràfics | Interpreto els canvis

22. Busca a Internet l'horari escolar d'un país del nord d'Europa, com Finlàndia, i compara'l amb el de Catalunya. Són iguals els horaris? I les hores de dinar o de sopar? A què es deuen les diferències horàries?

El planeta Terra es divideix en 24 fusos horaris.

Un fus horari és cadascun dels 24 sectors en què es fracciona la superfície de la Terra per un meridià, i resulta de repartir els 360° de l'esfera terrestre entre les 24 hores que tarda la Terra a fer una volta completa sobre el seu eix.

tiching.com/778947

Per saber més sobre l'hora real a tot el món.

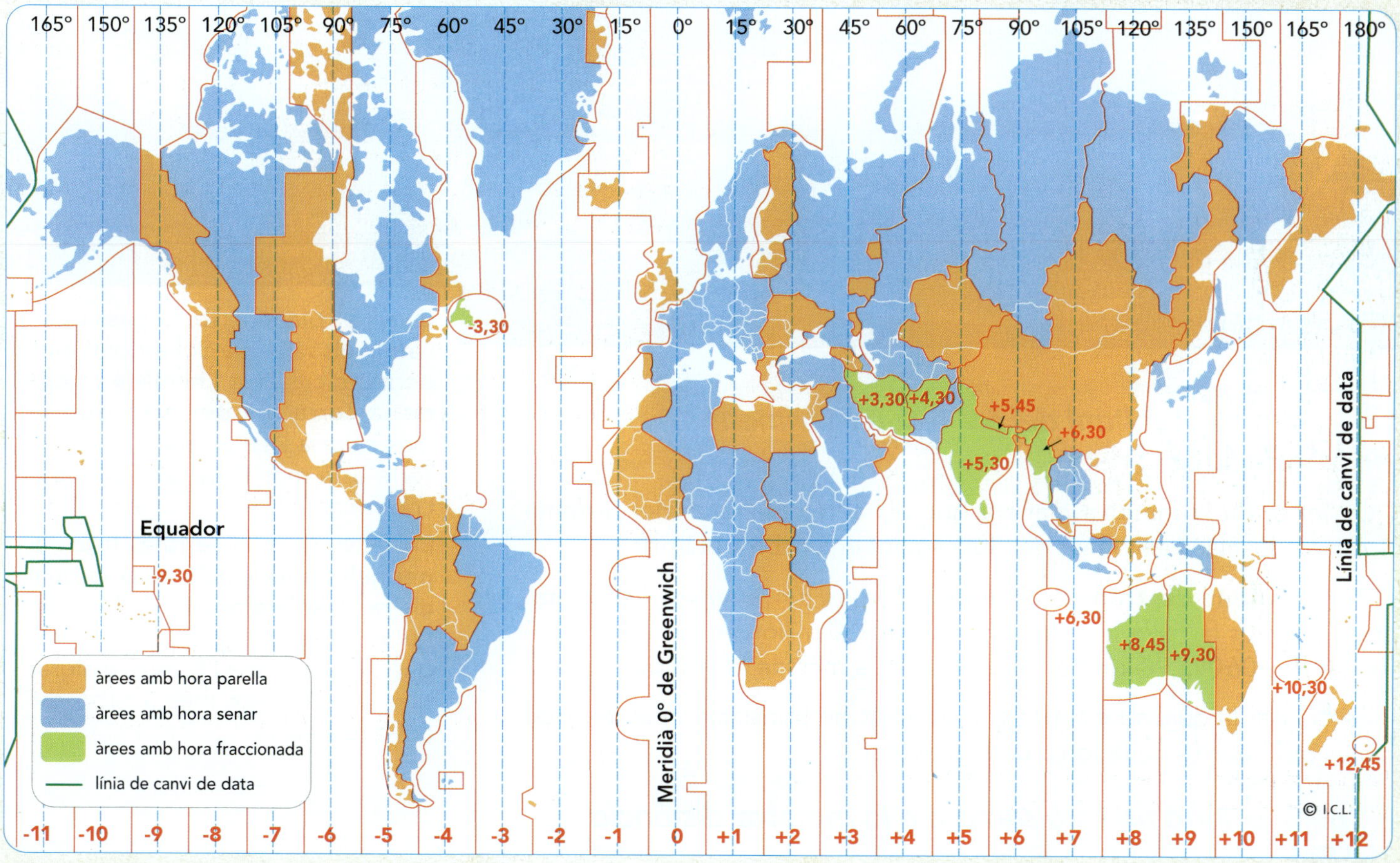

Cada fus horari representa una hora del dia, i entre un fus i el següent hi ha una hora de diferència.

Tots els llocs situats en un mateix fus horari tenen la mateixa hora. L'hora canvia quan ens desplacem cap a l'est o cap a l'oest. Si viatgem cap a l'est afegim hores; i si viatgem cap a l'oest, les restem.

El canvi d'hora

L'hora oficial d'un país no sempre coincideix amb la que li correspon segons els fusos horaris.

Els diferents governs estableixen els horaris oficials a partir del fus horari on es troba la capital i els modifiquen a la primavera i a la tardor.

5 Per què hi ha estacions?

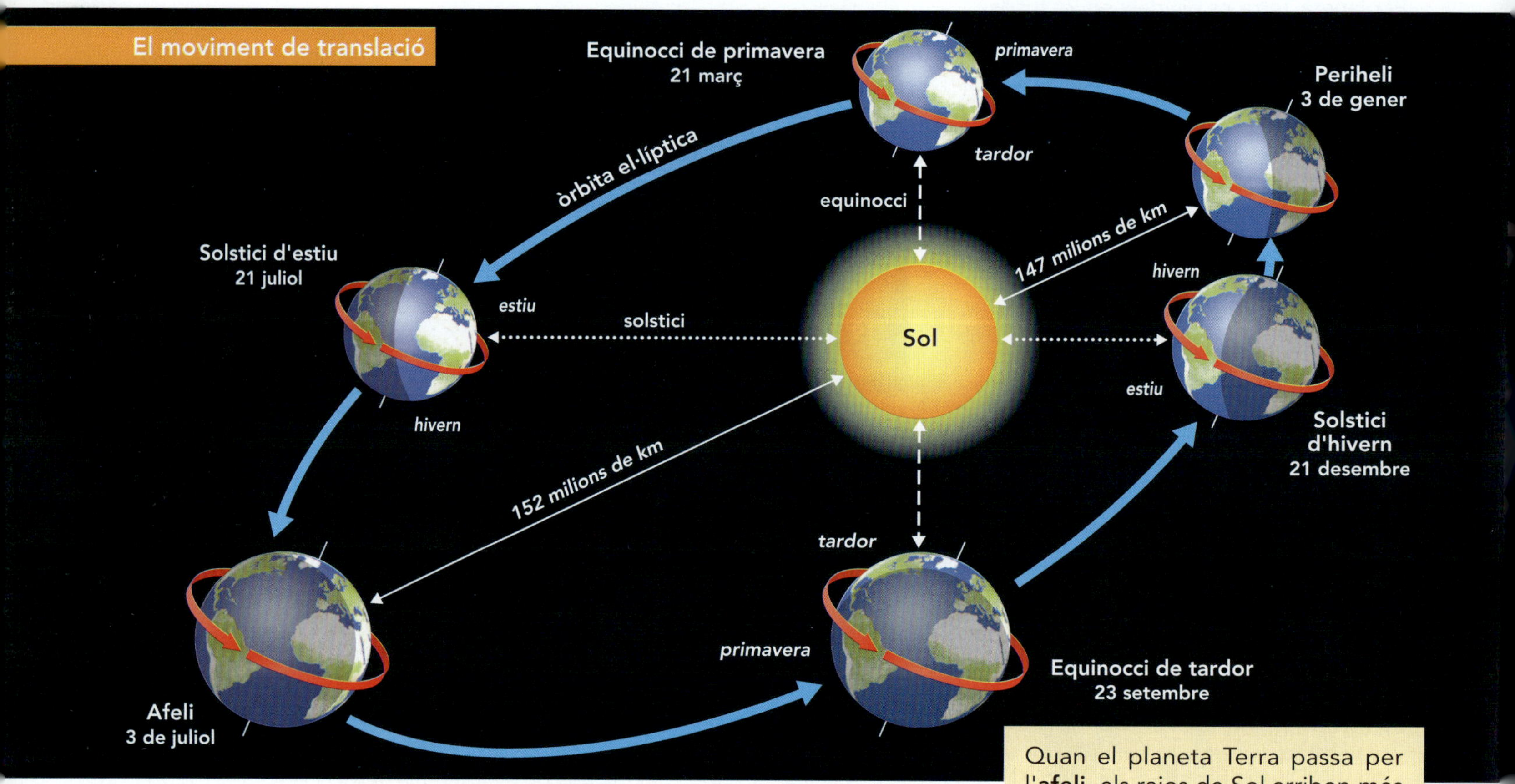

Quan el planeta Terra passa per l'**afeli**, els rajos de Sol arriben més perpendiculars a l'hemisferi nord de la Terra. És per això que fa més calor a l'estiu, malgrat que la Terra està més lluny del Sol que a l'hivern.

En canvi, quan la Terra es troba al **periheli**, la inclinació amb la qual els rajos solars arriben a l'hemisferi nord és més gran. És per això que fa més fred a l'hivern, malgrat que la Terra està més a prop del Sol que a l'estiu.

La Terra gira al voltant del Sol en un moviment de translació…

La Terra, de la mateixa manera que els altres planetes del Sistema Solar, es desplaça al voltant del Sol seguint una **òrbita el·líptica**.

El **moviment de translació** dura 365 dies (un any) i 6 hores. En aquest temps la Terra fa un recorregut de 930 milions de km a una velocitat de 106 093,98 km per hora, això és, a més de 29 km per segon.

La raó per la qual no es nota el moviment de translació ni el de rotació és per l'efecte de la força de la gravetat.

… però la Terra no està sempre a la mateixa distància del Sol

El Sol no ocupa el centre de l'el·lipse, és per això que la distància entre la Terra i el Sol varia al llarg del moviment de translació:

- La Terra es troba al punt més proper al Sol el 3 de gener, en el **periheli**, a 147 milions de km.
- La Terra està més allunyada del Sol el 3 de juliol, a l'**afeli**, a 152 milions de km.

Si tenim en compte la distància de la Terra al Sol ens podem preguntar: l'estació més freda és quan la Terra es troba més a prop del Sol? No hauria de ser al revés? La resposta és no, perquè encara que el moviment de translació explica la successió de les quatre estacions climatològiques, importa més la manera en què els rajos solars incideixen sobre la Terra que la distància entre la Terra i el Sol.

Els anys de traspàs

Per corregir les 6 hores de desfasament que la Terra tarda a fer una volta al Sol, cada quatre anys afegim un dia més al mes de febrer, que passa a tenir 29 dies. Quan passa això diem que és un **any de traspàs**.

Els anys de traspàs tenen 366 dies, un més que els ordinaris.

PROJECCIONS CARTOGRÀFIQUES SEGONS LES SEVES PROPIETATS GEOMÈTRIQUES...

Projecció conforme: manté els angles, és a dir, les formes dels continents.

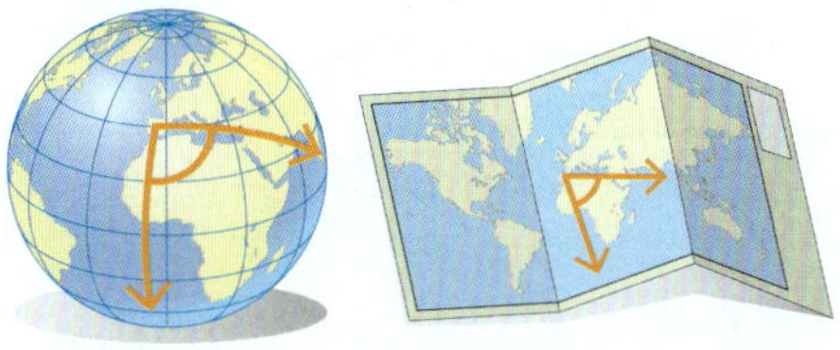

Projecció equivalent: manté les superfícies del terreny, però distorsiona les formes i els angles.

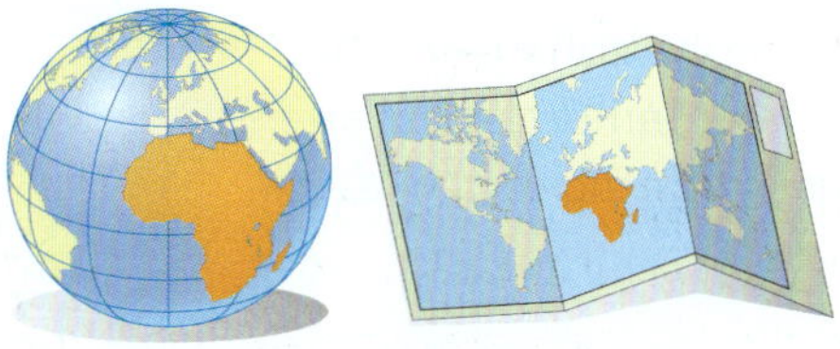

Projecció equidistant: manté les distàncies entre dos punts de la superfície terrestre.

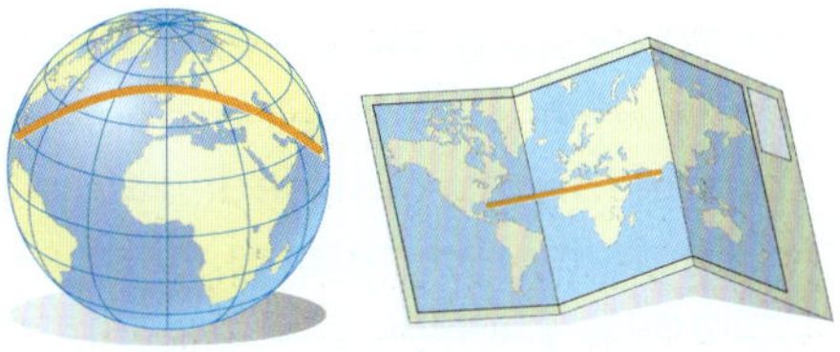

PROJECCIONS CARTOGRÀFIQUES SEGONS EL TIPUS DE PROJECCIÓ...

Projecció cilíndrica: s'obté projectant els meridians i els paral·lels del globus en un cilindre. Els meridians i els paral·lels es disposen perpendicularment.

Els meridians mantenen entre ells la mateixa distància, però els paral·lels es van espaiant a mesura que s'aproximen als pols, de manera que la deformació és més gran a les zones polars que a les equatorials.

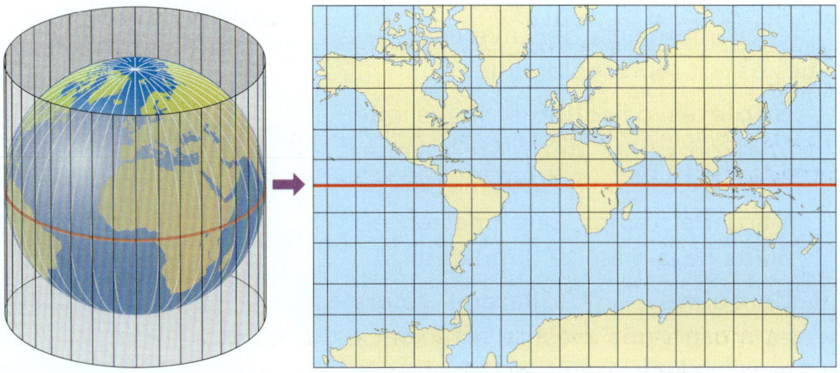

Aquesta projecció és la més emprada per representar les àrees entre els tròpics.

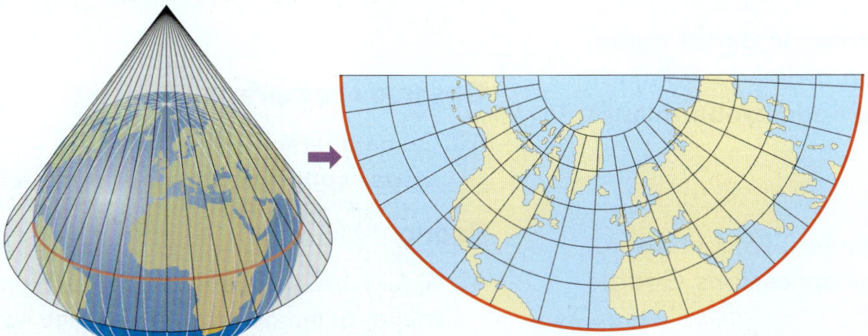

Projecció cònica: es fa projectant els meridians i els paral·lels sobre un con. Els meridians convergeixen en el vèrtex del pol i els paral·lels són circumferències concèntriques, de manera que la deformació és més gran a les zones equatorials que a les polars.

És la forma més utilitzada per representar àrees de latituds mitjanes.

Projecció plana o **zenital**: és el resultat de projectar els meridians i els paral·lels sobre un pla tangent al pol. Els paral·lels es representen com cercles concèntrics i els meridians són els radis d'aquests cercles.

És la projecció més utilitzada per representar zones de latituds altes.

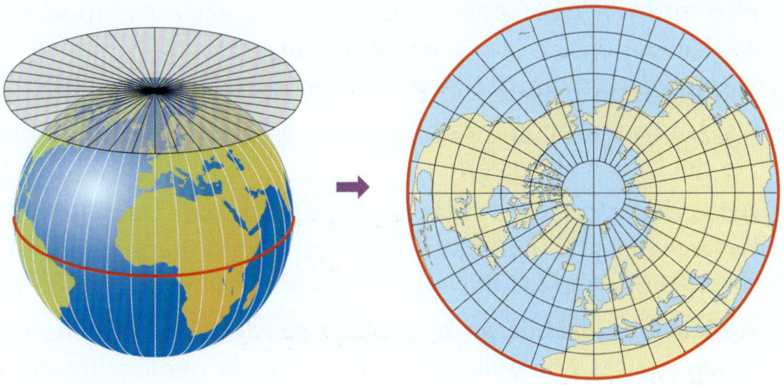

8 Com es llegeix un mapa?

El mapa és la representació d'un espai geogràfic sobre una supefície plana. La informació s'expressa de manera convencional, simplificada i selectiva.

Mapa topogràfic.

Els diversos tipus de mapes...

Independentment del format dels mapes, tots corresponen a un d'aquests dos tipus:

- **Mapes topogràfics**: mostren el relleu d'una zona per mitjà de corbes de nivell o de colors, conjuntament amb altres elements del medi natural (rius, vegetació...) i del medi humà (carreteres, ferrocarrils, conreus, edificacions, assentaments humans...).
- **Mapes temàtics**: Poden ser geològics, climàtics, de vegetació, polítics, demogràfics, econòmics, històrics, etc. La informació dels mapes temàtics es pot representar amb:
  - **Isopletes** o **isolínies**: línies que uneixen punts del mateix valor, com per exemple isotermes en un mapa del temps, que uneixen els punts de la mateixa temperatura.
  - **Coropletes**: amb diferents colors es mostra una mesura estadística com, per exemple, la densitat de població.

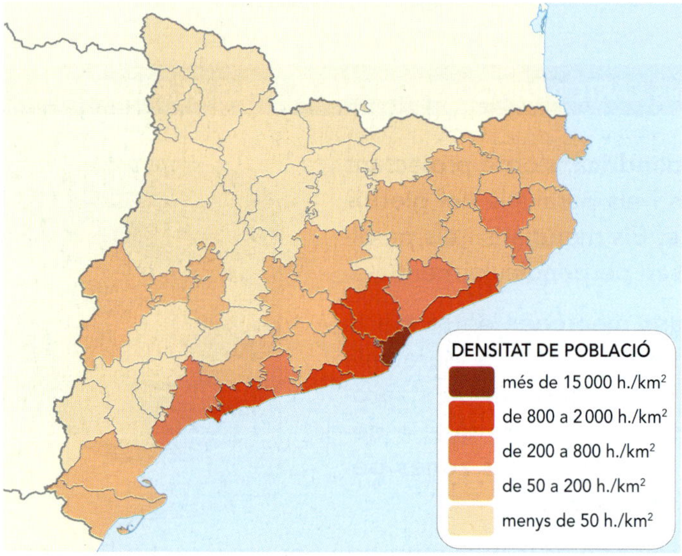

Mapa temàtic.

... i la seva representació digital

En la **cartografia digital** la informació parteix de dades numèriques. El mapa s'elabora treballant amb un ordinador i l'ajuda de programes específics de disseny gràfic. Podem trobar mapes digitals en:

- **Globus virtuals**, com Google Earth.
- **Sistemes d'informació geogràfica** a la xarxa (SIG) per veure, construir o treballar mapes, com les grans aplicacions Google Maps, Apple Maps...
- **GPS** o **sistemes de posicionament global per satèl·lit**, que permeten la geolocalització exacta, precisa i immediata de qualsevol punt de la superfície terrestre.
- **Teledetecció** o obtenció d'imatges de la Terra des dels satèl·lits. Un ús molt comú és el destinat a l'observació i a la predicció del temps atmosfèric.
- **Atles digitals**. Com l'Atlas Digital Escolar, per treballar a l'aula, l'atles estadístic d'*Eurostat*, que ens mostra mapes de tot Europa o l'Hipermapa (Atles electrònic de Catalunya).
- **Aplicacions mòbils amb geolocalitzador**. Els telèfons mòbils tenen moltes aplicacions que fan servir la geolocalització amb un GPS assistit.

Observo i comprenc

40. Quina diferència hi ha entre el mapa topogràfic i el mapa temàtic?

Raono

41. Si faig una fotocòpia ampliada d'un mapa, quina de les dues escales no es modificarà? Per què?

42. Quina utilitat té un GPS? Posa'n alguns exemples.

Fonts d'informació geogràfiques | Obtinc informació

43. Identifica tres aplicacions mòbils al teu *smartphone* i explica'n l'ús de la localització.

44. Busca dos exemples de mapes d'isopletes i de mapes de coropletes.

ELS ELEMENTS D'UN MAPA

Títol. Ens informa del contingut del mapa.

Orientació. La major part dels mapes estan orientats al nord. Si no és així, una fletxa n'indica el pol nord geogràfic.

Toponímia. Conjunt dels noms que surten al mapa.

Llegenda. Explica els símbols que s'han fet servir per representar la informació geogràfica.

Coordenades geogràfiques. Paral·lels i meridians, per localitzar un punt amb exactitud.

Escala. És la proporció entre la mida del mapa i la mida de la realitat del terreny.

Els tipus d'escala

L'escala la podem trobar representada de dues maneres:

- **Escala numèrica**. Consisteix en una fracció en la qual el numerador indica la unitat de mesura sobre el mapa, i el denominador, la del terreny.

  Per exemple, **1:25 000** significa que 1 cm sobre el mapa representa 25 000 cm (això és 250 m) sobre el terreny.

  D'altra banda, una escala numèrica d'**1:1 250 000** significa que 1 cm sobre el mapa representa 1 250 000 cm (això és 12 500 m o 12,5 km) sobre el terreny.

- **Escala gràfica**. Indica el mateix que l'escala numèrica, però ho fa amb un segment dividit en diverses parts iguals que representen la distància real equivalent al mapa.

Escala 1:1 250 000

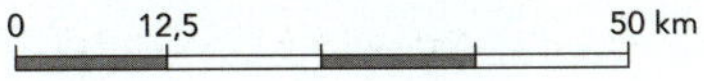

ESCALES PETITES

1:500 000 a 1:50 000 000

Mapes de països grans, continents, planisferis.

ESCALES MITJANES

1:50 000 a 1:500 000

Mapes topogràfics i regions o països no gaire extensos.

ESCALES GRANS

1:10 000 a 1:50 000

Mapes de comarques o pobles i plànols de ciutats.

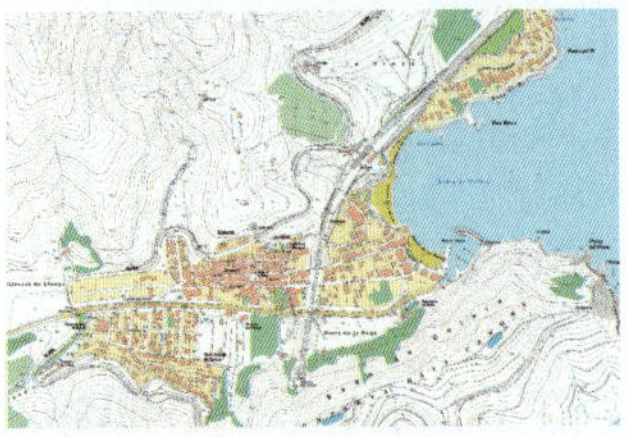

1. Resumeixo l'essencial

L'Univers

- L'origen de l'Univers va ser el Big Bang, o la gran explosió, que va tenir lloc fa uns 13 800 milions d'anys, i està format per diversos cossos celestes: galàxies, estels, planetes, satèl·lits, cometes, etc.
- La Via Làctia és una galàxia de l'Univers on es troba el nostre Sistema Solar, format pel Sol i vuit planetes que hi giren al voltant.
- Els quatre planetes més propers al Sol són relativament petits i rocosos: Mercuri, Venus, la Terra i Mart.
- Els quatre planetes més allunyats del Sol són més grans i gasosos: Júpiter, Saturn, Urà i Neptú.

La Terra, el nostre planeta

- La Terra és un planeta on hi ha vida perquè té reserves d'aigua, l'atmosfera que l'envolta és rica en oxigen i rep la llum i l'energia del Sol.
- El futur de la vida a la Terra depèn de si s'aconsegueix un desenvolupament sostenible. Amb aquest objectiu l'ONU ha elaborat els Objectius de Desenvolupament Sostenible.

Els moviments de la Terra

- La Terra gira sobre si mateixa en un moviment de rotació que fa en 24 hores. Aquest moviment dona lloc als dies i les nits.
- La Terra gira al voltant del Sol en un moviment de translació que fa en 365 dies (un any) i 6 hores. Aquest moviment dona lloc a les estacions climàtiques de l'any.

Com se situa un lloc a la Terra

- Els paral·lels ens donen la latitud o la distància angular que ens separa de l'equador o paral·lel zero. Els meridians ens donen la longitud o la distància angular que ens separa del meridià de Greenwich o meridià zero. Totes dues distàncies es mesuren en graus, minuts i segons.
- La Terra es pot representar amb un globus terraqüi o sobre una superfície plana, el mapa. Les projeccions cartogràfiques serveixen per reduir les deformacions que poden aparèixer quan es passa d'una superfície corba a una de plana. Les més utilitzades són la projecció cilíndrica, la projecció cònica i la projecció plana.

a. Completo el mapa conceptual

Copia i completa al quadern aquest mapa conceptual:

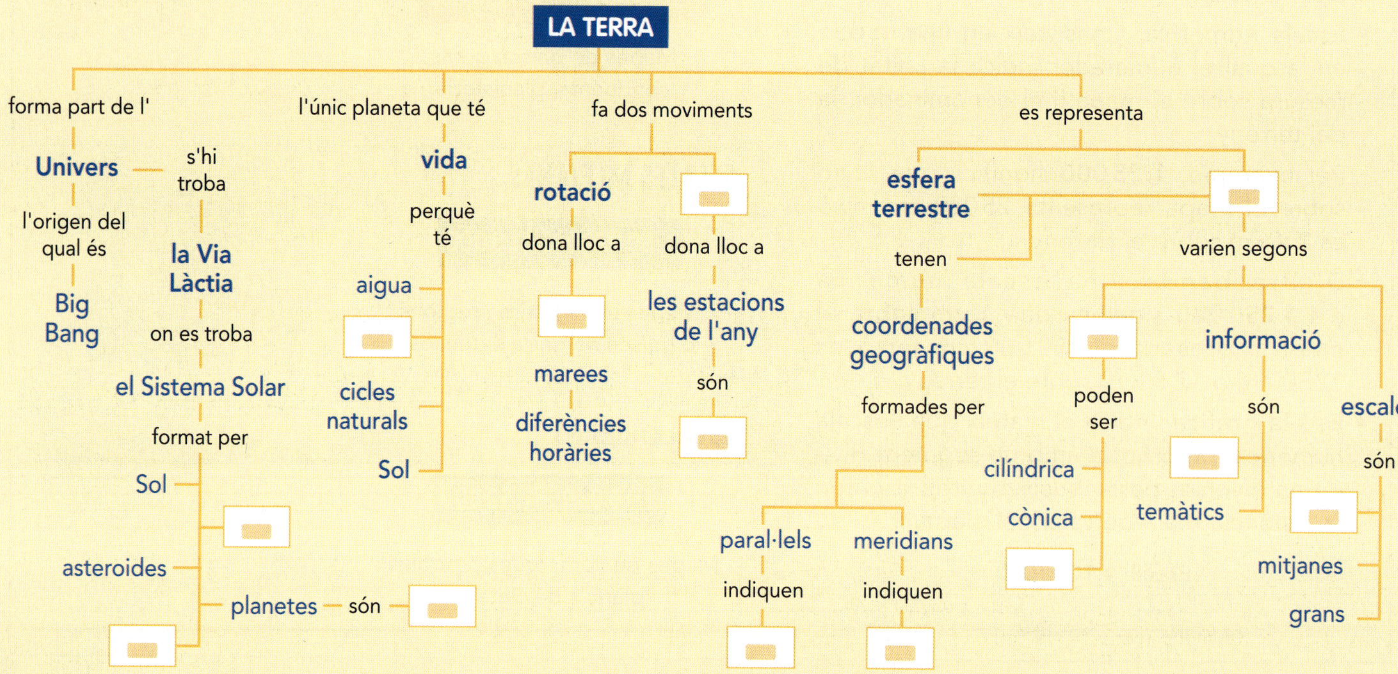

2. Repasso el que he après

a. Sintetitzo

- Com és el nostre Sistema Solar? Quines són les conseqüències dels moviments de la Terra?
- Què necessites indicar per localitzar un lloc a la Terra? Com es mesuren?

b. Defineixo conceptes

- Univers
- Via Làctia
- satèl·lit
- ODS
- fus horari
- any de traspàs
- escala d'un mapa
- projecció cartogràfica

c. Situo al globus terraqüi

Dibuixa un globus terraqüi al quadern i situa-hi els termes geogràfics següents:

- Hemisferi nord i hemisferi sud.
- Meridià de Greenwich.
- Equador.
- Tròpic de Càncer i tròpic de Capricorn.
- Cercle polar àrtic i cercle polar antàrtic.
- Pol nord i pol sud.

d. Explico l'esquema

Explica cada un dels elements que configuren un mapa.

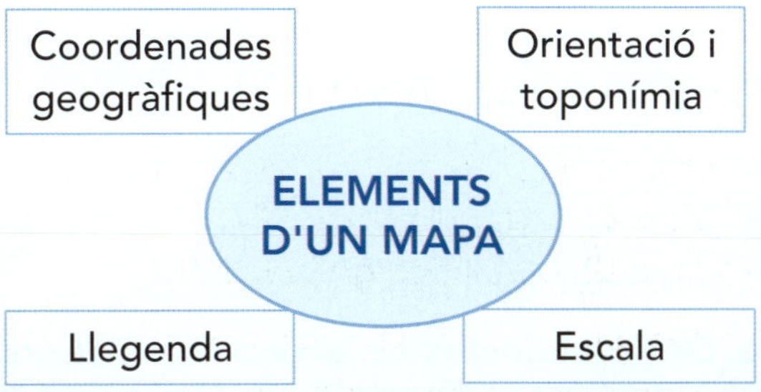

e. Identifico els moviments de la Terra

Llegeix aquests conceptes i indica amb quin moviment de la Terra estan relacionats:

- És responsable de la successió del dia i la nit.
- Tarda 365 dies i 6 hores.
- Es mou al voltant del Sol.
- Gira al voltant del seu eix.
- Tarda 24 hores.
- Té efectes sobre els canvis del nivell del mar, les marees.
- Determina la successió de les estacions climàtiques de l'any.
- És responsable de les diferències horàries.

f. Completo un quadre resum

Copia i completa al teu quadern aquest quadre resum sobre les projeccions cartogràfiques:

	Projecció cilíndrica	Projecció cònica	Projecció plana o zenital
Amb quina figura geomètrica es relaciona?			
Com es disposen els paral·lels?			
Com es disposen els meridians?			
On és més gran la deformació?			
Quina zona de la Terra representa millor?			

3. Aprenc a fer. Interpretar un mapa topogràfic

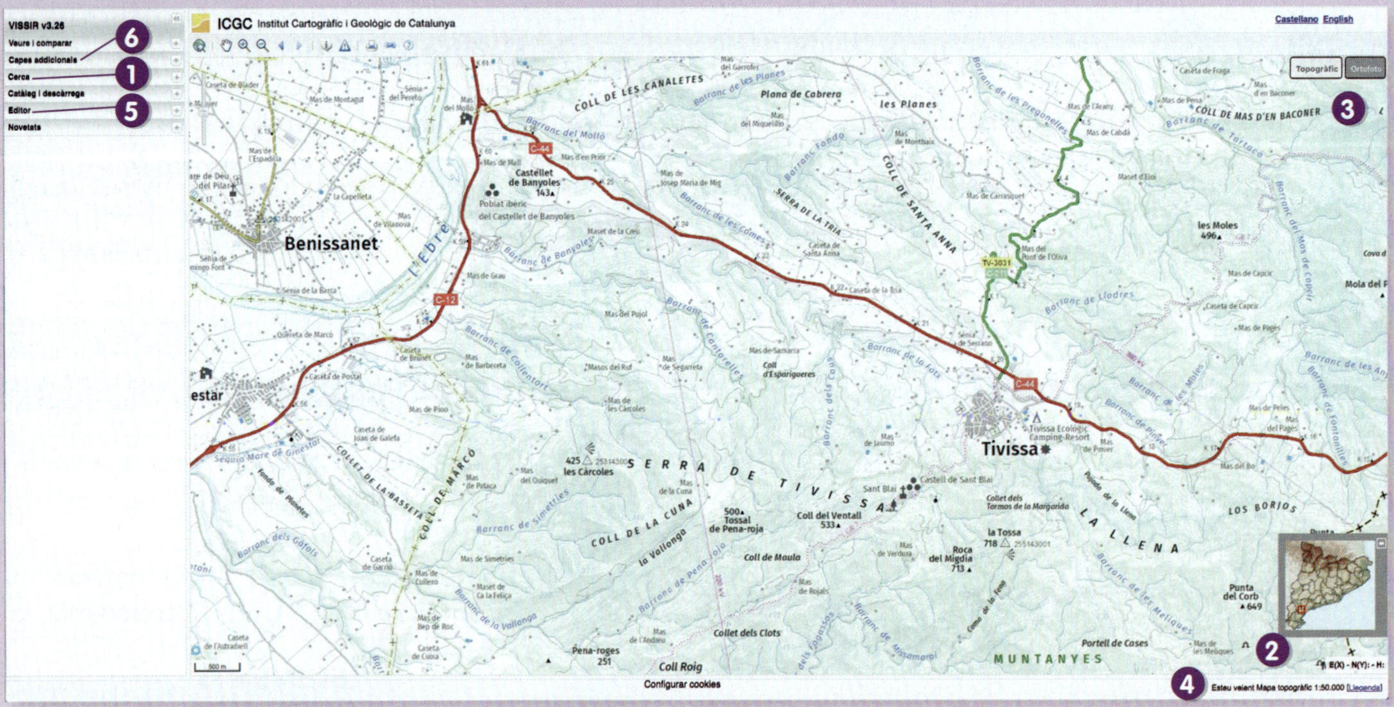

1. Localització mitjançant coordenades

a. Des d'Internet entra al visor Vissir. Quan hi siguis, localitza el cercador (Cerca) **1** i escriu el nom d'una ciutat o d'un poble.

b. Identifica aquesta localitat i escriu-ne les coordenades UTM (X i Y) **2**. Per fer-ho, situa el cursor del ratolí al punt exacte que vulguis conèixer. Per saber-ne l'altitud hauràs de seleccionar el mapa Ortofoto **3** i clicar al mateix punt.

2. Comprensió de l'escala

a. Mou la rodeta del ratolí per ampliar o reduir l'escala del mapa i visualitza aquesta zona a diferents escales. A sota de la indicació de les coordenades i l'altitud hi trobaràs l'escala del mapa que estàs veient **4**.

b. Per saber quina és la distància real entre dos punts, ves a la pestanya **Editor, 5 Dibuixar, Dibuixar línia** i dibuixa una línia entre els dos punts que vulguis. Veuràs com a la part inferior esquerra t'apareix la distància real en km.

3. Interpretació del relleu

a. Explica si les corbes de nivell estan molt juntes o molt separades en aquesta zona. Es tracta d'una zona plana o muntanyosa?

b. Comprova la teva resposta anterior anant a l'escala 1:5000 i veuràs molt millor les diferents corbes de nivell de la zona seleccionada.

4. Anàlisi del poblament i els usos del sòl

a. Descobreix si hi ha carreteres, ferrocarrils, cursos d'aigua, edificacions, vegetació... i com són.

b. Comprova la teva resposta anterior consultant l'ortofoto i anant a la pestanya **Capes addicionals 6** i activant la capa cobertes del sòl. Per conèixer-ne la llegenda, clica-hi a sobre.

L'Institut Cartogràfic i Geològic de Catalunya produeix diferents sèries de mapes topogràfics: 1:5 000, 1:25 000, 1:50 000, 1:100 000, 1:250 000, 1:500 000, 1:1 000 000 i 1:2 000 000, que comprenen la totalitat del territori de Catalunya.

Els podem trobar en format paper, o digital, amb els quals treballarem, i disponibles a la pàgina web de l'ICGC.

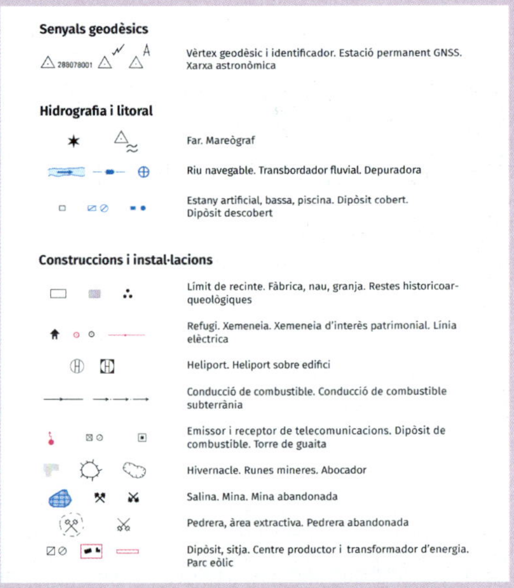

Signes convencionals del mapa topogràfic que pots consultar a www.tiching.com/778961.

4. Avaluo fonts geogràfiques. Projecció de Mercator o de Peters?

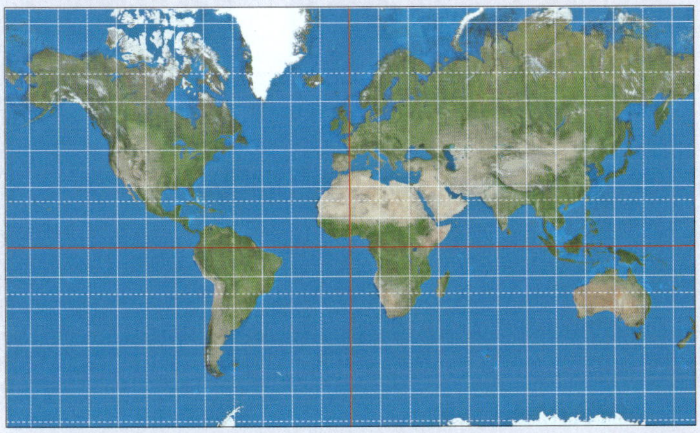

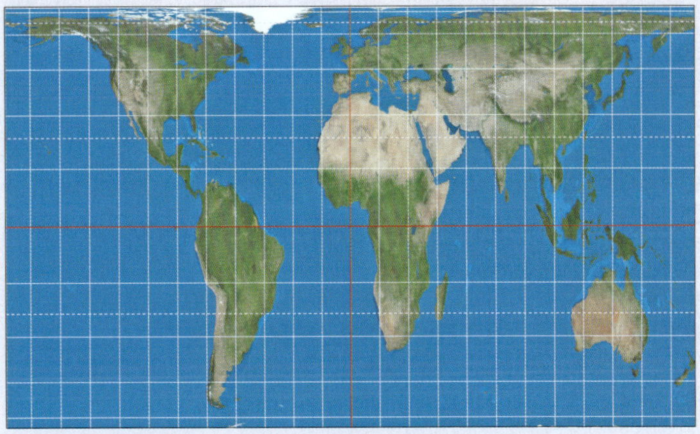

a. Observa detingudament aquestes imatges. Una correspon a un planisferi fet amb la projecció de Mercator, i l'altra, amb la projecció de Peters. Identifica-les segons les característiques de cada una.

Projecció de...	Projecció de...
Projecció cilíndrica	Projecció cilíndrica
Projecció conforme	Projecció equivalent
Respecta la forma dels continents	Respecta la mida dels continents
Deformació més gran a la zona polar	Deformació més gran entre els meridians
Distorsió eurocèntrica	Distorsió equatorial

b. Valora els avantatges i inconvenients que té fer servir una projecció de Peters o una projecció de Mercator.

c. Posa exemples de continguts de mapes per als quals faries servir una projecció o una altra i explica'n el motiu.

5. Analitzo el vídeo

Condicions de la Terra que permeten la vida

Mira i escolta amb atenció el vídeo que et presentem a l'apartat 3: *Per què hi ha vida a la Terra*? Després respon a les qüestions que tens a continuació:

a. Quines són les condicions del nostre planeta que permeten l'aparició i l'evolució dels éssers vius?

b. Quin és el factor que evita que la major part de l'aigua que hi ha a la Terra s'evapori o es congeli?

c. Què és l'atmosfera? Quina funció té?

d. Quins són els elements de la Terra que s'interrelacionen entre ells i permeten els diversos hàbitats terrestres?

2 És el relleu un factor clau en la vida del planeta Terra?

En aquest tema aprendràs:

- Com és l'estructura de la Terra i com es van formar els continents.
- Quines són i com es creen les principals formes de relleu i de quina manera els agents naturals i l'ésser humà les modifiquen.
- Com s'elabora un perfil topogràfic a partir d'un mapa.

Començo

Observo...

- Descriu les característiques del paisatge de la imatge central i digues a quina zona del planeta el podem trobar.
- Reconeixes alguna forma de relleu característica del desert? Comporta alguna dificultat per al pilot?

Glacera Vatnajökull, Islàndia.

Plana, Països Baixos.

Mont Cerví, Suïssa.

Vall Hohe Tauern, Àustria.

Costa d'Étretat, França.

Desert d'Abu Dhabi (Emirats Àrabs Units).

... penso...

- Tenint en compte la imatge central, creus que és possible la vida a qualsevol indret del planeta?
- En un paisatge aparentment tan uniforme com el d'un desert, com es deuen orientar les persones que hi viuen? Deuen tenir mapes els habitants del desert?

... i em pregunto

Després de veure el vídeo, planteja dues preguntes que et semblin interessants sobre l'**ODS 12: Producció i consum responsable,** i posa-les en comú amb la resta de la classe.

12 PRODUCCIÓ I CONSUM RESPONSABLE

1 Com és l'estructura de la Terra?

L'interior de la Terra...

Cap persona no ha pogut endinsar-se a l'interior de la Terra més enllà dels 13 km que es van perforar a la península de Kola, a l'extrem nord-oest de Rússia.

Malgrat això, en podem conèixer l'estructura i la composició gràcies als **volcans** i als **terratrèmols**, que ens aporten informació sobre com és l'interior del planeta.

... està format per capes concèntriques

La Terra està constituïda per tres grans zones concèntriques, que contenen materials diferents (ferro, níquel) en estat diferent (fluid, sòlid) i amb diferents densitats. Les capes de la Terra, ordenades segons la profunditat, de menor a major, són aquestes:

- L'**escorça** és la capa externa de la Terra, que a penes arriba a l'1% del total del planeta. Està formada per roques sòlides com ara el basalt i el granit. S'hi distingeixen una part que forma els continents (**escorça continental**) i la que cobreix els fons oceànics (**escorça oceànica**).
- El **mantell** és la capa que envolta el nucli i representa el 84% del volum de la Terra. Està integrat per materials diversos (silicats, ferro, níquel...), alguns dels quals es troben parcialment fosos i constitueixen el magma.
- El **nucli** és la part més interna i suposa el 15% del volum total del planeta. Està format per materials fosos a la capa més externa i materials en estat sòlid a la part més interna (ferro i níquel).

Anomenem **litosfera** la part sòlida formada per l'escorça terrestre i la part superior del mantell, que constitueixen la superfície sobre la qual es produeix la vida terrestre. Aquest nom prové del grec: *litos*, que significa "pedra".

L'estructura interna de la Terra

Molts dels processos (guèisers, volcans, terratrèmols...) que es produeixen a la superfície del planeta són conseqüència de la seva activitat interna.

Guèiser

Volcà

Terratrèmol

COM ES VAN FORMAR ELS CONTINENTS?

La teoria de la deriva continental

La teoria de la deriva continental explica la **formació dels continents** i l'existència de **plaques tectòniques** a la litosfera.

Fa milions d'anys, hi havia un únic continent anomenat ***Pangea***. Aquest continent es va fragmentar en diferents plaques que, molt lentament, van ser arrossegades pels moviments del mantell terrestre fins a conformar els continents com avui dia els coneixem.

225 milions d'anys

135 milions d'anys

65 milions d'anys

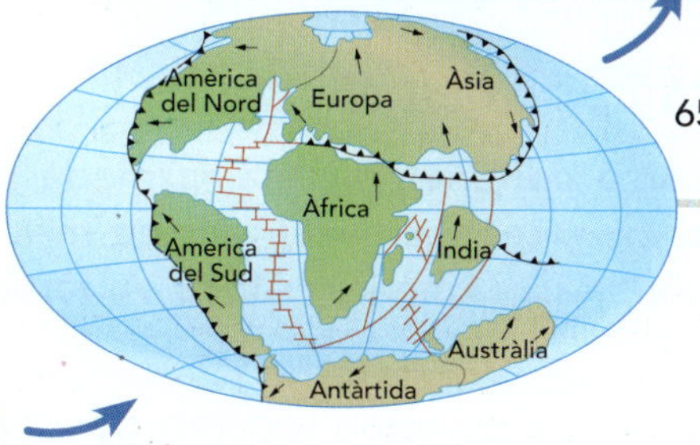

Actualment

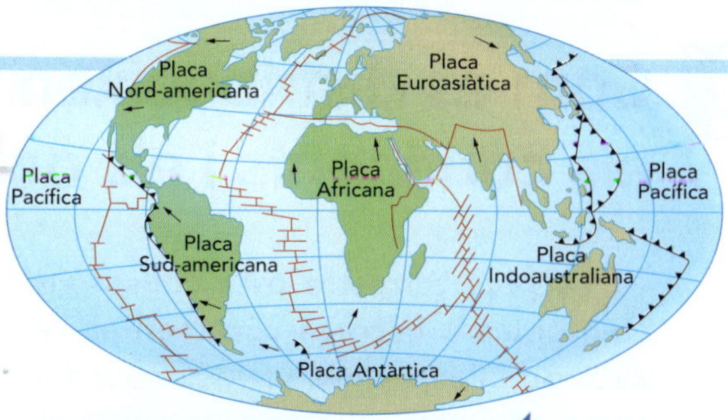

Les plaques litosfèriques terrestres

La litosfera està formada per grans **plaques continentals** que suren al mantell.

A la línia de contacte entre dues plaques s'hi han originat grans **serralades terrestres**, com els Andes i l'Himàlaia, i extenses **serralades marines**, que són les **dorsals oceàniques.**

Les plaques continentals continuen en moviment. Per aquesta raó, les zones de xoc entre plaques presenten **activitat volcànica i sísmica** (terratrèmols).

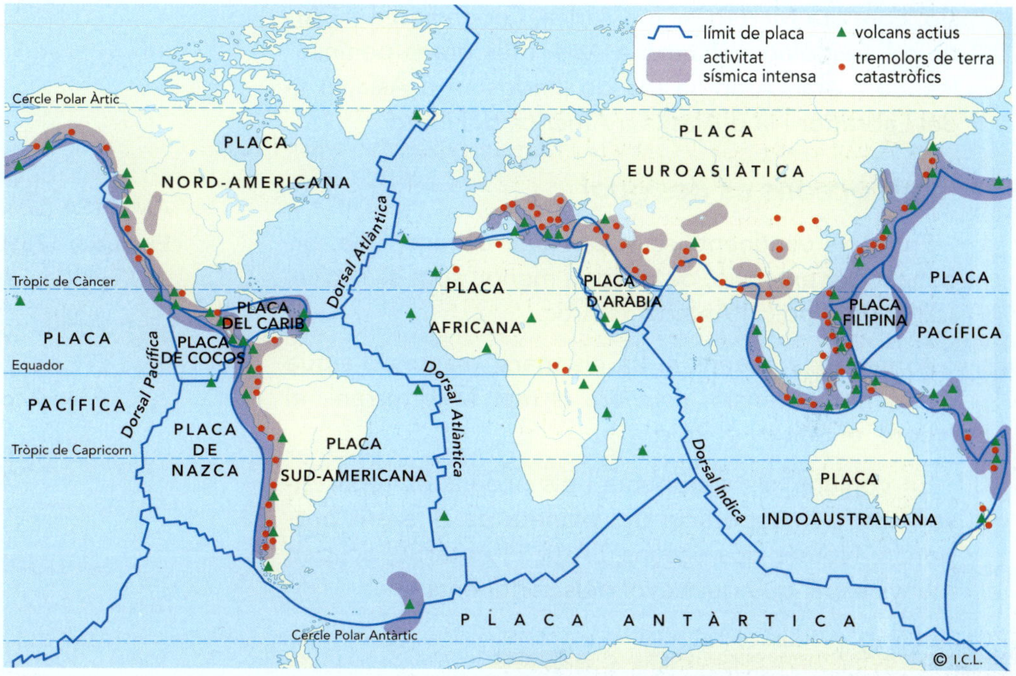

Observo i localitzo

1. Fes una taula sobre les capes de la Terra amb les dades de profunditat i gruix, materials i aspecte, i volum que ocupen.

Raono

2. Per què els materials de la Terra es mouen i provoquen que també ho facin els continents?

3. Per què coincideixen les zones amb més activitat sísmica amb les d'unió de les plaques continentals?

4. Es pot dir que l'escorça continental forma part de la litosfera? I l'escorça oceànica?

Localització | Relaciono localitzacions

5. Observa el contorn d'Amèrica del Sud i d'Àfrica. Què hi veus de notable que indiqui que són parts del que en algun moment va ser un mateix continent?

6. Quines zones de la península Ibèrica tenen un risc més alt d'activitat sísmica? Per què?

2 Com es distribueixen els continents i els oceans?

L'escorça terrestre està constituïda per les terres emergides o **escorça continental**, que representa el 29 % de la superfície terrestre, i els fons marins o **escorça oceànica**, que en representa el 71 % restant.

La distribució dels continents i...

L'escorça continental està formada per **sis continents**, que, segons l'extensió, de més gran a més petit, són: Àsia, Amèrica, Àfrica, Antàrtida, Europa i Oceania.

Europa i Àsia no estan separats per cap oceà, com passa, en canvi, amb els altres continents. Els monts Urals, el riu Volga i la serralada del Caucas són els límits naturals que indiquen les línies divisòries entre els continents europeu i asiàtic.

Als continents cal afegir-hi les illes de molta extensió, com ara Madagascar a Àfrica, Groenlàndia a l'Àrtic o l'arxipèlag del Japó a Àsia, i les grans penínsules, com ara l'Aràbiga i la de l'Indostan a Àsia, o la del Labrador i la d'Alaska a Amèrica del Nord.

... els oceans és desigual

Entre els continents se situen **cinc oceans**, que, ordenats per extensió, de major a menor, són: el Pacífic, l'Atlàntic, l'Índic, l'Antàrtic i l'Àrtic.

A més dels oceans hi ha els **mars**, masses d'aigua de menor extensió, com ara el mar Mediterrani, el Negre, el Bàltic i el Roig.

En conjunt, els continents i els oceans es reparteixen sobre la superfície del planeta en diferent proporció. Només dos oceans, l'Àrtic i l'Antàrtic, ocupen menys espai que qualsevol dels continents.

La distribució de continents i oceans

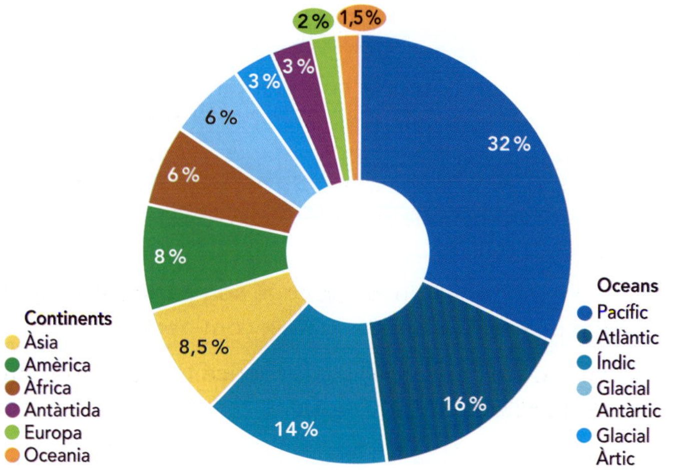

Observo i localitzo

7. Què diferencia els oceans dels altres mars del planeta, com ara el mar Mediterrani o el mar Roig?
8. L'oceà Pacífic el veiem a tots dos costats del mapa que hi ha en aquesta pàgina, i no és cap error. Com s'explica aquest fet?
9. Àsia i Europa formen part d'una mateixa placa litosfèrica, l'euroasiàtica. Així, per què penses que els considerem continents diferents? Planteja alguna hipòtesi sobre això.

EUROPA (7 % de terres emergides).
Extensió: 10 213 307 km².
Altituds màximes: Elbrús (5 642 m), Mont Blanc (4 810 m).
Trets principals: planes extenses i altituds moderades.

ÀSIA (30 % de terres emergides).
Extensió: 44 580 000 km².
Altitud màxima: Everest (8 848 m).
Trets principals: altituds màximes del planeta i extensos altiplans i deserts freds. També en són remarcables les penínsules.

OCEANIA (6 % de terres emergides).
Extensió: 9 008 458 km².
Altitud màxima: Puncak Jaya (4 884 m).
Trets principals: nombroses illes i molts arxipèlags, i deserts extensos.

ÀFRICA (20 % de terres emergides).
Extensió: 30 370 000 km².
Altitud màxima: Kilimanjaro (5 895 m).
Trets principals: extensos altiplans amb deserts càlids. A l'oest, un seguit de llacs a la fossa tectònica del Rift Valley.

ANTÀRTIDA (9 % de terres emergides).
Extensió: 14 000 000 km².
Altitud màxima: Massís Vinson (4 892 m).
Trets principals: desert glaçat.

10. Digues a quins dos continents es troben les altituds més grans de tot el planeta. A quins continents hi ha extensos deserts freds? I deserts càlids?

Comparo

11. Per què al gràfic circular el continent americà hi representa un 8 % i a la llegenda del mapa, en canvi, s'hi indica un 28 %?

12. Per què si l'Antàrtida es considera un dels continents de la Terra, no existeix, en canvi, el continent àrtic?

Localització | Relaciono localitzacions

13. Si t'hi fixes, la superfície dels continents representada al mapa no coincideix amb les dades que tenen en realitat, i que pots veure als quadres explicatius. Això depèn de la projecció cartogràfica que es fa servir.
Per què creus que Europa es veu al mapa més gran del que és realment?

14. Se t'acut alguna regla mnemotècnica per aprendre els continents en ordre d'extensió? I per als oceans?

3 Quines formes té l'escorça terrestre?

Les formes de l'escorça continental...

L'**escorça continental** no és uniforme, sinó rugosa, porosa i amb cavitats. S'hi poden trobar les formes principals del relleu, des de muntanyes molt altes, com ara l'Everest amb 8 848 m d'altitud, fins a depressions o valls profundes.

Entre tots dos extrems, hi ha una gran diversitat de formes de relleu, que es defineixen en funció de l'extensió, l'amplitud i la morfologia:

- Una **muntanya** és una elevació natural del terreny, una **serra** és un conjunt de muntanyes i una **serralada** és el conjunt de diverses serres.
- Al peu de les muntanyes hi ha les **planes**, que presenten una superfície plana o escassament ondada. Hi podem distingir formes diverses:
  - Els **altiplans**, extenses zones planes elevades.
  - Els **ermots**, planes situades a una altitud considerable.
  - Les **valls**, depressions del relleu que solen tenir una disposició allargada. Poden adoptar formes diverses: un **congost**, pas estret i profund entre dues muntanyes: una **conca**, vall voltada de zones altes, més ampla que un congost; una **depressió**, zona més o menys extensa que està situada a una altitud inferior a les formacions de relleu que l'envolten.

Les formes del relleu continental i oceànic

La muntanya més alta del planeta és el Mauna Kea, que té la base situada al fons de l'oceà Pacífic, a Hawaii, i assoleix més de 9 754 m, per damunt de l'Everest.

Les profunditats més grans del planeta es localitzen a les fosses, algunes tan fondes com la situada a les illes Marianes, també a l'oceà Pacífic.

... són semblants a les de l'escorça oceànica

Tot i que no es vegi a ull nu, a l'escorça oceànica també hi ha un relleu semblant al de l'escorça continental. S'hi poden distingir:

- La **plataforma continental**, que és la continuació submarina dels continents i davalla suaument fins als 400 m.
- El **talús**, que és un esglaó que, de manera abrupta, dona pas a les zones més fondes dels oceans.
- La **plana abissal**, que és una gran planura a la zona més profunda dels mars i els oceans.
- Les **dorsals oceàniques**, que solquen la plana abissal. Poden assolir altituds entre els 2000 i els 3000 m.
- Les **fosses marines**, que són grans depressions dels fons oceans.

La fossa de les Marianes, a l'oceà Pacífic, té 11033 m de profunditat.

Observo i localitzo

15. Fixa't en les muntanyes. Quina és més extensa: la serra o la serralada? Coneixes el nom d'alguna serra o d'una serralada? Posa'n algun exemple.

16. En què es diferencien els altiplans i les planes?

17. Quina mena de vall és la més estreta? Quina pot ocupar una zona més o menys extensa?

18. Es pot considerar que la plataforma continental forma part de l'escorça oceànica o de l'escorça continental? Justifica-ho.

Comparo

19. Assenyala les formes del relleu continental i submarí que s'assemblen més entre si.

Localització | Represento la localització

20. Localitza al mapa de l'apartat anterior on es troben l'Everest i la fossa de les illes Marianes. Què tenen en comú i en què es diferencien?

4 Com es forma el relleu?

El relleu de la Terra està **canviant contínuament**. En aquest procés hi intervenen agents o forces de la natura que poden ser **interns** o **externs**.

Aquests agents actuen de manera **simultània**, és a dir, combinen alhora la destrucció del relleu existent amb la creació de relleu nou.

que son las placas tectónicas

Els agents interns

Com ja saps, la superfície terrestre està formada per un conjunt de **plaques litosfèriques** que es desplacen sobre el mantell tot topant l'una amb l'altra. A conseqüència d'aquestes topades i en funció de la duresa o la plasticitat dels materials que formen les roques, es produeixen els **plecs** i les **falles**.

L'escorça de la Terra, tot i que sembla molt sòlida, es mou i tremola constantment per l'acció d'alguns agents interns, com ara els **volcans**, els **terratrèmols** i els **sismes submarins**.

tiching.com/778986
Per saber més sobre els volcans.

PLECS I FALLES

Els xocs de les plaques litosfèriques provoquen la **deformació** i l'elevació de l'escorça, fet que dona lloc als plecs i a les falles.

Plecs

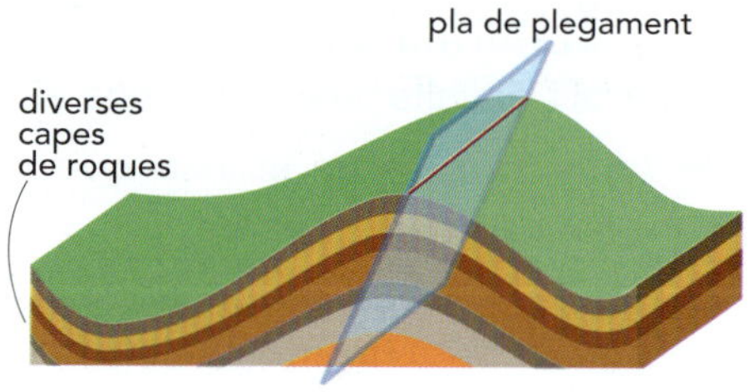

Els **plecs** s'originen quan els materials són tous i flexibles. Les **falles** sorgeixen quan els materials són durs i rígids.

Falles

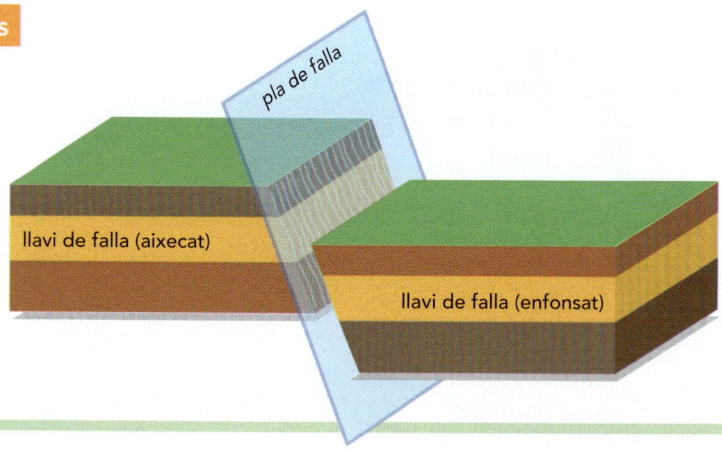

ELS VOLCANS

La composició i l'estat dels materials que es troben al mantell, els uns fluids i els altres rígids, fan que aquests materials es moguin i transmetin aquest moviment a l'escorça terrestre, on obren esquerdes.

Quan aquestes esquerdes són molt profundes i assoleixen el magma, aquest puja cap a l'exterior i es produeix una **erupció volcànica**.

El magma, quan surt a l'exterior pel con del volcà, es transforma en lava, que surt acompanyada de cendres, fum i piroclasts o pedres de foc calentes que semblen projectils i que assoleixen distàncies considerables.

Tall esquemàtic d'un volcà

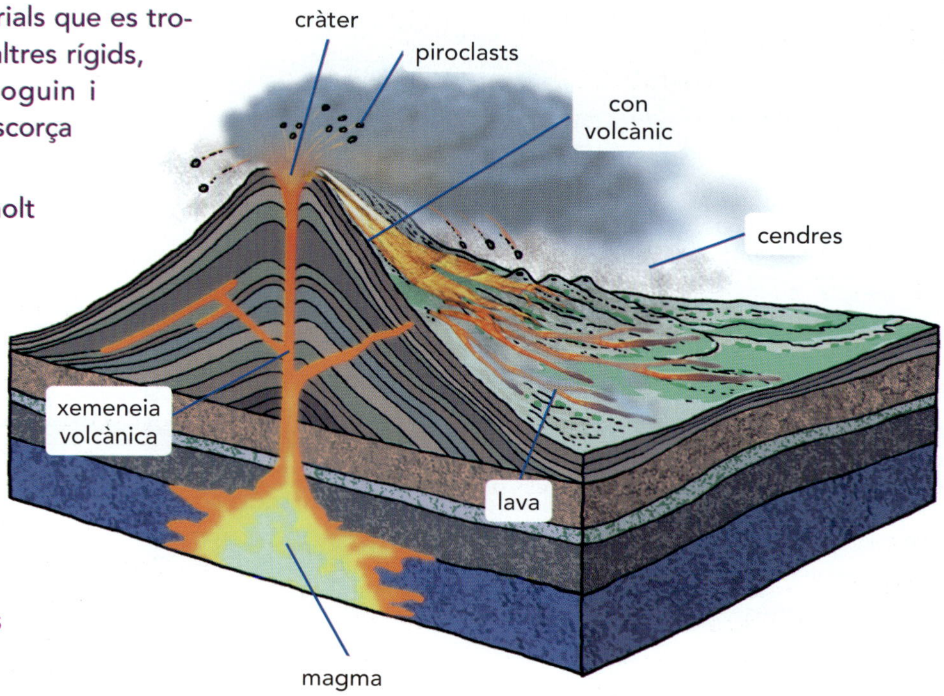

ELS TERRATRÈMOLS I ELS SISMES SUBMARINS

Els **terratrèmols** o **sismes** els produeixen:

- El moviment de les plaques tectòniques que formen la superfície de la Terra i el xoc o la fricció que es produeix entre una i altra.
- L'acció dels volcans i de les falles.

Quan un sisme es produeix al mar, en diem **sisme submarí**. Les ones enormes que provoca són el que anomenem **tsunami**.

Els moviments sísmics alliberen molta energia i generen una tremolor brusca i momentània que es propaga en totes les direccions en forma d'ones sísmiques. La seva intensitat es mesura en l'**escala de Richter**.

Fases d'un terratrèmol

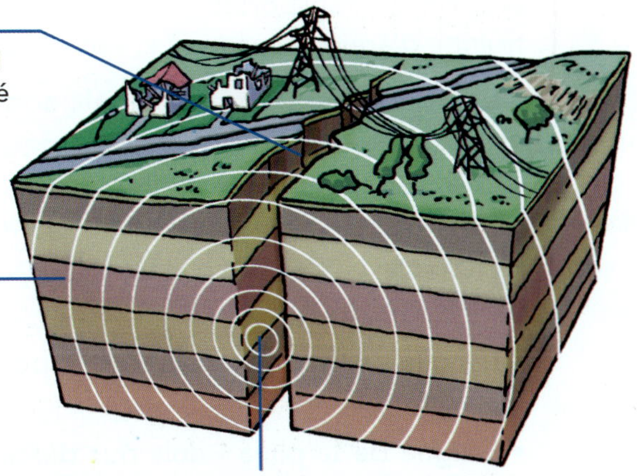

Escala de Richter

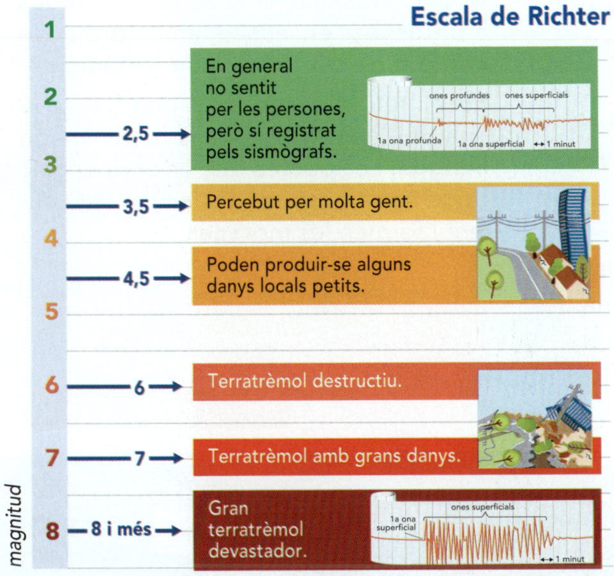

Fases d'un sisme submarí

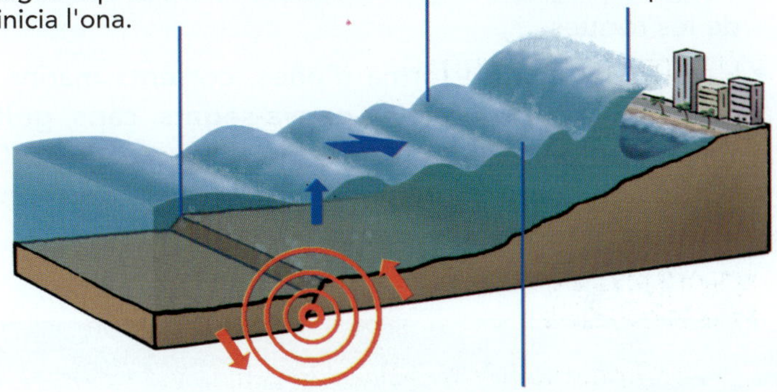

Comprenc i analitzo

21. Quina relació hi ha entre els volcans i la teoria de la tectònica de plaques?

22. Són el mateix els terratrèmols i els sismes submarins? I els tsunamis i els sismes submarins?

23. Què determina la intensitat d'un terratrèmol: l'hipocentre o l'epicentre? Justifica-ho.

Investigo

24. Cerca a Internet algun terratrèmol que hagi tingut lloc recentment i explica on ha passat, quin valor ha assolit en l'escala de Richter i quines conseqüències ha tingut.

Processos geogràfics | Analitzo els processos

25. Relaciona les falles i els plecs amb els terratrèmols i amb els volcans. Amb quina d'aquestes formes de relleu hi estan més relacionats?

26. Per què creus que els efectes d'un terratrèmol de la mateixa intensitat poden ser devastadors a alguns llocs del planeta, mentre que a d'altres a penes causen danys?

27. Consulta el mapa que hi ha a l'apartat 1 i explica per què el mar Mediterrani és zona de volcans i terratrèmols. Esmenta una altra zona del món amb la mateixa característica.

5 Com es transforma el relleu?

Els agents externs

Hi ha diferents agents externs que conformen el relleu, és a dir, erosionen, transporten i sedimenten els materials que van destruint i, d'aquesta manera, el van transformant.

Els agents externs principals són l'**aigua**, el **vent** i els **éssers vius**.

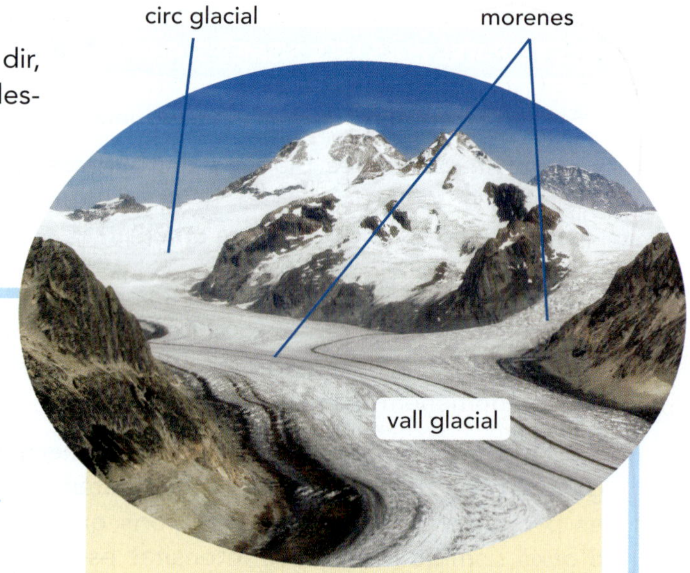

L'AIGUA

L'aigua és l'agent erosiu més important i actua de maneres diferents:

- L'aigua de la pluja i dels rius desgasta les roques i les dissol, i excava **coves**, **barrancs** i **valls**.
- L'aigua dels rius actua com a agent erosiu, perquè al seu curs alt erosiona; al curs mitjà, transporta, i al curs baix, sedimenta. Quan els sediments es dipositen en arribar a la costa, formen un tipus de desembocadura anomenada **delta**, que sol tenir forma triangular.
- L'aigua existent a l'interior de fissures o esquerdes de la terra, quan es glaça, augmenta de volum i produeix la fractura de les roques.
- L'aigua del mar en forma d'ones, corrents marins i marees desgasta la costa i origina **penya-segats**, **caps**, **golfs**, **penínsules**, **platges** i altres formes de relleu costaner. Quan una llengua de mar penetra per una vall fluvial forma una ria o, si la vall és més gran i fonda, un **estuari**.

Com actua una glacera?

El glaç acumulat a la zona alta de les muntanyes, en espais amb forma de conca o de **circ**, llisca molt lentament.

En el seu descens, erosiona i excava una vall amb forma de *U* anomenada **llengua**. Les pedres que arrenca el glaç i que són transportades es van acumulant i formen les **morenes**.

Relleu costaner o litoral

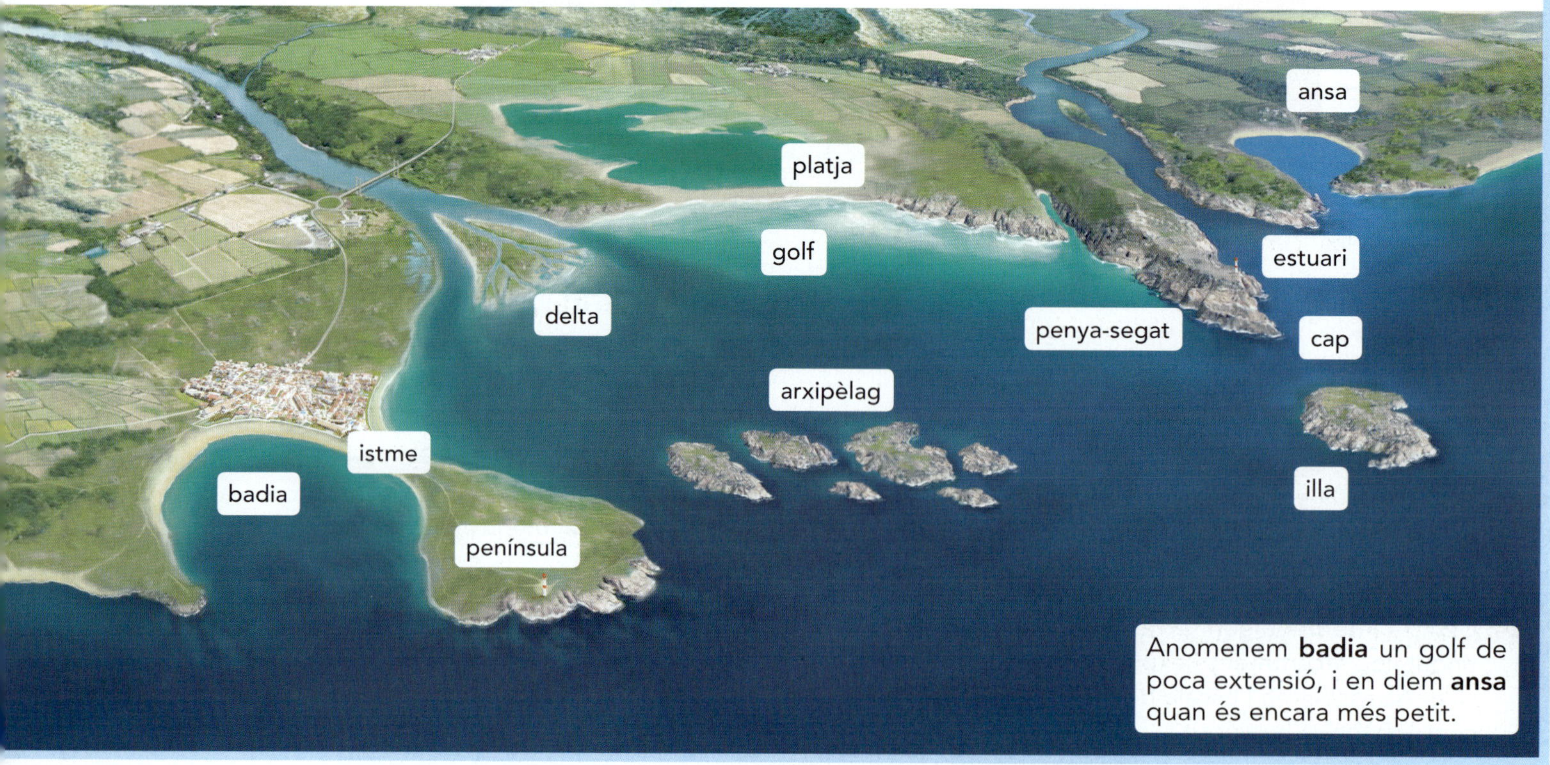

Anomenem **badia** un golf de poca extensió, i en diem **ansa** quan és encara més petit.

EL VENT

El **vent** arrenca, aixeca i transporta petites partícules de sorra, pols, argila, etc., que hi ha al sòl. Durant el transport, aquestes partícules topen en altres roques i les desgasten o n'erosionen les parts menys dures.

La força erosiva del vent és molt més gran als indrets secs i de vegetació escassa, com ara els deserts. A les extenses superfícies de sorra o **ergs**, el vent hi aixeca i transporta partícules de sorra, que després diposita en forma de **dunes**.

El vent pot donar a les roques formes molt capricioses, com aquests pilars coronats.

ELS ÉSSERS VIUS

Els éssers vius tenen una intervenció molt important com a agents transformadors del relleu.

Les plantes foraden el terreny amb les arrels, però alhora fixen el sòl dels vessants de les muntanyes i amb això les protegeixen de l'erosió.

L'ésser humà transforma la superfície terrestre i la marina. L'ocupació del sòl, l'extracció de minerals, la construcció d'habitatges i d'infraestructures (carreteres, pantans, etc.) són tan sols algunes de les intervencions humanes.

A més, erosiona roques i materials, els transporta i els sedimenta, i crea així platges, valls, muntanyes, llacs, etc., que són artificials i no sempre respecten l'entorn natural.

Presa de Kerr, EUA.

Raono

28. Què té més força erosiva: l'aigua sòlida o l'aigua líquida?

29. Com modifica el relleu la construcció d'un pantà al curs mitjà d'un riu? Com afecta l'acció modeladora del riu?

Comprenc i analitzo

30. Quin dels tres agents externs modifica més el relleu? Argumenta la resposta i posa'n exemples.

31. Classifica en una taula els diferents agents externs i les formes de relleu que produeixen en funció de les tres accions que poden fer: erosió, transport i sedimentació.

Causes múltiples | Analitzo els factors

32. De vegades, diferents agents externs intervenen en la formació d'una mateixa forma de relleu. Posa'n dos exemples i explica com actuen conjuntament.

6 Quines són les formes principals del relleu terrestre?

El relleu al món

Malgrat l'origen comú, els continents tenen **formes de relleu molt diverses**.

Les **altituds principals** es troben a Àsia, a la serralada de l'Himàlaia. També hi ha elevacions remarcables a les serralades que travessen Amèrica de nord a sud, les Rocalloses i els Andes, i a Àfrica, on les altituds més grans es troben a prop del Rift Valley, una de les depressions més importants del planeta.

Els **altiplans més extensos** es troben al nord d'Àsia, a la zona de Sibèria, i a l'Amèrica del Sud, a l'Amazònia.

Els **deserts** es troben per tot el planeta, tot i que els més extensos es localitzen a Àfrica i a Austràlia.

A Europa hi predominen les **planes**, i a l'Antàrtida i a Groenlàndia el **glaç** hi és gairebé l'únic protagonista.

Comprenc

33. Fixa't en la llegenda del mapa i explica quines són les formes principals del relleu continental.

34. Elabora un rànquing amb les deu muntanyes més altes del planeta i indica a quina serralada correspon cadascuna. Digues el nom dels tres pics més alts del món.

35. Tria el continent que et sembla més interessant per explorar-ne el relleu i justifica la teva elecció.

Localització | Observo i localitzo

36. Localitza al mapa cinc caps, cinc golfs, cinc altiplans, cinc deserts i cinc planures, i explica on s'ubiquen.

37. Localitza un llac a cada continent i digues quin n'és el més gran. Esbrina quin és el desert càlid més gran del món.

38. Identifica en aquest mapa les illes i les penínsules més destacades, i anota-les en una taula segons l'oceà i el continent a què pertanyen.

AMÈRICA, una successió d'altiplans i cadenes muntanyoses.

Serralades	Muntanyes Rocalloses, Muntanyes Apalatxes, Serralada dels Andes
Pics	Aconcagua
Altiplans	Altiplà Brasiler
Deserts	Atacama

1990 | 2000 | 2010

3. La dessecació del mar d'Aral

El mar d'Aral, situat en una zona desèrtica de l'Uzbekistan, és en realitat un gran llac.

L'extracció de l'aigua dolça de l'Aral des de mitjan segle XX per a regadiu ha provocat la reducció dels seus 68 000 km^2 d'extensió fins a pràcticament la desaparició.

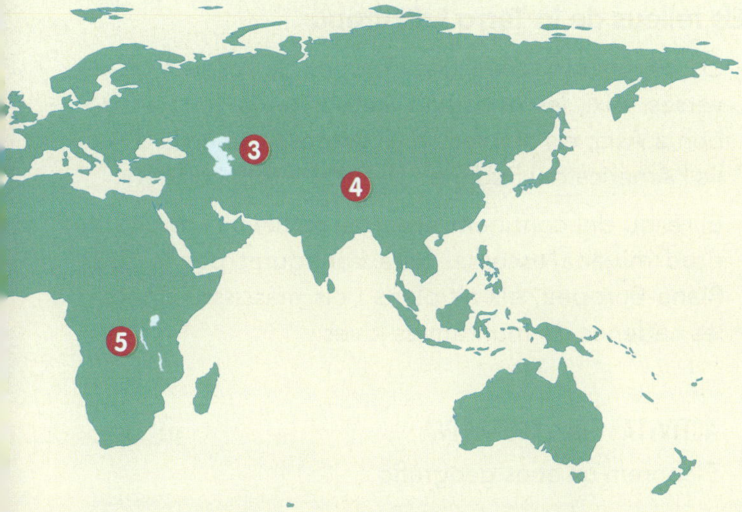

4. Les deixalles als peus de l'Everest

L'increment d'expedicions d'alpinistes a l'Everest hi ha generat l'escampada d'unes 500 tones d'escombraries.

La dificultat d'accedir a l'Everest fa que les tasques de neteja siguin gairebé tan difícils com assolir-ne el cim.

5. L'explotació de les mines de coltan al Congo

El coltan és un mineral imprescindible per al funcionament dels nostres dispositius mòbils. S'extreu de mines que erosionen de manera irreparable el sòl d'aquest país. A més, s'obté amb la mà d'obra de milers de dones i d'infants que treballen més de 14 hores diàries i que pateixen violentes agressions físiques.

Comprenc i analitzo

44. Valora i explica la gravetat d'aquests cinc problemes. Per què en diem "punts negres"?

45. Relaciona cadascun d'aquests cinc punts negres del planeta amb la principal acció (erosió, transport o sedimentació) amb què els ha perjudicat l'ésser humà.

46. Coneixes algun problema al teu entorn que afecti greument el medi físic (relleu, aigua, atmosfera...)?

Pensament crític | Argumento la meva posició

47. Si l'Antàrtida ha restat al marge de l'explotació humana no és perquè no tingui recursos. Esbrina quins poden ser aquests recursos i la seva possible localització.

48. Imagina que una empresa vol crear una explotació petrolífera a l'Antàrtida. Creus que caldria autoritzar-la? Pensa tres arguments que justifiquin que l'autorització no és beneficiosa per al planeta. Després, debateu-ho a classe.

1. Resumeixo l'essencial

L'estructura de la Terra

- La Terra es divideix en tres grans zones. A la part més interna hi ha el nucli; al seu voltant, el mantell, i a la part més externa, l'escorça. L'escorça es divideix en dues parts: la continental i l'oceànica.
- L'escorça continental la formen sis continents amb relleus formats per muntanyes, planes, altiplans, valls i depressions.
- A l'escorça oceànica s'hi situen cinc oceans amb relleus semblants als de l'escorça continental, com ara les dorsals o muntanyes, o les fosses, que són grans depressions dels fons marins.

La formació interna del relleu

- L'escorça de la Terra es mou i tremola constantment per l'acció d'alguns agents interns, com els terratrèmols, els sismes submarins i els volcans.
- Els terratrèmols es produeixen pel moviment de les plaques de l'escorça terrestre. El moviment es propaga en forma d'ones sísmiques.
- Si el terratrèmol es produeix al fons del mar, origina un sisme submarí, que pot provocar un tsunami.
- Els volcans s'originen quan alguna de les esquerdes de l'escorça terrestre assoleix les zones on hi ha magma i aquest ascendeix i surt a l'exterior.

Els agents externs de formació del relleu

- Les formes del relleu també són el resultat dels agents externs que influeixen sobre la seva formació, com ara l'aigua, el vent i els éssers vius.
- El principal és l'aigua, que desgasta les roques o les dissol o fractura. L'aigua del mar també actua sobre les costes i modela el litoral.
- El vent desgasta les roques quan hi impacta, i, alhora, transporta les petites partícules que n'arrenca i que impacten sobre altres roques.
- La vegetació forada el sòl, però alhora el fixa i n'evita l'erosió. I l'ésser humà també transforma el territori amb l'ocupació del sòl, l'extracció de minerals, la construcció d'habitatges o d'infraestructures, etc.

Els relleus de la Terra i d'Europa

- Els continents tenen unes formes de relleu molt diverses. Així, les principals altituds de la Terra es troben a Àsia; els altiplans més extensos, al nord d'Àsia i a l'Amèrica del Sud, i els deserts, a tot el planeta.
- El relleu del continent europeu és divers i té una altitud mitjana escassa. Està configurat per la Gran Plana Europea, els altiplans i els massissos antics, i les cadenes de muntanyes joves.

ACTIVITAT COL·LABORATIVA pàg. 142
Elaborem un atles geogràfic

a. Completo el mapa conceptual

Copia i completa al quadern aquest mapa conceptual:

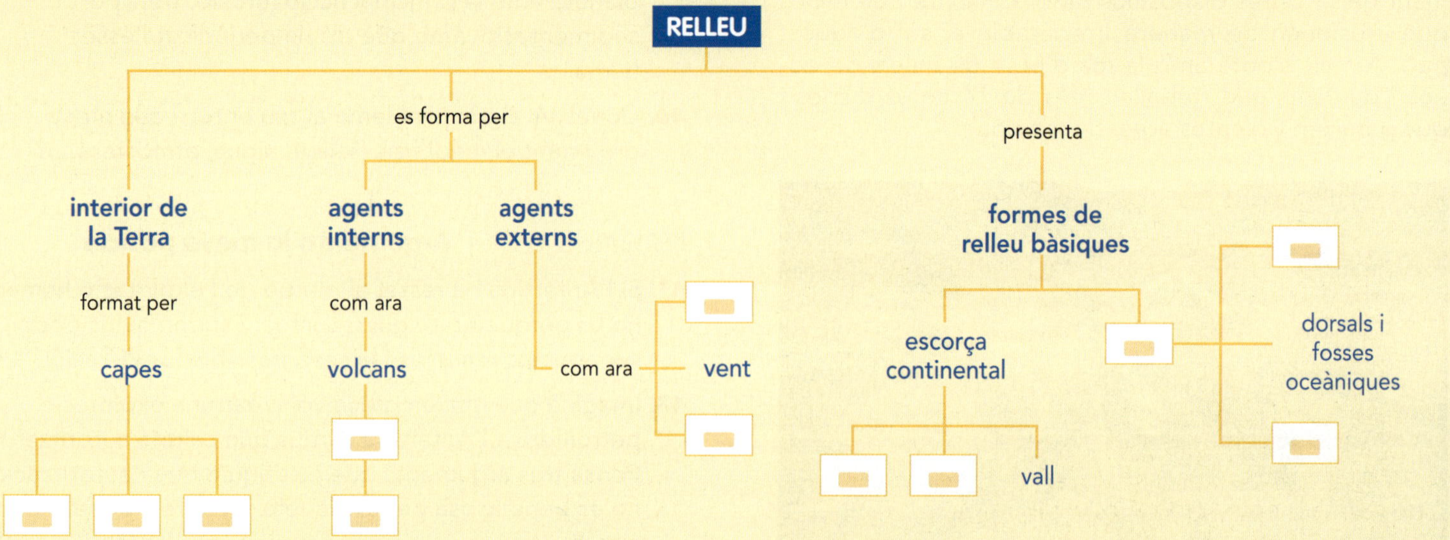

2. Repasso el que he après

a. Sintetitzo

- En quines grans zones es divideix la Terra?
- Quin és el principal agent extern modelador del relleu terrestre? De quines maneres actua?

b. Defineixo conceptes

- fossa marina
- península
- duna
- continent
- hipocentre
- dorsal oceànica
- biosfera
- mantell
- serralada
- tsunami

c. Classifico elements

Classifica aquestes formes del relleu segons que corresponguin a l'escorça continental o a l'oceànica:

- altiplà
- plana abissal
- plataforma continental
- conca
- muntanya
- ermot
- congost
- vall
- fossa
- serra

d. Explico l'esquema

Relaciona cada lloc de la Terra amb el problema ambiental que l'afecta:

- oceà Pacífic
- Amazònia
- mar d'Aral
- Everest
- Congo
- explotació de mines
- acumulació de deixalles
- continent de plàstic
- desboscament
- dessecació

e. Treballo amb l'atles

Anota veritable o fals segons que calgui:

- Els altiplans i els ermots són planures.
- Els plecs i les falles s'originen pels xocs de les plaques litosfèriques de la Terra.
- El principal agent erosiu extern del relleu és el vent.
- Les dorsals pertanyen a l'escorça continental.
- El lloc de l'interior de la Terra en què s'origina un terratrèmol s'anomena *epicentre*.
- Les majors profunditats terrestres corresponen a fosses oceàniques.
- A Europa hi predominen els altiplans extensos.

f. Completo un quadre resum

Copia i completa al quadern aquest quadre resum dels agents del relleu:

	Agents interns	Agents externs
Quins són?		
Com actuen?		
Quines formes del relleu produeixen?		

3. Aprenc a fer. Elaborar un perfil topogràfic

Un **perfil topogràfic** és una silueta del relleu que s'obté de tallar transversalment les corbes de nivell del mapa topogràfic.

Les dades de les corbes de nivell es traslladen a un gràfic basat en un sistema de coordenades: l'eix vertical reflecteix les altituds, i l'eix horitzontal, la distància.

Com que la finalitat és representar les formes del relleu de la zona triada amb la menor deformació possible, el tall ha de ser perpendicular a les corbes de nivell, perquè altrament es falsejarien els pendents.

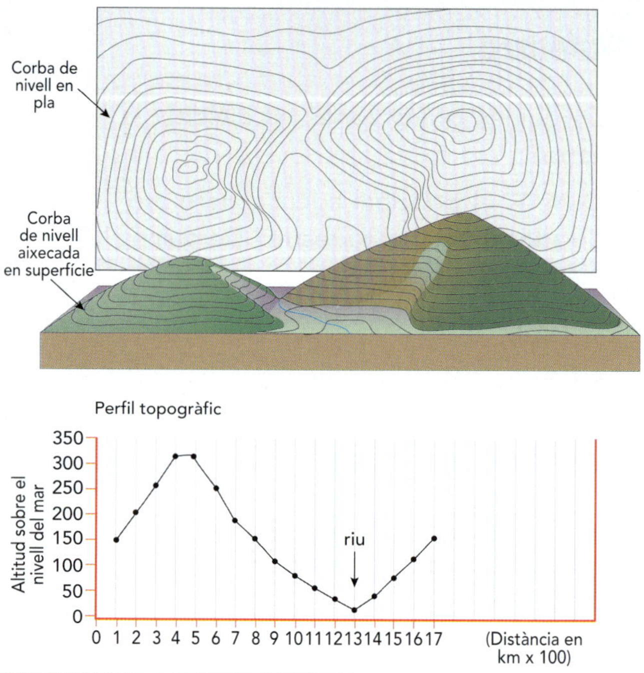

1. Preparació

a. Per fer un perfil topogràfic has de disposar d'un mapa topogràfic i un full de paper mil·limetrat.

b. Recorda què són les corbes de nivell i l'escala d'un mapa topogràfic, perquè et caldran per elaborar el perfil.

a

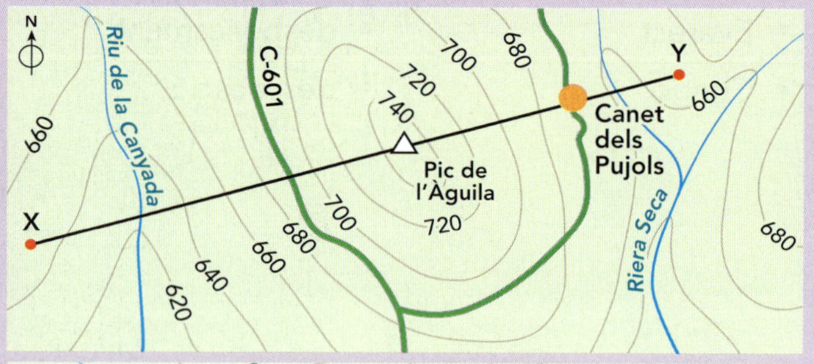

b

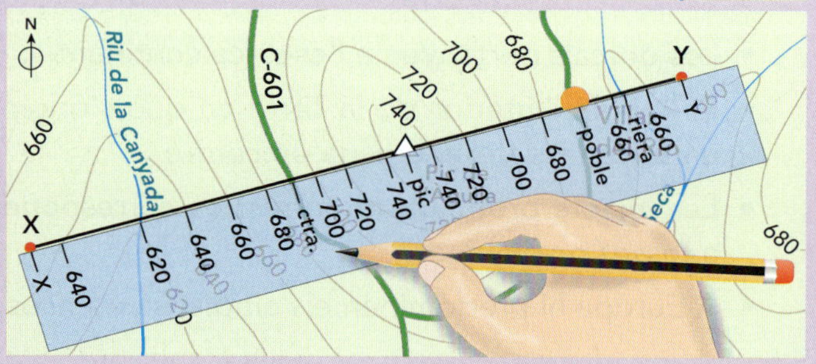

c

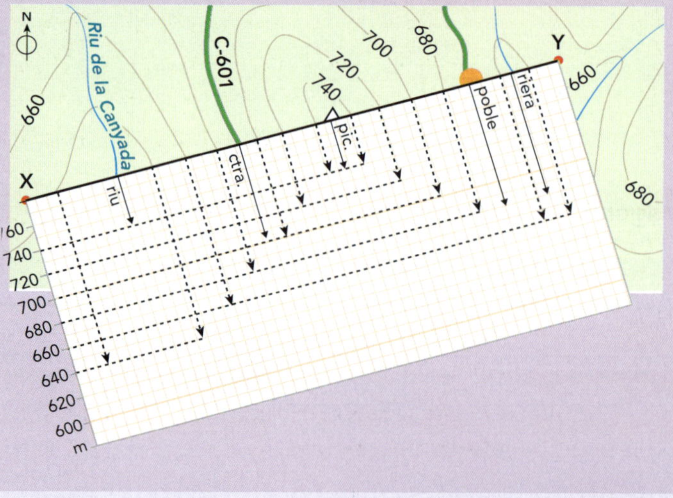

2. Desenvolupament

a. Senyala al mapa topogràfic dos punts, **X** i **Y**, per delimitar el tram sobre el qual faràs el tall topogràfic. Traça una línia recta que uneixi tots dos punts.

b. Agafa un full de paper mil·limetrat, fes-hi una línia recta i plega el full per aquesta línia (per la meitat).

Fes coincidir el plec de paper amb la línia que has dibuixat al mapa. A la vora del paper mil·limetrat senyala amb una ratlla els punts d'intersecció de les diferents corbes de nivell que hi ha al mapa.

Anota sota cada senyal l'altitud corresponent a cada corba de nivell, tot tenint en compte la distància entre totes dues.

c. Desplega el full i dibuixa sobre la línia horitzontal (eix d'abscisses) una vertical (eix d'ordenades). Senyala en aquest eix les distàncies de les corbes de nivell separades 0,5 cm entre si.

d. Uneix amb una línia els punts resultants i... ja tens el perfil!

3. Conclusió

a. És una zona molt muntanyosa o bé és plana? Quina és l'altitud màxima del perfil topogràfic? I l'altitud mínima?

b. Quines unitats de relleu es reflecteixen en aquest perfil topogràfic?

4. Identifico el relleu. Formes de relleu terrestre i marítim

a. Fixa't en les imatges i identifica a quina forma de relleu correspon cadascuna:

- delta
- llengua glacial
- golf
- vall
- plana
- penya-segat

b. Després, escriu-ne al quadern la definició.

5. Localitzo al mapa. El relleu del món

a. Identifica els sis continents de la Terra i escriu-ne tots els noms al quadern.

b. A quins oceans corresponen els nombres que hi ha al mapa?

c. Relaciona les unitats del relleu següents amb la lletra del mapa que els correspon:

- Muntanyes Rocalloses
- Monts Urals
- Muntanyes Escandinaves
- Apalatxes
- Tibet
- Andes
- Atles
- Alps

6. Analitzo el vídeo

El relleu al món

Mira atentament el vídeo sobre el relleu al món que et presentem a l'apartat 6: *Quines són les formes principals del relleu terrestre?* Després, contesta aquestes qüestions:

a. Quines formes de relleu dels continents ens presenta aquest vídeo?

b. Fixa't en el símbol de la depressió i compara'l amb el de l'altiplà. Per què és totalment a l'inrevés? Descriu els altres símbols del mapa.

c. Indica on es situen la serralada més alta del món i la més extensa.

d. Anota el nom del pic més alt de cadascun dels continents i la seva altitud.

3 Hi ha aigua per a tothom i per a tot?

En aquest tema aprendràs:

- Que l'aigua és la substància més abundant del planeta i les formes en què hi és present.
- Com l'aigua ha esdevingut un recurs escàs i un motiu de conflictes i de desigualtats, i això fa que fer-ne una gestió eficient sigui una prioritat per a tota la humanitat.
- Com interpretar informació gràfica relacionada amb la hidrografia.

Coral Springs, Florida (EUA) és una de les ciutats del món amb la proporció més alta de piscines per nombre d'habitants.

Començo

Observo...

- En una zona de clima tan sec i sense rius com la de la imatge central, d'on surt l'aigua?
- Quins usos essencials hi donaran a l'aigua que trobin?
- Genera pobresa i subdesenvolupament l'escassetat d'aigua? Raona la resposta.

El cicle de l'aigua.

Aigua en estat sòlid.

Aigua en estat líquid.

Aigua en estat gasós.

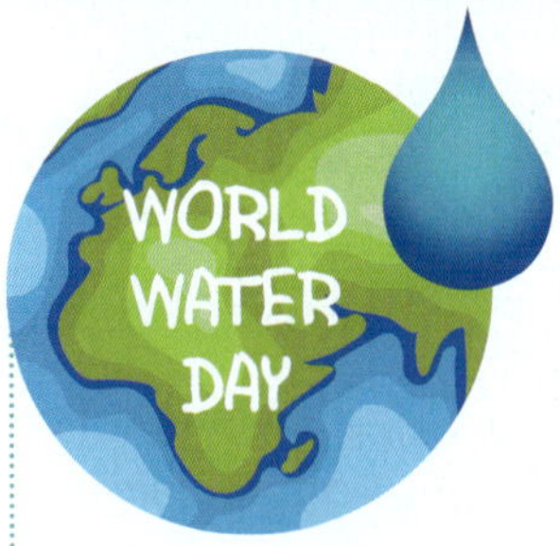

Salvar la hidrosfera.

Projecte de les Nacions Unides per a la recollida d'aigua a Darfur (Sudan).

... penso...

- Quanta aigua hi ha a la Terra? És una quantitat fixa o variable?
- Tota l'aigua del planeta té les mateixes característiques físiques i químiques?
- Què et suggereix la imatge lateral? Creus que existeix una distribució equitativa de l'aigua?

... i em pregunto

Després de veure el vídeo, planteja dues preguntes que et semblin interessants sobre l'**ODS 6: Aigua neta i sanejament**, i posa-les en comú amb la resta de la classe.

6 AIGUA NETA I SANEJAMENT

1 És la Terra un planeta d'aigua?

El cicle de l'aigua

La hidrosfera és l'aigua de la Terra...

La hidrosfera és la part de la Terra que està formada per aigua: **oceans**, **mars**, **rius**, **llacs**, **casquets polars**, **glaceres**, **aigües subterrànies** i, també, pel **vapor d'aigua** que es troba a l'atmosfera.

La quantitat total d'aigua que hi ha a la Terra és sempre la mateixa, 1 385 trilions de litres (o 1 385 milions de km^3), tot i que hi ha grans contrastos quant a la distribució geogràfica al planeta, a la composició química o a l'estat físic.

... en la major part salada...

Gairebé **tres quartes parts de la superfície terrestre** (70,8 % del total) estan cobertes de mars i oceans, cosa que confereix al nostre planeta aquest color blau predominant quan s'observa des de l'espai.

Aquesta gran massa d'**aigua salada** suposa la major part de l'aigua que hi ha sobre la Terra, el 96,5 % del total de la hidrosfera.

La salinitat dels oceans i els mars és conseqüència, fonamentalment, de la dissolució de les roques de la superfície terrestre. A més, existeix un petit percentatge d'aigua salada subterrània (0,9 %).

... i en menor proporció dolça...

L'**aigua dolça** representa només el 2,5 % de l'aigua total del planeta i en la major part no està disponible per a l'ús i el consum.

Els motius són diversos: està congelada als casquets polars i a les glaceres de muntanya, és subterrània, forma part del sòl, forma zones pantanoses o està evaporada a l'atmosfera.

Així, l'aigua dolça disponible en rius, llacs o pantans és el 0,3 % de l'aigua dolça terrestre, i només el 0,008 % de la hidrosfera.

... en tres estats: sòlid, líquid i gasós

La major part de l'aigua salada es troba en **estat líquid**, mentre que l'aigua dolça roman en gran mesura en **estat sòlid**: neu, glaç i icebergs de les zones àrtiques i antàrtiques, glaceres de les zones muntanyoses o el *permafrost* o sòl permanentment glaçat de les regions molt fredes.

Una part petita de l'aigua dolça es troba a l'atmosfera en **estat gasós** (vapor d'aigua), molt important per al desenvolupament del **cicle de l'aigua**.

Quanta aigua hi ha a la Terra?

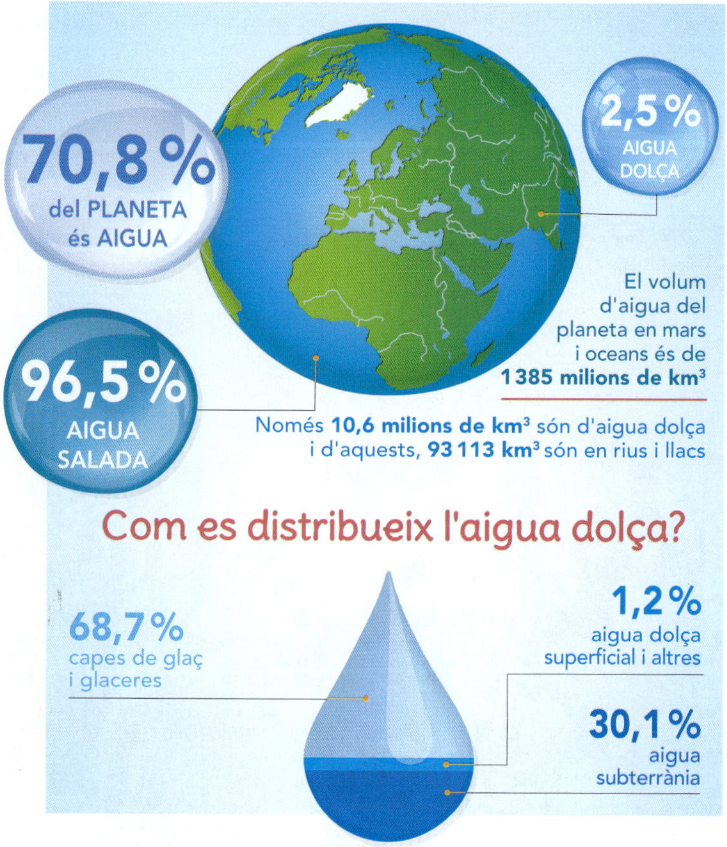

L'aigua dolça a la Terra

A la Terra hi ha poca aigua dolça en estat líquid –en relació amb el total de la hidrosfera– disponible per a l'ús i el consum humà, urbà, agrari, industrial, etc. A més, no sempre és de qualitat i la seva distribució és desigual.

Alhora, la població i la demanda hídrica continuen creixent; per això es genera un desequilibri social i territorial important quant a l'accés i la disponibilitat de l'aigua.

Observo i comprenc

1. Defineix què és la hidrosfera i enumera'n tres característiques.
2. Localitza en un mapamundi les principals masses d'aigua salada i d'aigua dolça de la hidrosfera.

OCEÀ ÀRTIC: ocupa l'àrea entre Europa, Àsia i Amèrica del Nord.

Superfície (km²)	14 056 000
Longitud de costa (km)	45 389
Profunditat mitjana (m)	1 205

OCEÀ ÍNDIC: separa Àfrica d'Oceania i el sud d'Àsia de l'Antàrtida.

Superfície (km²)	70 560 000
Longitud de costa (km)	66 526
Profunditat mitjana (m)	3 741

OCEÀ ATLÀNTIC: separa Amèrica d'Europa i d'Àfrica.

Superfície (km²)	85 133 000
Longitud de costa (km)	111 866
Profunditat mitjana (m)	3 646

OCEÀ ANTÀRTIC: envolta l'Antàrtida, al sud dels oceans Pacífic, Atlàntic i Índic.

Superfície (km²)	21 960 000
Longitud de costa (km)	17 968
Profunditat mitjana (m)	3 270

4 De quina manera coneixem el funcionament dels rius?

Pel lloc per on davalla l'aigua…

La zona estricta per on davalla l'aigua d'un riu és la **llera**, que pot ser rectilínia o bé formar corbes que anomenem **meandres**.

La llera divideix el territori a tots dos costats del riu o **marges** (marge dret i marge esquerre). A la llera del riu principal hi convergeixen les lleres de rius secundaris anomenats **afluents**.

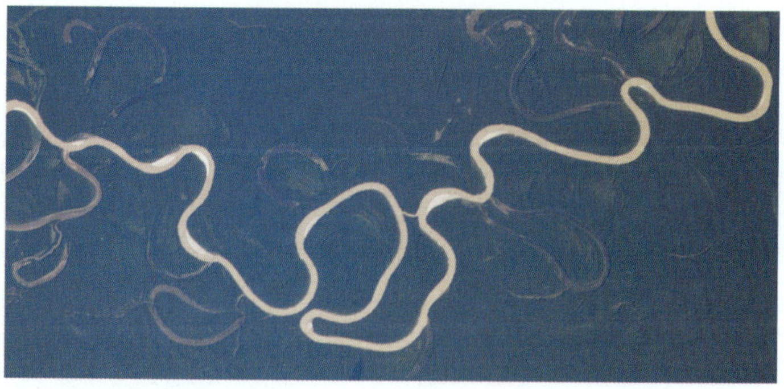

Exemple de llera curvilínia del riu Juruá, afluent de l'Amazones.

… pel territori que reguen…

Del conjunt del territori en el qual l'aigua de la pluja s'escola cap a un col·lector en diem **conca hidrogràfica**. La conca inclou el riu principal i tots els afluents.

D'altra banda, el conjunt de conques hidrogràfiques que desguassen en un mateix mar constitueix un **vessant hidrogràfic**.

Què és el règim d'un riu?

És el conjunt de variacions que experimenta el cabal d'un riu al llarg de l'any. Pot ser de dos tipus:

- **Règim pluvial**, quan l'aigua prové principalment de la pluja. El cabal depèn de l'extensió de la conca i de la regularitat i la quantitat de les precipitacions.
- **Règim nival**, quan l'aigua prové principalment de la fosa de la neu. El cabal creix a la primavera i a la primeria de l'estiu, i minva a l'hivern.

… per la zona que recorren…

El **curs** és el recorregut d'un riu des del naixement fins a la desembocadura. En aquest trajecte, un riu presenta tres parts molt diferenciades:

- El **curs alt**, a prop del naixement, on segueix un pendent molt pronunciat perquè passa entre muntanyes o congostos i sovint presenta **cascades**.
- El **curs mitjà**, a zones més planes, de pendent més suau i amb menor erosió. El riu transporta materials i augmenta l'amplada de la llera, que traça corbes que anomenem **meandres**.
- El **curs baix**, a prop de la desembocadura, que pot ser en forma de **delta** o d'**estuari**.

Els cursos d'un riu

…i per l'aigua que porten

El **cabal** és la quantitat d'aigua que porta un riu.

Segons les variacions que presenta el cabal al llarg de totes les estacions de l'any, els rius poden tenir un **règim regular**, quan el cabal varia poc, o bé **irregular**, quan el cabal és molt variable.

Si el riu té un règim molt irregular i durant una part de l'any no baixa aigua per la llera, aleshores en diem **torrent** o **rambla**.

Altres aigües continentals

A més dels rius, als continents hi ha altres tipus de masses d'aigua:

- Els **llacs**, masses d'aigua dolça permanents a l'interior dels continents, com ara els Grans Llacs (entre el Canadà i els Estats Units), el llac Victòria o el llac Baikal.
- Les **aigües subterrànies**, que s'infiltren al subsol després de les precipitacions i hi formen aqüífers, que constitueixen una reserva estratègica d'aigua dolça al món.
- Les **glaceres** (grans rius de glaç als casquets polars o a les altes muntanyes) i **icebergs** (masses flotants de glaç al mar, procedents de les glaceres polars). Constitueixen la major acumulació d'aigua dolça, però en estat sòlid.

Observo i comprenc

17. Defineix els termes següents: *llera*, *conca*, *curs* i *cabal*.

18. Aparella:

erosió	curs baix
transport	curs alt
sedimentació	curs mitjà

Reflexiono

19. A quina de les tres parts d'un riu l'erosió deu de ser més gran? Per què?

20. De què depenen les variacions de cabal d'un riu? Quan diem que un riu té un règim regular? I un règim irregular?

Pensament crític | Distingeixo dades d'opinions

21. Quan hi ha problemes de manca o d'escassetat d'aigua es fan trasnvasaments entre conques hidrogràfiques. Esbrina en què consisteixen.

22. Investiga sobre els efectes positius i negatius que poden tenir els transvasaments d'aigua d'una conca a una altra. Són beneficiosos o perjudicials per al medi? Feu-ne una posada en comú i comenteu-ho a l'aula.

5 Quins són els rius principals del món?

Segons la longitud del curs fluvial...

Els rius més llargs del món són el **Nil** i l'**Amazones**, tot i que existeix un debat sobre la seva longitud.

La longitud d'un riu depèn del punt de naixement que es consideri, o, el que és igual, del lloc concret on neix el corrent d'aigua que no és tributari de cap altre.

També estan entre els rius més llargs del món el **Iang-Tsé**, el **Missisipí** i el **Ienissei**.

... si en tenim en compte el cabal...

L'**Amazones** és el riu més cabalós del món, atès que a la desembocadura aporta més de 200 000 m^3 d'aigua per segon a l'oceà Atlàntic, molt més que el conjunt dels quatre rius que el segueixen en volum de cabal: el **Congo**, l'**Orinoco**, el **Ganges** i el **Iang-Tsé**.

... o la conca hidrogràfica

L'**Amazones** també és el riu que té la conca hidrogràfica més gran del món, amb més de 7 000 000 de km^2 de superfície (catorze vegades la superfície d'Espanya), seguit dels rius **Congo**, **Nil**, **Obi**, i **Missisipí**, que superen els 3 000 000 de km^2.

Els rius més llargs del món

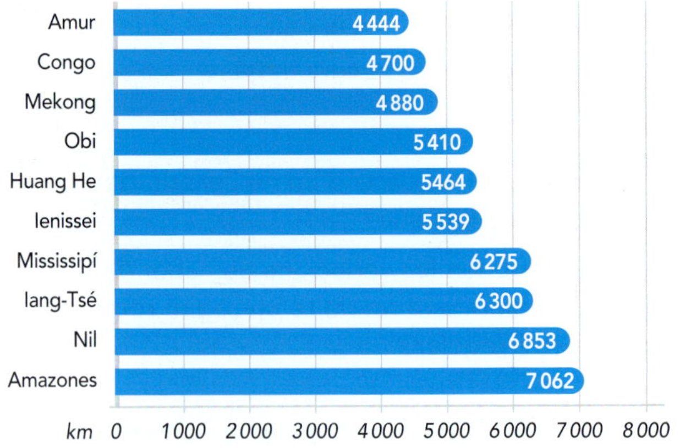

Rius i llacs principals d'Amèrica

Rius	Amazones, Missisipí, Missouri, Paranà, MacKenzie, Yukon
Llacs	Superior, Huron, Michigan

Observo i comprenc

23. Quins són els dos rius més llargs del món? Per què existeix un debat sobre la seva longitud?

24. Esmenta tres rius dels vessants atlàntic, pacífic i índic que es trobin en continents diferents.

Reflexiono

25. Són els rius de més longitud els que porten més cabal? Justifica la resposta.

26. Per què anomenem *mars* el Caspi i l'Aral malgrat que són masses d'aigua a l'interior dels continents?

Empremta hídrica

L'**empremta hídrica** és el consum d'aigua per persona i any, tant el directe com l'indirecte. La mitjana mundial és de **1 300 m³**, però hi ha una gran desigualtat: mentre que alguns països dupliquen la mitjana, d'altres no arriben a la meitat.

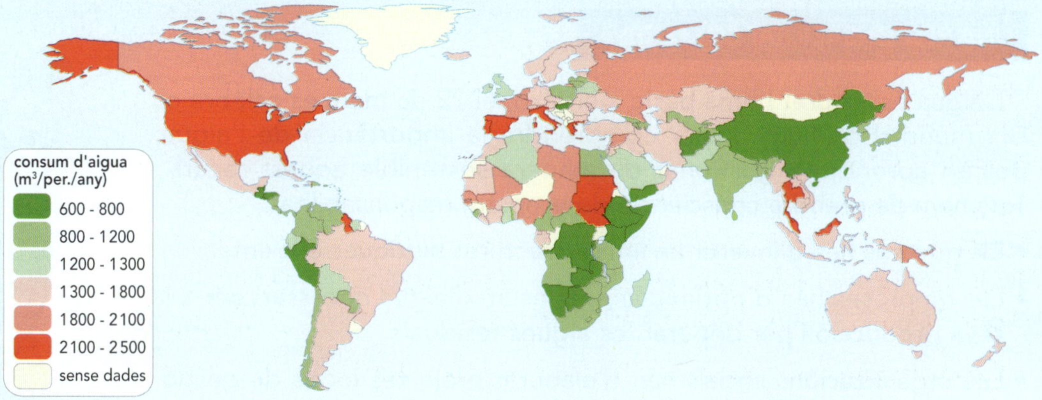

Accés domèstic a l'aigua potable

Al món hi ha 2 100 milions de persones que no tenen **accés domèstic a l'aigua potable**, de les quals gairebé 300 milions caminen més de mitja hora al dia per aconseguir aigua potable.

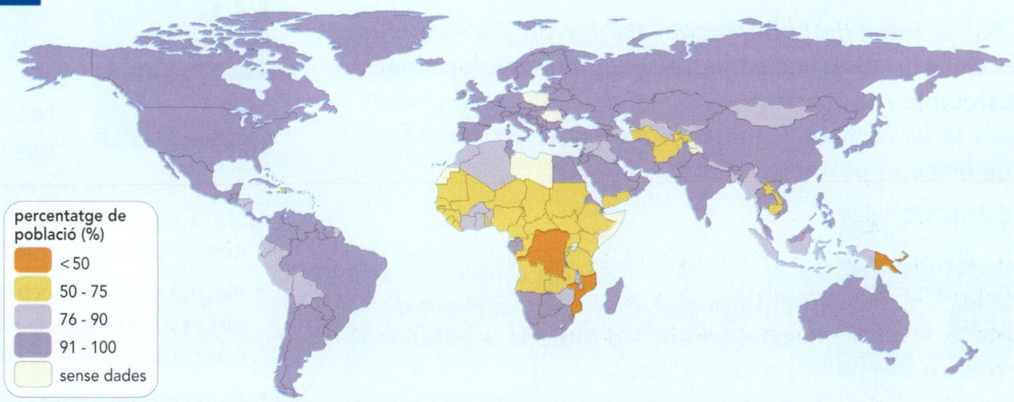

Restriccions d'aigua

No tots els països tenen la tecnologia necessària per gestionar l'aigua dolça. Així, el 40 % dels éssers humans pateix escassetat d'aigua i un alt percentatge té **restriccions d'aigua** almenys un mes l'any.

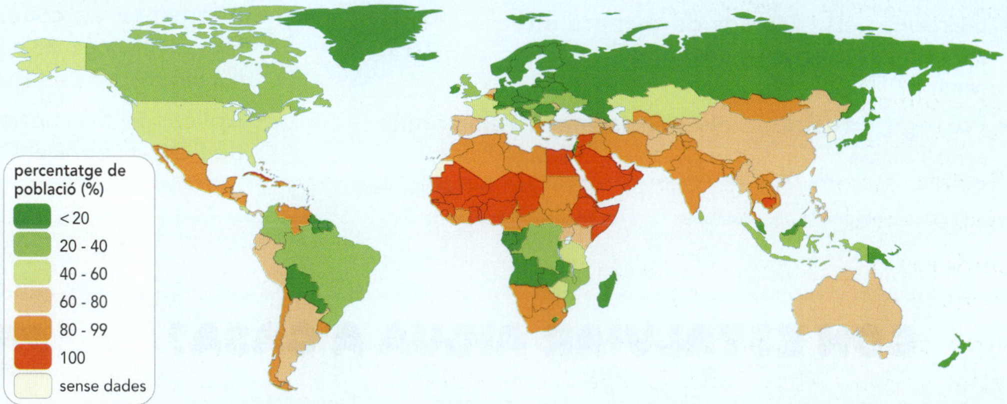

Ús de l'aigua per sectors

L'**activitat agrícola** és la principal consumidora d'aigua al món, especialment als països de rendes baixes. Els cereals, la carn i la llet són els que consumeixen més aigua.

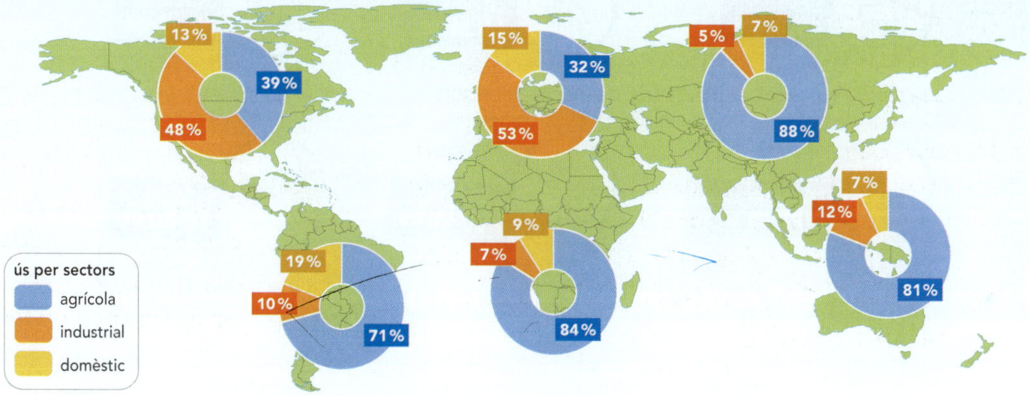

8 Hi haurà prou aigua en el futur?

Mesures per a la sostenibilitat de l'aigua

UNA RESPONSABILITAT COL·LECTIVA

L'aigua és un dret humà bàsic; per això, el 22 de març es celebra el Dia mundial de l'aigua, per comprendre la importància de l'aigua dolça i aprendre a gestionar de manera sostenible aquest recurs. Tots hem de prendre consciència de la nostra responsabilitat:

- Els governs han d'invertir en infraestructures hídriques eficients.
- Les empreses han d'optimitzar el consum d'aigua necessari per a la seva producció i per depurar les aigües residuals.
- Les organitzacions socials han d'elaborar projectes locals de gestió eficient de l'aigua i formar la població en aquest sentit.

Salvar la hidrosfera

Per al futur de la humanitat cal fer un planeta més sostenible. Dels 17 objectius de desenvolupament sostenible establerts per l'ONU, dos estan relacionats amb la hidrosfera. Cada objectiu estableix unes fites que ens comprometen a tots.

6 AIGUA NETA I SANEJAMENT

- Aconseguir l'**accés universal a l'aigua potable** i als **serveis de sanejament i d'higiene** equitatius per a tothom.
- **Millorar la qualitat de l'aigua** tot reduint-ne la contaminació i assegurar-ne la **sostenibilitat i l'abastament**.
- **Gestionar els recursos de manera integrada sense comprometre la sostenibilitat dels ecosistemes.**
- **Protegir i restablir els ecosistemes relacionats amb l'aigua**.

14 VIDA SUBMARINA

- Prevenir i **reduir la contaminació** marina amb una gestió **sostenible dels ecosistemes marins** i costaners.
- Minimitzar els **efectes de l'acidificació** dels oceans i **conservar almenys el 10% de les zones costaneres i marines**.
- **Reglamentar l'explotació pesquera i prohibir certes formes de subvencions** a la pesca que contribueixen a la pesca abusiva.
- Augmentar els beneficis econòmics que els petits estats insulars obtenen de l'**ús sostenible dels recursos marins**.
- Augmentar els **coneixements científics** marins i facilitar l'accés dels **pescadors artesans** als recursos marins i els mercats.
- Aplicar el dret internacional de la convenció de l'ONU sobre el **Dret del mar**.

QUÈ HI POTS FER TU?

Aquestes són algunes mesures que ens ajudaran, sobretot, a canviar hàbits i actituds en relació amb el nostre ús quotidià de l'aigua.

D'aquesta manera, no solament contribuïm a estalviar aigua, sinó que també estem duent a terme un ús més eficient i sostenible d'aquest recurs imprescindible.

REPTES DE FUTUR

Vista aèria que mostra el baix nivell d'aigua en un llac a causa de la sequera.

Frenar el canvi climàtic

El **canvi climàtic** pot comportar conseqüències greus per a la hidrosfera per:

- El desglaç dels pols, que provoca l'augment del nivell del mar.
- La dessecació de les aigües interiors (com el mar d'Aral).
- L'agreujament de les sequeres.
- L'esgotament dels aqüífers.
- L'augment i la intensitat de tempestes, que poden provocar inundacions, huracans...

Garantir la qualitat de l'aigua dolça

Cal posar fi a la contaminació i als abocaments urbans i industrials als rius, que provoquen la degradació dels ecosistemes fluvials.

Hem d'exigir mesures de depuració de l'aigua per tal de fer-la no solament potable, sinó també saludable.

I també cal evitar la pluja àcida, perquè afecta el cicle de l'aigua.

Planta depuradora on es tracten les aigües residuals per reutilitzar-les.

A la costa i al litoral hi ha altes concentracions de plàstic.

Protegir els mars

Els oceans i els mars estan en perill a causa de la contaminació generalitzada de les aigües: vaixells naufragats, proliferació de plàstics procedents de creuers, marees negres, abocaments urbans i industrials del litoral...

La sobreexplotació pesquera i la pesca il·legal també posen en perill la biodiversitat marina i l'equilibri ecològic.

Observo i comprenc

43. Quin objectiu es persegueix amb la celebració d'un dia mundial de l'aigua?

44. Enumera els tres problemes ambientals que afecten els rius i els oceans. En quina mesura contribueixes tu al consum d'aigua?

Raono

45. Contesta de manera argumentada la pregunta que encapçala aquest apartat.

Patrimoni ambiental i desenvolupament sostenible | Assumeixo els ODS

46. Amb relació als ODS 6 i 14, proposeu en grup:

- Tres mesures que pugueu dur a la pràctica al vostre centre educatiu.
- Trieu-ne entre tots les tres que us semblen millors.
- Feu-ne un mural per a la classe i comprometeu-vos tots a complir-les.

1. Resumeixo l'essencial

La Terra, un planeta d'aigua

- La hidrosfera és la part de la Terra formada per aigua: oceans, mars, llacs, casquets polars, glaceres, aigües subterrànies i vapor d'aigua que hi ha a l'atmosfera.
- El 70,8 % de la Terra és aigua, que es distribueix entre aigua salada, 96,5 %, i aigua dolça, 2,5 %.
- L'aigua a la Terra està en moviment constant; en el seu cicle, l'aigua passa per tres estats físics: sòlid, líquid i gasós.

L'aigua salada de la Terra

- L'aigua salada es troba en oceans, grans masses d'aigua que separen continents, i mars, prolongació dels oceans a prop de les costes.
- Les aigües marines estan en moviment constant, impulsades pels corrents marins, les ones i les marees.
- Els oceans de la Terra són cinc: Pacífic, Atlàntic, Índic, Àrtic i Antàrtic.
- Els oceans també tenen formes de relleu: planes abissals, plataformes oceàniques i fosses oceàniques.

L'aigua dolça de la Terra

- L'aigua dolça es troba en rius, llacs, glaceres i aigües subterrànies.
- Els rius es caracteritzen per la llera, la conca, el cabal i el curs, que es divideix en curs alt, curs mitjà i curs baix.
- Al món hi ha grans rius que varien per la longitud del seu curs, pel cabal i per la conca hidrogràfica, com, per exemple, l'Amazones i el Nil.
- Els rius europeus s'agrupen en cinc vessants segons l'oceà o el mar on desemboquen: oceà Glacial Àrtic, oceà Atlàntic, mar Mediterrani, mar Negre i mar Caspi.

L'aigua és un bé escàs

- La desigualtat en la disponibilitat i el consum d'aigua ens força a prendre consciència que la gestió eficient de l'aigua és una prioritat.
- Frenar el canvi climàtic, garantir la qualitat de l'aigua dolça o protegir els mars són exemples d'accions que es duen a terme per salvar l'aigua del planeta.

ACTIVITAT COL·LABORATIVA pàg. 143

Endeguem una campanya per a l'estalvi d'aigua

a. Completa el mapa conceptual

Copia i completa al quadern aquest mapa conceptual:

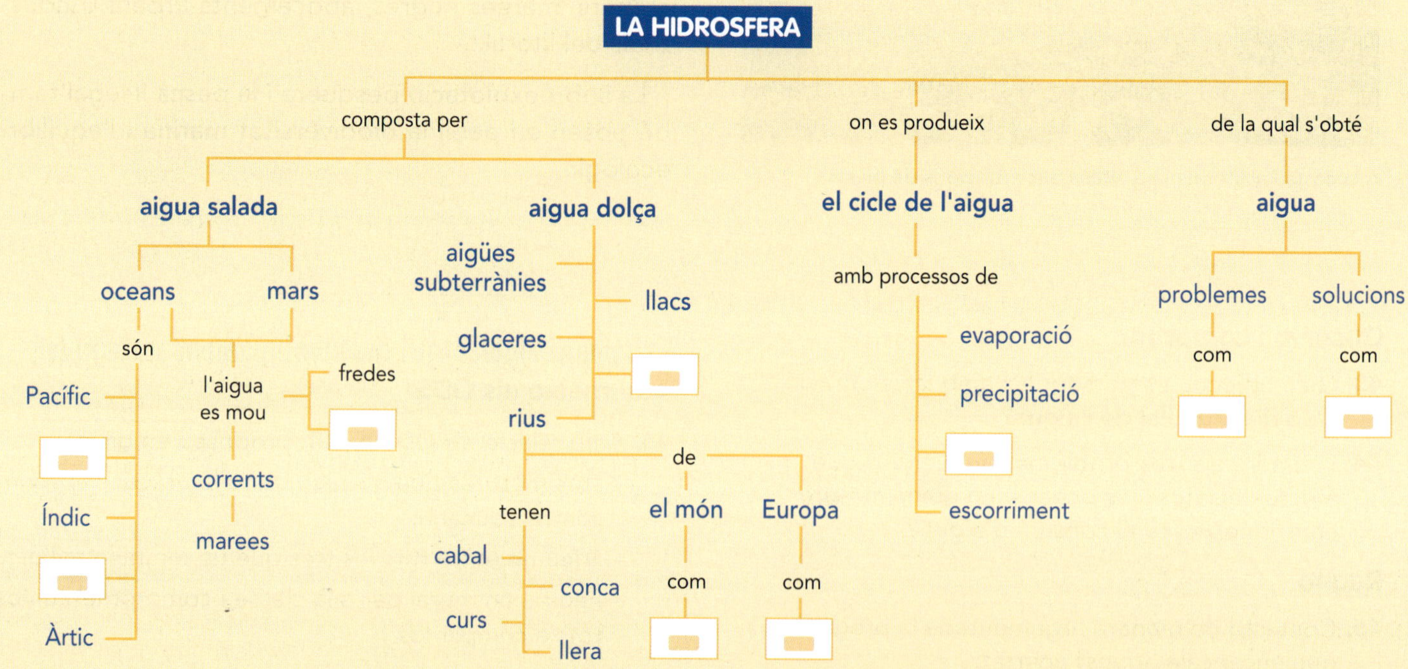

COM ENS PROTEGEIX L'ATMOSFERA?

La vida a la Terra seria molt difícil sense l'atmosfera. Per això és tan important aquesta capa, que compleix tres funcions fonamentals:

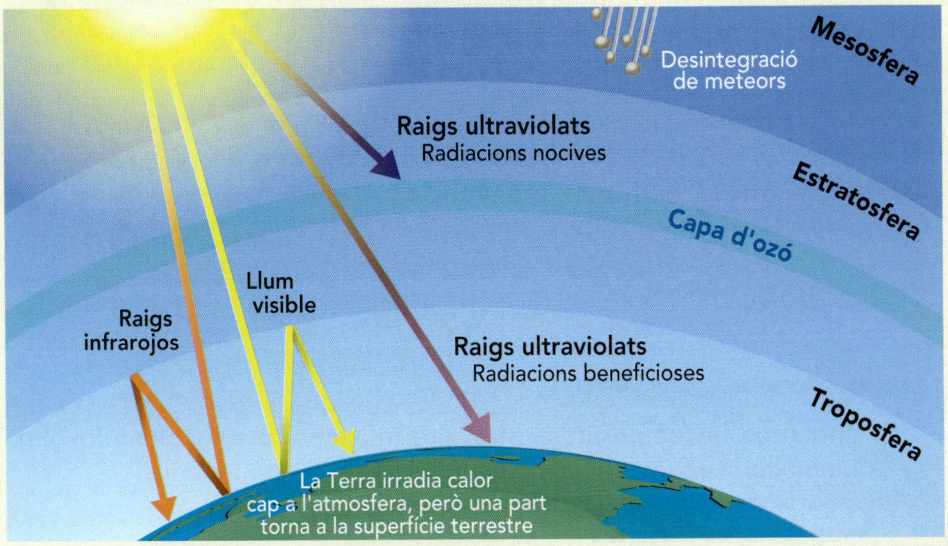

Protegeix de l'impacte dels meteorits

L'atmosfera actua a manera d'**escut protector** que ajuda a desintegrar els meteors i els redueix a pols.

Malgrat això, també hi ha meteors que entren en contacte amb la superfície de la Terra; són els anomenats **meteorits**.

Segons la grandària que tinguin (des de petits còdols fins a roques de la grandària d'una pilota), és més gran o més petit l'impacte que tenen sobre el medi.

Regula la temperatura de la Terra

L'atmosfera del planeta redueix els canvis bruscos de temperatura. Les radiacions solars són absorbides per la superfície terrestre que, durant el dia, s'escalfa i, en fer-se nit, es refreda. Els gasos d'efecte d'hivernacle de l'atmosfera redueixen la pèrdua de la calor diürna i eviten un refredament nocturn ràpid.

Filtra les radiacions solars nocives

El Sol emet diferents tipus de radiacions: els raigs infrarojos, la llum visible i els raigs ultraviolats.

L'atmosfera actua a manera d'un filtre i la capa d'ozó ens protegeix dels raigs ultraviolats, que són nocius per als éssers vius.

Què passa a la capa d'ozó?

La utilització i emissió a l'atmosfera durant anys de certs productes químics (els anomenats CFC), utilitzats en refrigeradors, aires condicionats, aerosols..., ha creat un forat i una reducció en la capa d'ozó, que ens protegeix dels efectes nocius de la radiació solar.

Des de la fi del segle XX, però, un esforç internacional conjunt ha permès eliminar el 99 % d'aquests productes perjudicials, i la capa d'ozó ha començat a recuperar-se. S'espera que a l'hemisferi nord es completi en la dècada del 2030 i a l'hemisferi sud, pels volts del 2050.

Programa de les Nacions Unides per al Medi ambient, 2019. (Adaptació)

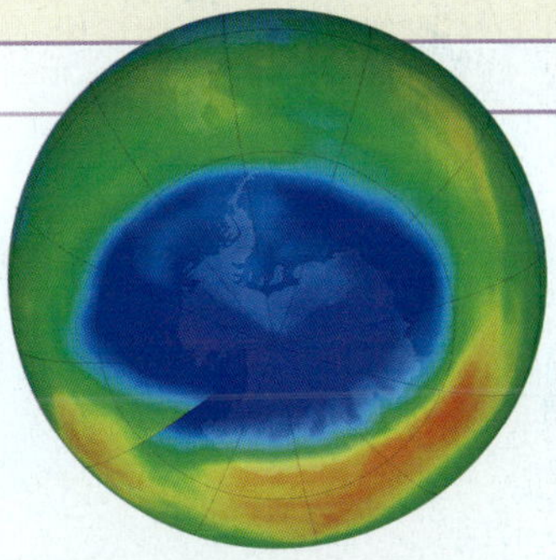

El forat a la capa d'ozó afecta, sobretot, l'Antàrtida.

Observo i comprenc

5. Què és l'atmosfera? Explica en quantes capes es divideix.

6. A quina capa de l'atmosfera es concentren els gasos que fan possible la vida al nostre planeta Terra?

7. Quines funcions de l'atmosfera protegeixen els éssers vius? Tria'n una i explica-la.

Localització | Observo i localitzo

8. Localitza a quina capa de l'atmosfera:
- Es produeixen els fenòmens meteorològics.
- Es formen les aurores boreals.
- Hi ha la capa d'ozó.

9. Què està passant a la capa d'ozó? Per què és important protegir-la?

3 Quins elements determinen el clima? (I)

La humitat de l'aire

Tant el clima com el temps atmosfèric són el resultat, bàsicament, de cinc **elements climàtics**: la **temperatura**, la **precipitació**, la **humitat**, la **pressió atmosfèrica** i el **vent**. Tots aquests factors estan estretament relacionats i són essencials per entendre els diferents tipus de climes i predir els canvis del temps.

Aquests elements, però, varien a les diferents zones de la Terra perquè els modifiquen els anomenats **factors climàtics**: la **latitud**, l'**altitud** i la **distància al mar**.

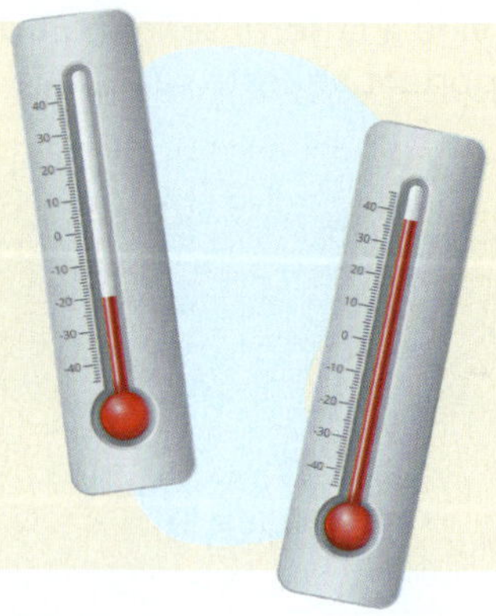

LA TEMPERATURA

La temperatura és el grau d'escalfament **que té l'atmosfera**. Es mesura amb el termòmetre i sol expressar-se en graus **Celsius** (°C), comunament anomenats graus centígrads.

En funció de la temperatura es poden establir cinc grans zones climàtiques al planeta: una zona càlida, dues zones temperades i dues zones fredes.

Temperatures absolutes

Indiquen la temperatura més alta (màxima) o més baixa (mínima) que es dona en un dia, un mes, un any o un conjunt d'anys.

Temperatures mitjanes

La temperatura mitjana mensual s'obté de sumar les temperatures mitjanes diàries i dividir-les pel nombre de dies del mes. La temperatura mitjana anual s'obté sumant les temperatures mitjanes mensuals i dividint-les pels dotze mesos de l'any.

Amplitud tèrmica

És la diferència entre la temperatura màxima i mínima d'un període de temps (un dia, una setmana, un mes o un any).

Les zones climàtiques de la Terra

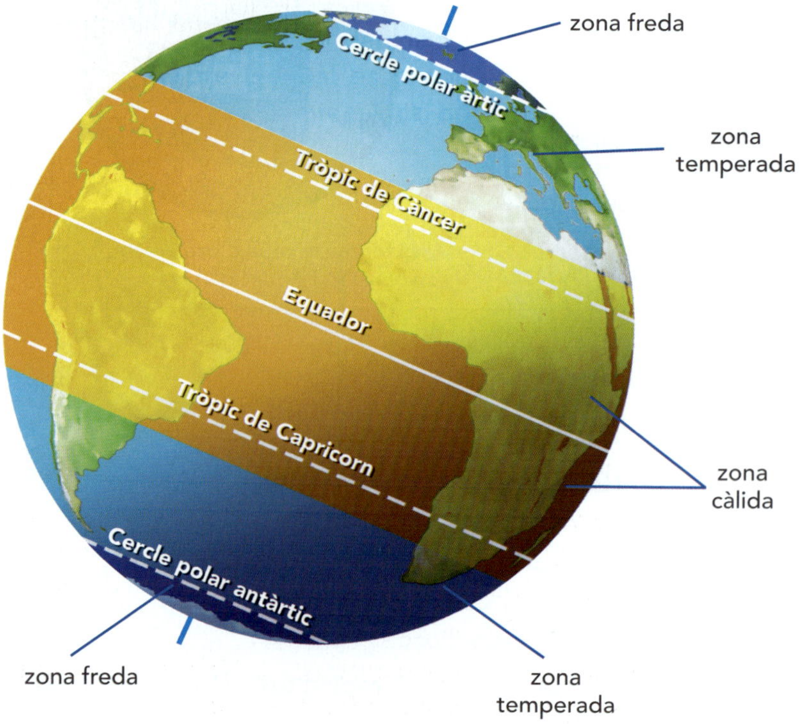

Dues zones temperades

Temperatura mitjana: 15 °C.

Situació: entre 30° i 60° de latitud nord i sud.

Existència de les quatre estacions: primavera, estiu, tardor, hivern.

Una zona càlida

Temperatura mitjana: superior a 20 °C.

Situació: entre 0° i 30° de latitud nord i sud.

Tot l'any és estiu.

El dia i la nit tenen la mateixa durada.

Dues zones fredes

Temperatura mitjana: no supera els 0 °C.

Situació: entre 60° i 90° de latitud nord i sud.

Només hi ha dues estacions: l'estiu i l'hivern.

2. Repasso el que he après

a. Sintetitzo

- Què és el temps? Què és el clima? En què es diferencien?
- Quins són els elements atmosfèrics dels quals depenen el temps i el clima? Explica'ls.

b. Defineixo conceptes

- brisa marina
- efecte d'hivernacle
- capa d'ozó
- amplitud tèrmica
- estratosfera
- troposfera
- aire saturat
- brisa de terra

c. Identifico símbols

Reprodueix al quadern aquests símbols i identifica'ls amb un front càlid, un front fred i un front oclús:

- Amb quin fenomen atmosfèric es relaciona la presència de fronts als mapes del temps?
- Quines diferències pots establir entre un front càlid i un front fred?
- Quan s'origina un front oclús?

d. Explico l'esquema

Explica com influeixen en el clima aquests factors:

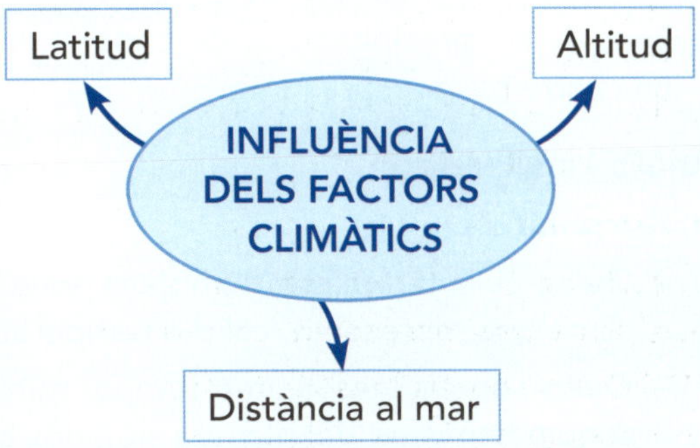

e. Distingeixo les característiques d'un fenomen

Identifica les característiques següents segons si corresponen als anticiclons o a les depressions:

- És aire humit que afavoreix la formació de núvols i precipitacions.
- A l'hemisferi nord l'aire gira en el sentit contrari a les agulles del rellotge.
- És un aire lleuger ascendent.
- És un aire sec que origina un cel serè i un temps estable.
- A l'hemisferi nord l'aire gira en el sentit de les agulles del rellotge.
- És aire pesant descendent.

f. Completo un quadre resum

Copia i completa al quadern el quadre resum que tens a continuació:

	Pressió	Temperatura	Precipitacions
Temps estable			
Temps inestable			
Pols nord i sud			
Equador			

3. Aprenc a fer. Elaborar un climograma

1. Preparació

a. En un full, si pot ser quadriculat, traça-hi tres eixos, un d'horitzontal i dos de verticals:

- A l'eix horitzontal, representa-hi els 12 mesos de l'any.
- A l'eix vertical esquerre, situa-hi les temperatures en intervals de 5°C, 10°C, etc.
- A l'eix vertical dret, situa-hi les precipitacions en intervals que siguin el doble del valor de les temperatures: de 10 mm, 20 mm, etc.

Els climogrames representen les temperatures i les precipitacions d'un determinat lloc al llarg de tot un any.

També permeten determinar els mesos que hi ha hagut sequera, l'amplitud tèrmica, la temperatura mitjana, la precipitació mitjana i total, i les màximes i les mínimes.

2. Elaboració

a. Senyala la temperatura mitjana de cada mes amb un punt de color vermell. Després, uneix tots els punts amb una línia contínua del mateix color.

b. Senyala les precipitacions de cada mes amb una barra blava.

	G	F	M	A	M	J	J	A	S	O	N	D
T (°C)	4,3	5,6	8,0	9,8	13,8	18,8	22,7	22,6	18,4	12,7	7,9	5,3
P (mm)	45	41	32	56	60	44	15	17	37	53	49	58

3. Anàlisi i interpretació

a. Temperatures

- Quina és la temperatura mitjana anual? Com creus que és el clima que representa, càlid o temperat? Per què?
- Quins són els mesos amb temperatures màximes i mínimes? A quin hemisferi del planeta situaries aquest lloc?
- Calcula l'oscil·lació o amplitud tèrmica anual. És gaire alta? Creus que es tracta d'un lloc a prop del mar? Per què?

b. Precipitacions

- Quin és el total de precipitació anual? Quins mesos hi són més abundants les precipitacions? Quins mesos hi plou menys?
- Explica com s'hi distribueixen les pluges al llarg de l'any. Tingues en compte, però, que, quan la barra de precipitacions es situa per sota de la corba de temperatures, indica mesos secs.

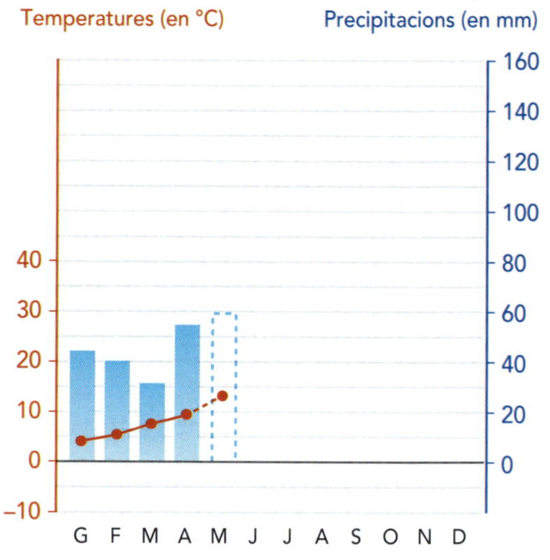

4. Interpreto un mapa del temps. La situació a Europa

Fixa't en el mapa i resol aquestes qüestions:

a. Quin nom reben les línies blanques? Què ens indiquen les fletxes?

b. Què representen les lletres A i B? Quina és la pressió en cadascun d'aquests dos casos? Què són, altes pressions o baixes? Quin temps fa preveure la seva presència?

c. Cerca si hi ha fronts i digues de quin tipus són (càlids, freds o oclusos). Què n'indica la presència?

d. Dedueix quina serà la intensitat i la direcció del vent predominant a la península Ibèrica. Com ho has sabut?

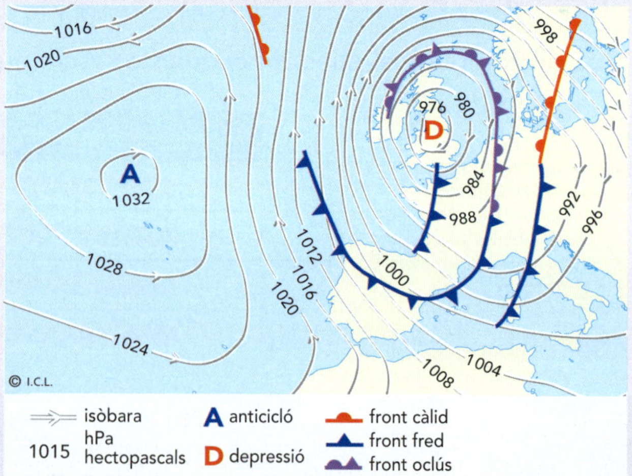

5. Avaluo fonts geogràfiques. Els vents monsons

Els monsons són vents estacionals que es produeixen per l'efecte de les diferències de temperatura entre l'oceà Índic i el sud del continent asiàtic, sobretot, a la península de l'Hindustan, a l'Índia.

Llegeix i completa el text sobre els monsons amb els mots següents:

Himàlaia, continent, condensen, estival, humitat, Bengala, front, hivern

El monsó ______ (juny a setembre) porta la gran pluja. Les fletxes vermelles sobre el mar Aràbic i el golf de ______ indiquen dos braços de vent, carregats d'______ marina. Quan arriben al ______, els densos núvols ascendeixen, es refresquen i les seves partícules de vapor es ______. Finalment, tots dos brancals topen contra les muntanyes, i les fletxes arriben així fins als Ghats Occidentals. En aquest punt, el front nuvolós es refrigera i deixa damunt la costa sud més de 1500 m^3 de precipitació. Les fletxes arriben a l' ______, barrera que obliga els núvols a ascendir en espiral i provoca grans pluges als seus contraforts (...). A partir d'octubre, les condicions canvien: el monsó d'______ arriba molt menys carregat de pluja.

Revista *Geo*, núm. 154, novembre de 1999. (Adaptació)

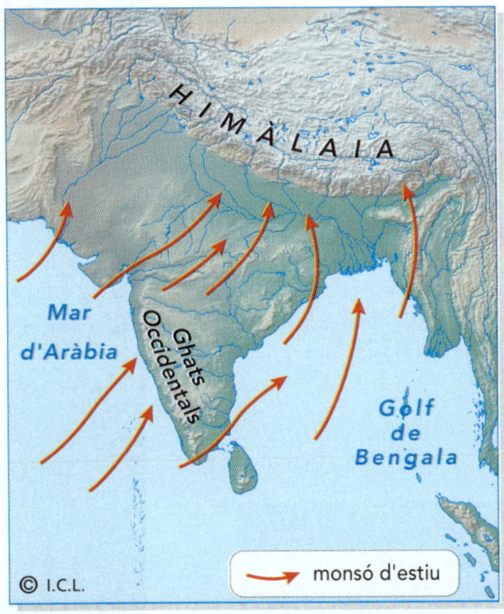

Monsó d'estiu

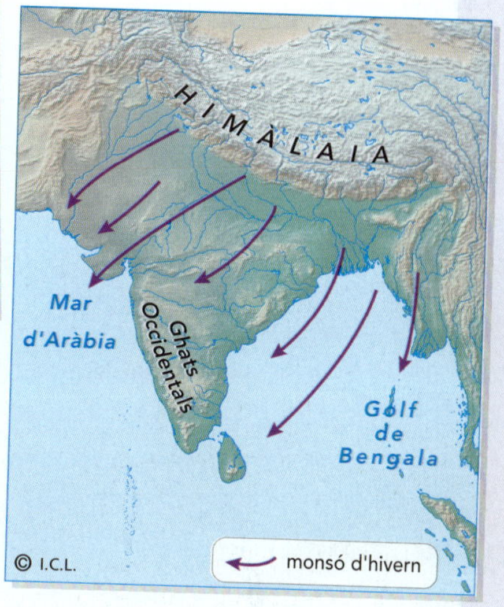

Monsó d'hivern

6. Analitzo el vídeo

El front polar

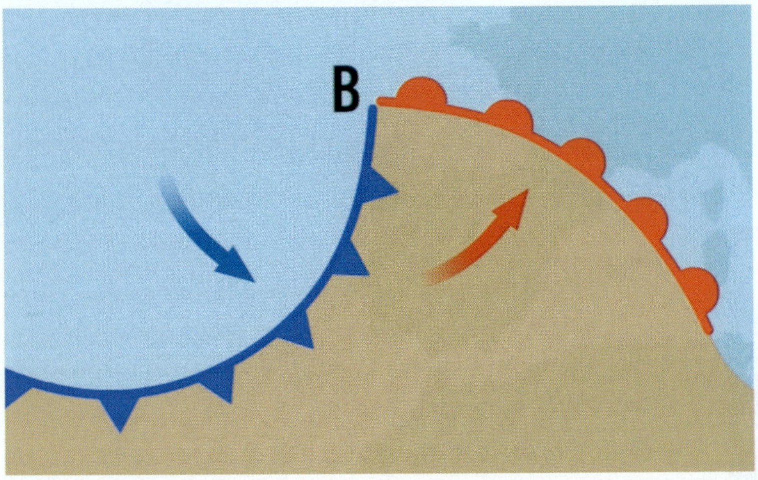

Mira atentament el vídeo sobre el front polar que et presentem a l'apartat 5: *Què ens diuen els mapes del vent*? Després, fes aquestes activitats:

a. Què és un front?

b. Explica com s'origina el front polar.

c. Què són els fronts freds i els càlids? Com es representen als mapes del temps?

d. Quin tipus de temps s'associa al pas d'un front càlid? I al d'un front fred?

e. Quan es forma un front de tipus oclús? Com l'identifiquem als mapes? A quin tipus de temps correspon?

5 Per què són tan diferents els paisatges de la Terra?

En aquest tema aprendràs:

- Què és el paisatge i quines diferències hi ha entre els diversos paisatges de la Terra.
- Que existeixen paisatges poc transformats, però hi ha també paisatges modificats per la intervenció humana al llarg del temps.
- Per què els boscos són fonamentals per a la vida.
- Com es comenta un paisatge humanitzat.

Dunes de sorra vermella i acàcies africanes, a Namíbia.

Començo

Observo...

- Quins elements et criden l'atenció del paisatge del Vietnam? Per què?
- Creus que som davant un paisatge transformat per l'acció humana? Indica tres aspectes concrets de la imatge que reflecteixin aquesta influència.

Selva al Camerun.

Estepa a Mongòlia.

Taigà a Sibèria.

Tundra a Alaska.

La Selva Negra a Alemanya.

Camps d'arròs voltats de muntanyes boscoses al Vietnam.

... penso...

- L'escriptor xinès Lin Yutang va afirmar: "La meitat de la bellesa depèn del paisatge, i l'altra meitat, de qui el contempla". Què va voler dir?
- Què és per a tu el paisatge? Creus que un desert com el de la imatge lateral pot considerar-se bonic? Argumenta la resposta.

... i em pregunto

Després de veure el vídeo, planteja dues preguntes que et semblin interessants sobre l'**ODS 15. Vida i ecosistemes terrestres**, i posa-les en comú amb la resta de la classe.

15 VIDA D'ECOSISTEMES TERRESTRES

1 De què en diem paisatge?

El paisatge que percebem...

El **paisatge** és l'aspecte que adopta el territori i que és resultat de la interacció d'elements naturals i humans. D'aquesta manera, podem distingir entre **paisatges naturals** i **paisatges humanitzats**.

En un sentit més ampli, el paisatge forma part del patrimoni cultural. Així, el **paisatge cultural** és la suma d'elements naturals i humans, ja siguin de tipus material (edificis, carreteres...) o immaterial (tradicions, creences...).

La **protecció del paisatge** és fonamental, perquè té un paper molt important en els àmbits ecològic i cultural. A més, suposa una gran oportunitat per al desenvolupament econòmic i social dels territoris, sempre que es gestionin de manera sostenible.

... pot ser un paisatge natural...

El paisatge natural és aquell que no ha estat modificat per l'ésser humà. Està determinat per:

- **Factors físics**, com ara el clima, el relleu, la hidrografia i el sòl.
- **Factors biològics**, com la vegetació i la fauna.

La combinació d'aquests factors genera paisatges diferents, a **zones bioclimàtiques**, segons la proximitat a l'equador, l'altitud i la distància al mar.

Els factors del paisatge

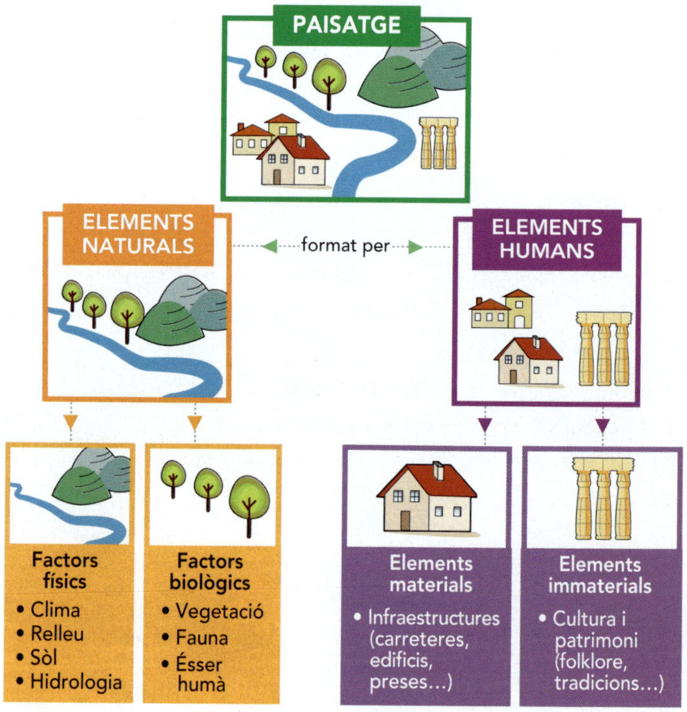

Zones bioclimàtiques de la Terra

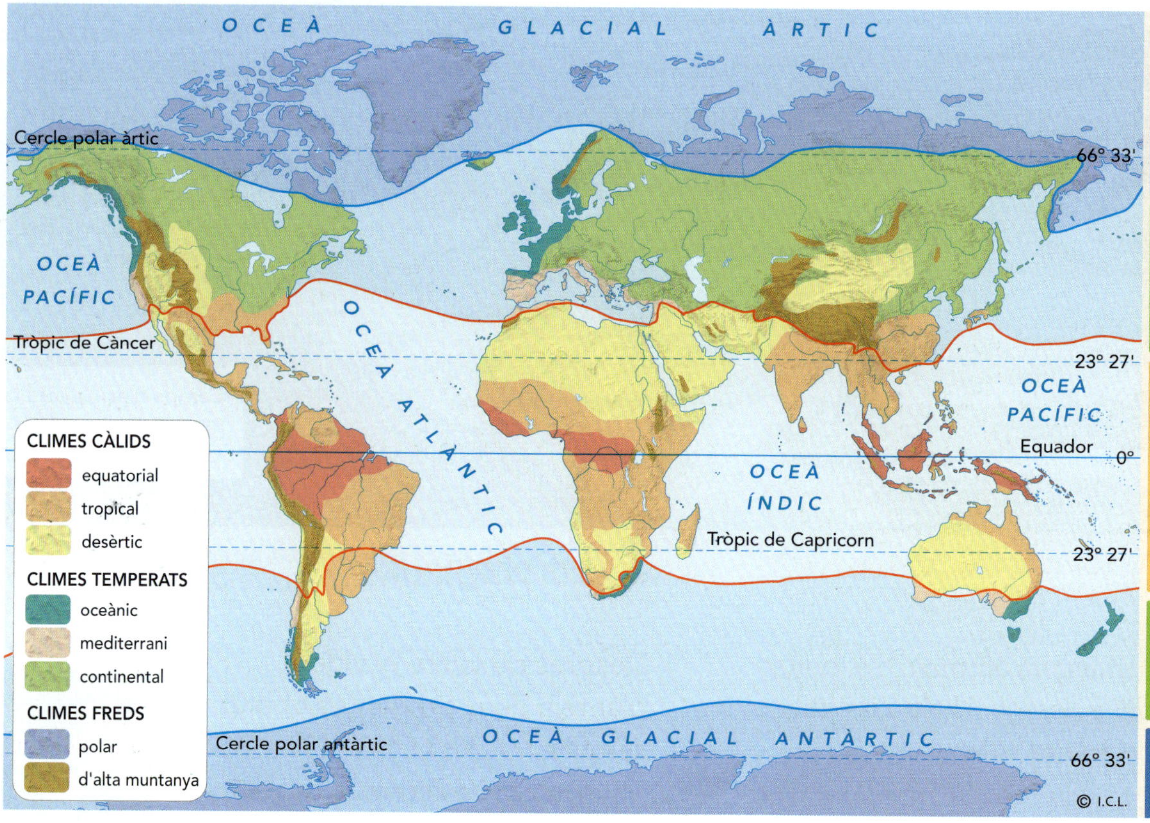

zones fredes
Entre els 60° i els 90° de latitud nord i sud. A l'alta muntanya, a més de 2 500 m.

zones temperades
Entre els 30° i els 60° de latitud nord i sud.

zona càlida
Entre els 0° i els 30° de latitud nord i sud.

Els paisatges desèrtics i de muntanya són azonals: es poden trobar a zones bioclimàtiques diferents.

... o un paisatge humanitzat

El paisatge humanitzat és el resultat de la intervenció de l'ésser humà en un territori determinat al llarg del temps. Pot ser de dos tipus:

- **Paisatge modificat**. És aquell que ha estat modificat per l'ésser humà, sense alterar-ne l'equilibri ecològic de manera permanent (per exemple, un bosc repoblat o una devesa).
- **Paisatge ordenat**. És el que ha estat transformat per l'ésser humà de manera planificada, mitjançant la construcció d'edificis i d'infraestructures, la rompuda de boscos o l'establiment d'activitats econòmiques diverses.

Segons quina en sigui la ubicació, pot ser un **paisatge rural** (per exemple, conreus de regadiu) o un **paisatge urbà** (construcció d'habitatges, carrers, poliesportius, jardins...).

L'ordenació del territori

Actualment, la modificació del paisatge la fan les administracions públiques: és el que s'anomena ordenació del territori.

Per poder planificar una ocupació ordenada i gestionar de manera sostenible un territori, cal conèixer els elements que integren i condicionen el paisatge.

Si es coneix o es preveu l'evolució de cada paisatge, serà possible protegir-los i conservar-los, a més de reduir els efectes negatius que produeixen les activitats humanes.

La construcció d'una carretera o d'un camp de golf origina una alteració del paisatge. Per això, les administracions obliguen a fer un estudi previ per saber quina empremta deixarà en el paisatge, i exigeixen acordar mesures per minimitzar l'impacte ambiental.

Camp de golf.

Parc Cultural de la Muntanya de Sal de Cardona

L'espai turístic del Parc Cultural de la Muntanya de Sal de Cardona va ser una de les mines de sal potàssica més importants del món (mina Nieves de Cardona, 1929-1990). Avui, l'antic recinte miner és el Parc Cultural de la Muntanya de Sal, un gran equipament cultural que pretén divulgar la importància de la sal i l'aprofitament que l'home ha fet d'aquest recurs natural durant segles.

La muntanya de sal de Cardona encara avui creix a mesura que la pluja l'erosiona. Els 120 metres d'altura de la muntanya són la punta d'un enorme diapir de prop de dos quilòmetres de profunditat.

Comprenc

1. Què és el paisatge? Fes fotografies de paisatges naturals i humanitzats del teu entorn i comenta'n a classe les característiques.
2. Accedeix a la visita del Parc Cultural de la Muntanya de Sal a www.tiching.com/779108. Quins elements indiquen el canvi d'un paisatge natural a un d'humanitzat?

Reflexiono

3. Explica per què cal establir normes que ordenin el territori. Quins problemes ocasiona la manca de planificació del territori?

Patrimoni ambiental i desenvolupament sostenible | Assumeixo les ODS

4. Investiga l'ODS 15: Vida d'ecosistemes terrestres, a www.tiching.com/779133 i identifica quines són les amenaces principals que afecten els paisatges. Quines fites es poden proposar per complir aquest objectiu? Què pots fer tu per ajudar a assolir-lo?

2 Per què és tan important el bioclima equatorial?

La selva equatorial

Temperatures altes, precipitacions abundants...

Les regions del **clima equatorial** es troben a prop de l'equador: conca del riu Amazones i zones de Centreamèrica, conca del riu Congo i golf de Guinea, i sud-est d'Àsia. La seva proximitat a l'equador fa que els raigs solars incideixin perpendicularment, de manera que aquests indrets pertanyen a la zona càlida de la Terra.

Els **climes equatorials** es caracteritzen per **altes temperatures**, estables durant tot l'any (al voltant de 25 °C), sense a penes amplitud tèrmica anual ni entre el dia i la nit.

Les **precipitacions** són molt freqüents i **abundants** (superen els 1 500 m anuals) i es reparteixen al llarg de tot l'any.

Per això, els **rius** de la zona equatorial, com l'Amazones, el Congo i el Mekong, són regulars i molt cabalosos.

... i una vegetació exuberant i plena de vida...

Les altes temperatures, unides a pluges pràcticament diàries, produeixen una intensa sensació de calor i d'humitat, i determinen l'existència d'un tipus de bosc molt frondós, anomenat **selva** (o **jungla**, a Àsia). La vegetació equatorial presenta diferents nivells segons l'altitud i la llum que hi arriba:

- **Sòl forestal**. És la terra orgànica, molt fèrtil, on proliferen fongs, insectes i bacteris.
- **Sotabosc**. El formen els arbustos i els arbres joves adaptats a l'ombra. Hi abunden micos, ocells i llangardaixos.
- **Dosser**. El formen les capçades i les zones superiors dels arbres. Acull la major biodiversitat d'éssers vius.
- **Capa emergent**. La integren els arbres aïllats que s'eleven per damunt del dosser. Hi viuen alguns ocells i ratapinyades.

Tot això explica que a les zones de clima equatorial hi hagi el 50 % de la biodiversitat de la Terra. Hem de ser conscients que l'equilibri climàtic del nostre planeta depèn de la preservació dels ecosistemes equatorials.

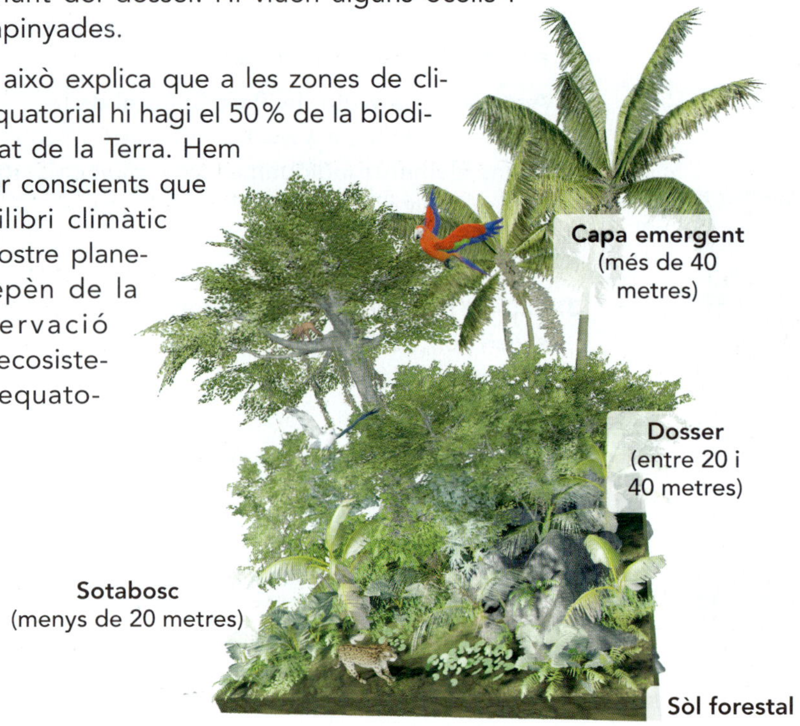

Bioclima equatorial

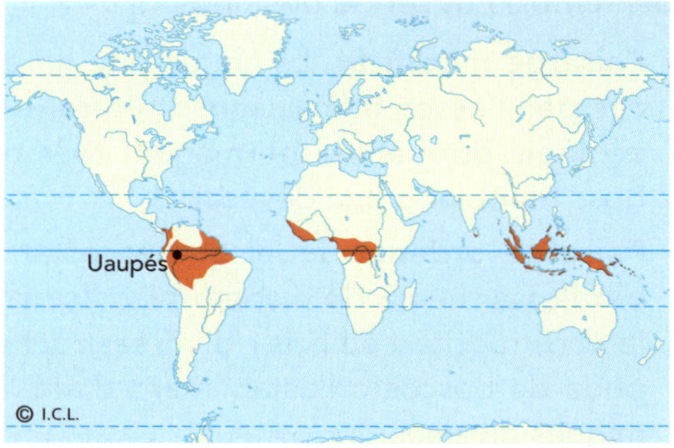

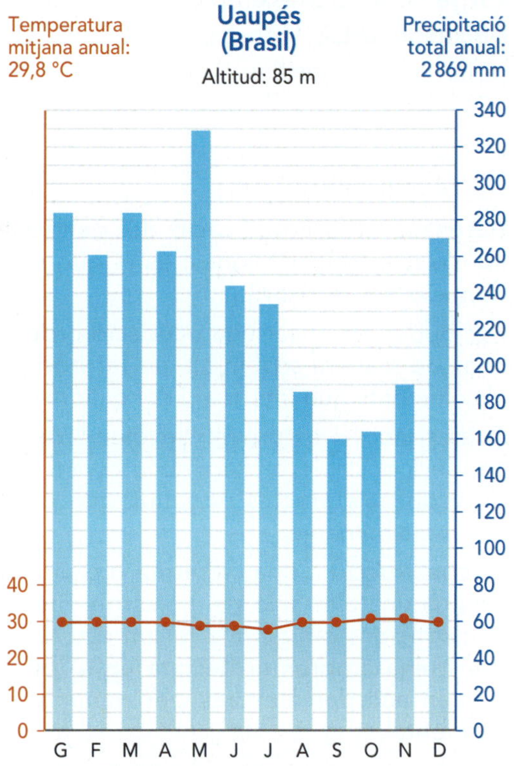

Causes del desboscament de l'Amazònia

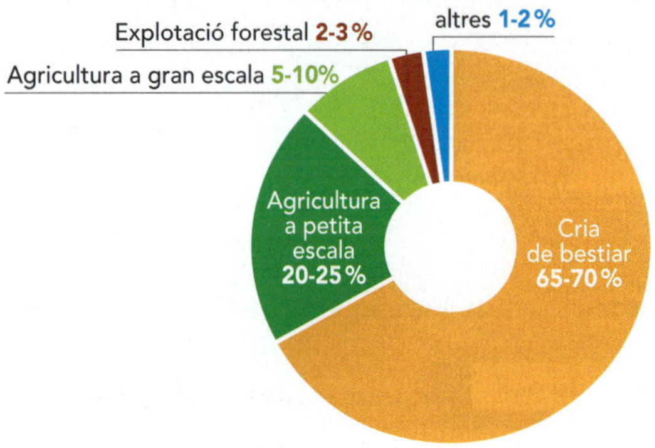

Selva amazònica.

... però amenaçada pel desboscament

Les regions del clima equatorial estan **molt poc poblades**, llevat de les zones asiàtiques. Això és degut a les condicions de calor i d'humitat, a la dificultat de les comunicacions i a la facilitat de propagació d'algunes malalties.

A l'Amazònia hi sobreviuen **cultures indígenes**, com els guaranís o els ianomamo, les formes de vida dels quals són sostenibles i no tenen gairebé cap impacte en el medi natural.

El **desboscament massiu** de les selves equatorials s'ha incrementat durant les últimes dècades, fins a posar en perill l'equilibri d'aquest ecosistema. Les causes d'aquest retrocés són diverses:

- L'**extensió de la ramaderia bovina**, que ha situat el Brasil com a principal exportador mundial de carn de boví.
- L'**augment de l'agricultura de plantació** amb conreus com ara la canya de sucre, la palmera d'oli i la soja.
- La **tala d'arbres** per comercialitzar-ne la fusta (banús, caoba o teca) i elaborar pasta de cel·lulosa per a la fabricació de paper.
- L'**explotació dels recursos miners** del subsòl.
- La **construcció de ciutats i d'infraestructures**.

Observo i analitzo

5. Fes una visita a l'illa de Borneo a www.tiching.com/779134 i contesta les preguntes:
   - Com creus que influeixen les plantacions de palmeres d'oli sobre la biodiversitat de l'illa?
   - Esbrina quins animals estan en perill d'extinció a l'illa, i quins en són els motius.
6. Analitza el gràfic de l'Amazònia brasilera: quina activitat comporta una major pèrdua de selva?

Causes múltiples | Explica l'ecosistema

7. Fixa't en el climograma i en les imatges. Quina relació creus que tenen les precipitacions i les temperatures amb la biodiversitat equatorial?

3 Quina diversitat presenta el bioclima tropical?

Les precipitacions determinen dues estacions...

Les regions de **clima tropical** es localitzen al nord i al sud de la zona equatorial, entre els tròpics de Càncer i de Capricorn (l'Àfrica subsahariana, regions de Sud-amèrica com la conca de l'Amazones, el sud-est asiàtic i el nord d'Austràlia).

Pel fet d'estar situada a la zona dels climes càlids, les seves **temperatures** són relativament **altes** tot l'any i l'amplitud tèrmica és reduïda.

Les **precipitacions** són **abundants** (entre 750 i 1 500 mm anuals) i determinen dues estacions diferenciades: una de seca a l'hivern i una altra d'humida a l'estiu. En funció de la proximitat a l'equador i de la quantitat de les precipitacions, podem distingir entre **clima tropical humit** i **clima tropical sec** o de sabana.

... i paisatges diferents segons la proximitat a l'equador...

En relació amb l'equador, els paisatges tropicals poden ser:

- **Boscos tropicals**. La proximitat a l'equador genera boscos de vegetació similar a la de la selva, però amb arbres de menor alçada i menys diversos.
- **Sabanes**. La major distància a l'equador i la major durada de l'estació seca ocasionen que les grans planes de la sabana estiguin cobertes per una vegetació formada per herbes (herbes d'elefant, de fins a 3 metres d'alçada en l'estació humida), arbustos i alguns arbres (com ara les acàcies i els baobabs).
- **Estepes**. La llunyania de l'equador ocasiona que a les estepes l'estació seca abasti la major part de l'any. L'escassetat de la pluja origina paisatges amb una vegetació pobra, a base d'espècies amb fulles dures i espinoses per evitar la pèrdua d'humitat.

Bioclima tropical

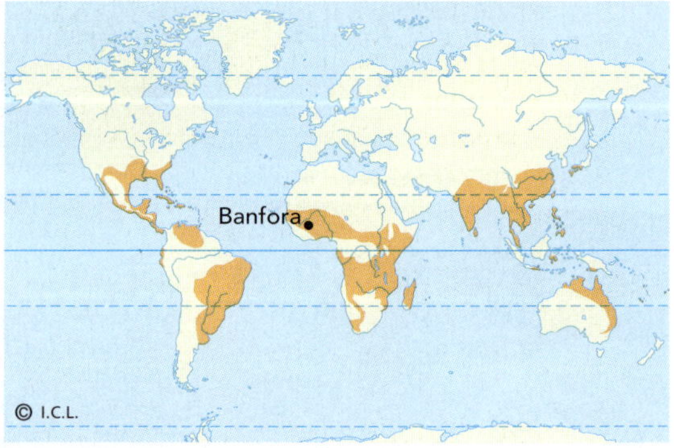

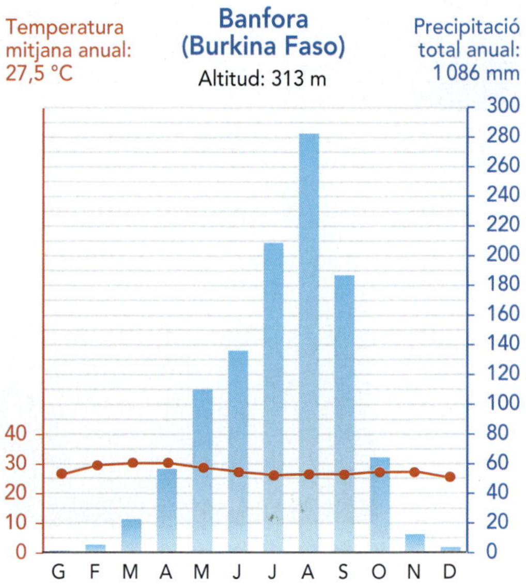

La sabana

Costa mediterrània.

coscoll

margalló

pins i matollar espinós

... i paisatges humanitzats molt urbanitzats

El mar Mediterrani ha atret pobladors des de fa segles. El bosc encara es conserva a algunes muntanyes, però les planes aviat van ser desboscades i aprofitades per al desenvolupament d'una **agricultura tradicional de secà** (cereals, oliverar, vinya) **i de regadiu** a les ribes dels rius (hortalisses, fruites).

En les últimes dècades, els paisatges mediterranis pateixen una intensa transformació a causa de l'**agricultura industrialitzada d'hivernacles i de reg per degoteig** i, sobretot, a causa de la **urbanització creixent** de les àrees més favorables al turisme. Aquesta activitat ha originat una urbanització massiva que ha degradat notablement l'ecosistema costaner, n'ha destruït el paisatge i l'ha fet més vulnerable als riscos del canvi climàtic.

A zones extenses de la costa mediterrània hi ha hagut una intensa urbanització (Mònaco).

Localitzo

16. Digues el nom de cinc països de continents diferents amb bioclima mediterrani.

Comparo i raono

17. Explica, a partir del climograma de Bari, les característiques del clima mediterrani.

Causes múltiples | Analitzo els factors

18. Fixa't en la vegetació espontània a les imatges de Califòrnia, identifica-hi alguna espècie i indica com està condicionada pel clima mediterrani.

19. Quines característiques climàtiques fan del Mediterrani una regió molt turística? Explica quina repercussió té aquest atractiu turístic sobre el paisatge.

6 Com influeix el mar sobre el bioclima oceànic?

Un conjunt bioclimàtic humit...

El clima oceànic o atlàntic es dona a la zona temperada de la Terra, a les regions costaneres afectades per vents procedents de l'oceà, que evaporen molta aigua.

Es troba a zones d'Europa (**Portugal**, **Regne Unit**, **Bèlgica**), d'Amèrica (**Argentina**, **Xile**, **Canadà**, **Estats Units**), del **sud d'Àfrica** i d'Oceania (**Austràlia** i **Nova Zelanda**).

La temperatura mitjana és d'uns 10 °C. Els **hiverns** són **moderadament freds** (temperatura mitjana entre 6 °C i 10 °C), i els **estius**, **frescos** (al voltant de 20 °C). La proximitat al mar i el seu efecte regulador de les temperatures determina una amplitud tèrmica anual reduïda (d'entre 10 °C i 12 °C).

La **pluviositat és elevada** (entre 1 000 i 2 000 mm anuals) i es distribueix al llarg de tot l'any, tot i que el màxim sol situar-se a l'hivern.

... amb extensos boscos caducifolis...

Gràcies a les temperatures suaus i a les pluges regulars i intenses, la vegetació és abundant i variada. Hi abunden els **boscos de fulla caduca** (roures, faigs, aurons i castanyers) i els **prats**, que faciliten el desenvolupament de l'activitat ramadera. Quan el bosc es degrada, hi apareix la landa (bruc, gatosa, ginesta...).

A les zones d'hiverns més llargs i freds, els arbres caducifolis hi són substituïts progressivament per **coníferes** (pins, avets, etc.), que són més resistents al fred. Per això, hi trobem també **boscos mixtos**.

... i molt transformat per l'activitat humana

Des de temps antic, les regions fèrtils de clima oceànic van acollir molts pobladors que van talar els boscos per a l'aprofitament agrícola, ramader i forestal.

El gran creixement de la població els dos últims segles ha multiplicat l'**espai urbanitzat** de manera que, sobretot a Europa i Àsia, els boscos originaris han quedat reduïts a **àrees i parcs protegits**.

Bioclima oceànic

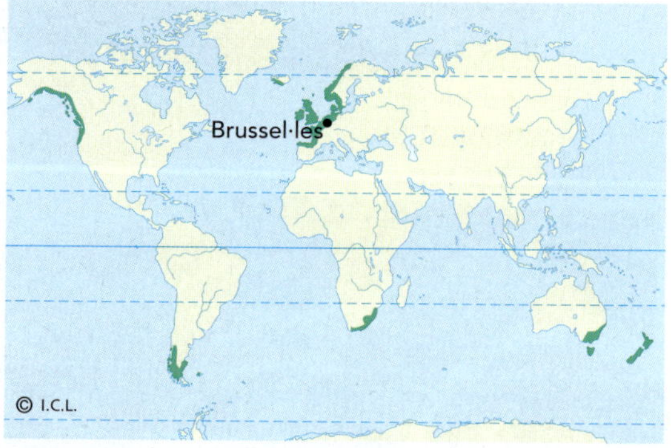

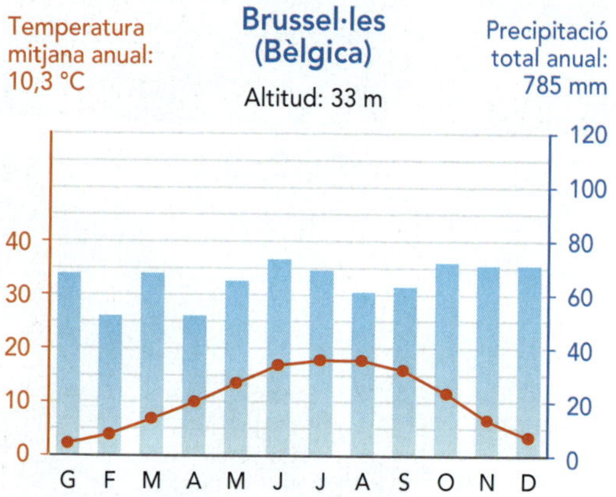

Ramaderia extensiva de bestiar oví a Austràlia.

Bosc caducifoli a la tardor.

La riquesa paisatgística del bosc caducifoli

La variació de temperatures entre hivern i estiu produeix canvis radicals en els arbres caducifolis.

L'espectacle que suposa la caiguda de les fulles a la tardor anuncia que els arbres caducifolis redueixen en gran manera la seva vida vegetal per protegir-se del fred i de la manca de llum.

En canvi, la calor, la llum i les pluges a la primavera i a l'estiu permeten als arbres una intensa activitat i produir fulles noves, flors i fruits.

Prats atlàntics a la costa d'Irlanda.

Les amenaces al bosc temperat

Al contrari que a Europa, els boscos temperats es conserven en bona part en l'estat originari, a Amèrica del Nord i a l'hemisferi sud, i estan habitats per una gran diversitat d'espècies.

Avui dia, a més de les activitats agràries i de la urbanització, hi ha dos grans perills que amenacen aquests boscos: la **reforestació**, amb espècies de creixement ràpid en explotacions de monocultura, i els **focs**, molt sovint provocats per poder-hi construir urbanitzacions i infraestructures noves.

Explotació forestal d'eucaliptus per a la indústria paperera a Austràlia.

Localitzo

20. Amb l'ajuda d'un mapa polític, indica cinc països de diferents continents amb clima atlàntic.

Observo i analitzo

21. Explica, segons el climograma, les característiques del clima oceànic.

22. Fixa't en el bosc caducifoli a la tardor i explica els canvis que s'hi produeixen amb l'arribada d'aquesta estació.

Causes múltiples | Analitzo els factors

23. Quin tret del clima oceànic fa possible el bosc caducifoli? Per què?

24. Quins factors expliquen que Amèrica del Nord, Xile o Nova Zelanda conservin millor que Europa els boscos oceànics?

25. Quines amenaces pateixen els boscos temperats?

7 Quins són els grans contrastos del bioclima continental?

Un conjunt bioclimàtic d'influència continental...

El paisatge continental es localitza a zones amb barreres muntanyoses que impedeixen la influència del mar, o amb vents freds dels pols que extremen les temperatures.

Es dona principalment a l'hemisferi nord, a les terres de l'**interior dels continents europeu i asiàtic**, així com també a **Amèrica del Nord**.

Les regions continentals no reben la influència reguladora del mar, i, per això, presenten **temperatures extremes** (s'escalfen molt a l'estiu i es refreden molt a l'hivern). A l'estiu s'hi poden assolir els 30 °C, i a l'hivern quedar per sota de 0 °C.

Les **precipitacions són relativament escasses** i es concentren principalment a l'estiu, de vegades amb aiguats torrencials. Els hiverns solen ser secs i hi són freqüents les glaçades i les nevades. A l'estiu, el sobreescalfament del sòl i de l'aire origina temperatures molt elevades.

... amb extensos boscos boreals i estepes...

La **taigà** o **bosc boreal** creix a regions d'hiverns molt freds i estius curts i plujosos. L'activitat biològica de la taigà es limita al curt període d'estiu, però, per la seva gran extensió, té una gran influència sobre el medi terrestre.

El bosc boreal està format per coníferes (avets, pins...), arbres de fulla perenne adaptats a temperatures molt fredes. Amb més calor, s'hi fan, a més, bedolls de fulla caduca. En sòls humits en què hi ha matèria vegetal s'hi creen torberes en les quals s'acumula la **torba**, matèria orgànica que s'utilitza com a combustible.

Més al sud, les **estepes** (mot d'origen rus) o les **praderies** (com s'anomenen a Amèrica del Nord) creixen a regions d'hiverns també freds o molt freds, però amb estius més càlids i secs.

L'escassetat d'aigua no facilita el creixement d'arbres a les regions estepàries, però permet una gran diversitat de **plantes herbàcies**, especialment gramínies, que li confereixen la coloració verda característica i que han de ser utilitzades com a pastura o segades per tal que es regenerin adequadament cada any.

Bioclima continental

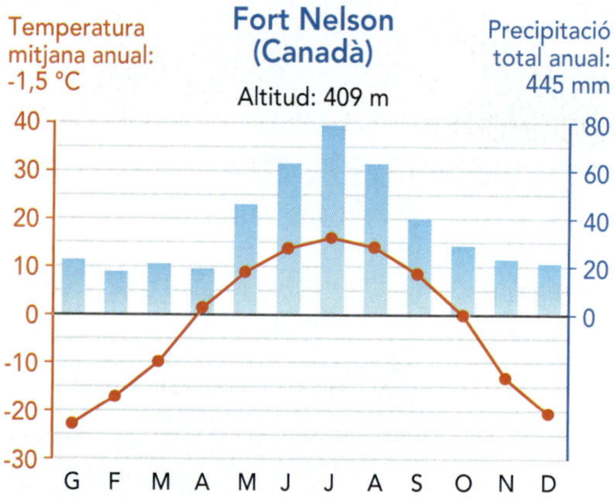

Estepa a Mongòlia.

Agricultura intensiva a les antigues praderies nord-americanes.

Una explotació agrària extensiva

Les antigues praderies i estepes han estat explotades, des de temps antic, per la fertilitat dels seus sòls, de primer per a la ramaderia extensiva i, després, per a l'agricultura.

És remarcable el cas dels Estats Units, on les praderies van estar poblades per grans ramats de bisons salvatges fins que van ser gairebé exterminats al segle XIX, i que avui han esdevingut extenses explotacions agràries de cereals (blat i blat de moro).

Bosc boreal a Alaska.

... i escassa presència humana

Els boscos boreals han patit poques transformacions en el passat, especialment al nord del Canadà i a la Rússia siberiana, per la **limitada presència d'éssers humans**, que es concentra en petits pobles i ciutats. Per aquesta raó conserven encara en part els trets originaris.

Malgrat la pobresa dels seus recursos alimentaris, la immensa extensió d'aquest bosc ha permès la conservació d'una important **fauna salvatge** de grans herbívors (ants, rens, cérvols) i carnívors (ossos, llops, guineus, linxs...), a més de rosegadors, ocells, etc.

Avui dia, però, aquests boscos estan amenaçats per la creixent **explotació fustera**, sobretot per la fabricació de cel·lulosa i per l'elaboració de paper, ja que calen molts anys per a la regeneració.

Tala de boscos per a la indústria fustera al Canadà.

Localitzo

26. Cerca en un mapa polític cinc països de continents diferents amb grans extensions de taigà.

Observo i comparo

27. Indica semblances i diferències entre la vegetació i els climes oceànic, mediterrani i continental.

28. Quines espècies caracteritzen el bosc de taigà? Com ho relacionaries amb les condicions climàtiques del lloc?

Processos geogràfics | Analitzo l'impacte

29. Quins canvis han sofert els darrers segles les praderies nord-americanes?

30. Quines amenaces afecten els grans boscos boreals?

8 Quins són els bioclimes de les regions més fredes?

Les zones més fredes de la Terra...

Les regions més fredes de la Terra es situen entre **els pols i els cercles polars respectius**, i també a serralades i àrees de gran altitud, com ara l'**Himàlaia**, el **Tibet** o els **Andes**.

La inclinació de l'eix de la Terra respecte a les zones polars és la responsable de les baixes temperatures (els raigs solars arriben molt inclinats) i que els dies i les nits durin 6 mesos.

Les estacions estan poc marcades i només s'hi distingeixen **un hivern extremament fred**, amb temperatures que poden arribar a –90 °C, i **un estiu** en què s'assoleixen, com a molt, els 10 °C.

Les **precipitacions són pràcticament nul·les** (al voltant de 300 mm anuals) i sempre en forma sòlida (flocs de neu). També és freqüent la presència de **tempestes** amb vents forts carregats de neu.

... presenten un paisatge de glaç i tundra...

Tant a les regions polars com a les d'alta muntanya, s'hi distingeixen dos grans conjunts bioclimàtics:

- Els **deserts freds**, que són extensions de glaç, glaceres, neu i roca nua. Ocupen una gran extensió a l'**Antàrtida** i a **Groenlàndia**.

  Aquest paisatge glaçat és propi d'un clima amb precipitacions molt escasses i temperatures extremament fredes, que **no permeten la vida vegetal**, tot i que sí la d'alguns animals (**os polar**, **foca** i **pingüí**), que s'alimenten de recursos marins.

- La **tundra polar i alpina**, que es troba a latituds més baixes, amb més precipitacions i una temperatura superior a 0 °C alguns mesos. És gairebé inexistent a l'hemisferi sud i al nord hi forma una franja entre el **desert polar i la taigà**.

  El desglaç de la capa superior del sòl a l'estiu permet que hi creixin **molses**, **herbes** i **matollar baix**. A la tundra hi viuen herbívors, com ara el **bou mesquer** i el **ren**; carnívors, com ara **llops**, **ossos** i **guineus**; **rosegadors** i una gran diversitat d'**ocells aquàtics**.

Bioclimes polar i d'alta muntanya

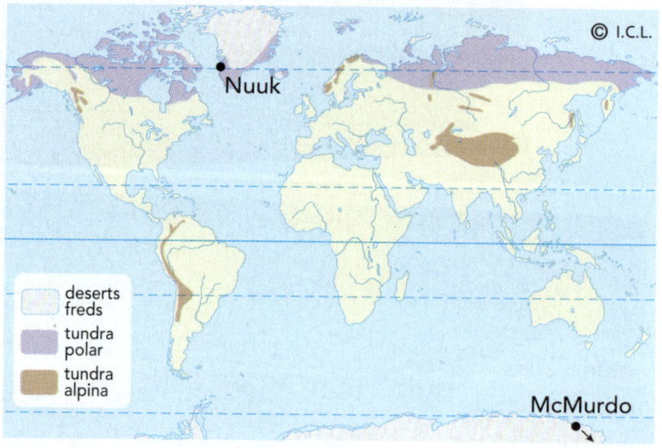

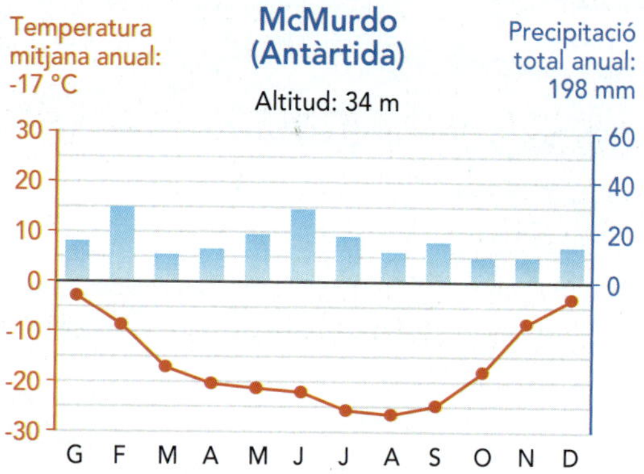

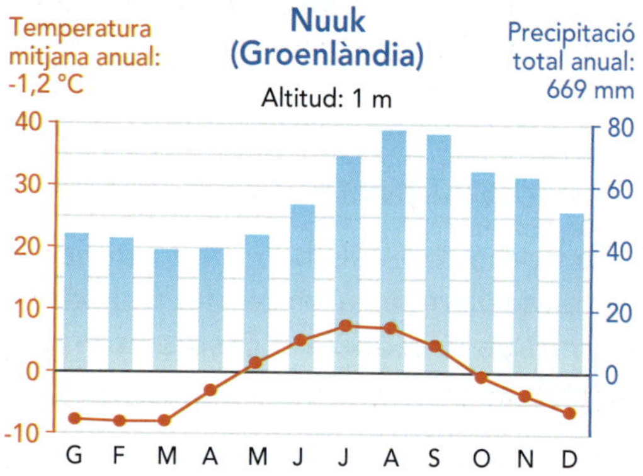

El bioclima d'alta muntanya

Als cims de les altes muntanyes també hi ha bioclimes molt freds. A mesura que augmenta l'altitud, augmenten les precipitacions i baixa la temperatura.

Per això s'hi esglaonen en pisos bioclimes diferents, amb vegetació i fauna diferents segons l'altitud. En ordre ascendent, hi trobem: el **bosc caducifoli**; el **bosc de coníferes**, més resistent; la **tundra alpina**, amb riques pastures per al bestiar a l'estiu, i, al cim, el pis de neus, glaceres i roques.

Distribució de la vegetació d'alta muntanya

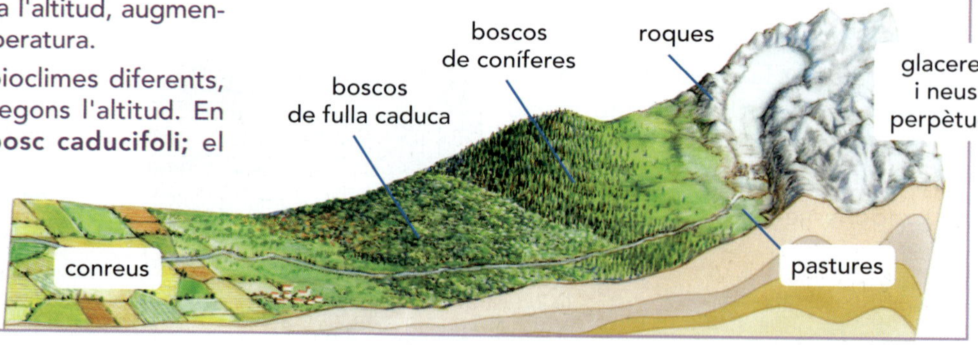

Paisatge de tundra

Islàndia

Paisatge d'alta muntanya

Serralada de l'Himàlaia.

... amb noves activitats econòmiques

Tradicionalment, la tundra de les zones polars ha estat habitada pels **esquimals** (a Amèrica del Nord), un poble de caçadors i pescadors, i pels **lapons** (al nord d'Escandinàvia), dedicats a la pastura de ramats de rens.

La vida d'aquests pobles ha canviat molt amb la introducció de tecnologia moderna i la facilitat de les comunicacions. A més, s'hi exploten **recursos miners**, entre els quals el petroli.

Els habitants de l'alta muntanya es dediquen a la **ramaderia**, a l'**explotació del bosc** i a la **producció d'energia hidroelèctrica**. L'**agricultura** es concentra al fons de les valls.

Actualment tenen gran importància les **activitats esportives i turístiques**, fet que ha comportat la millora del nivell de vida de la població d'aquests llocs, però també l'augment de la construcció i una degradació de molts espais naturals.

Cases de colors vius a Groenlàndia, per tal que destaquin en un paisatge blanc i gris.

Localitzo

31. Consulta un atles i digues a quins països d'Amèrica i d'Àsia s'hi dona el clima polar. A quina illa hi domina el desert fred i a quin país pertany?

Observo i raono

32. Quines diferències climàtiques trobes entre McMurdo i Nuuk? A quin tipus de bioclima correspon cada climograma?

Fonts d'informació geogràfica | Interpreto fonts geogràfiques

33. Cerca a Google Maps l'Everest (coordenades 27.988552, 86.925059). A 40 km al sud, hi trobaràs Chaurikharka, i a 30 km al nord, Zhufeng Base Camp. Fixa't en les fotos d'aquests indrets i explica'n les diferències pel que fa a bioclima i vegetació.

34. Indica els diferents pisos de vegetació representats al paisatge d'alta muntanya.

9 Per què els boscos són fonamentals per al planeta?

Un bosc és un espai de més de 0,5 hectàrees amb arbres d'alçada superior a 5 metres i una coberta de branques i fulles superior al 10% de la grandària dels arbres.

Ara mira al teu voltant. Segurament a casa teva hi ha algun moble de fusta i llibres o revistes amb fulls de paper. Potser has hagut de prendre algun medicament acompanyat d'un got d'aigua. Doncs bé, tots aquests elements tenen una estreta relació amb els boscos.

Saps per què els boscos són tan importants per a les nostres vides?

QUANTA SUPERFÍCIE FORESTAL HI HA A LA TERRA?

Extensió dels boscos al món

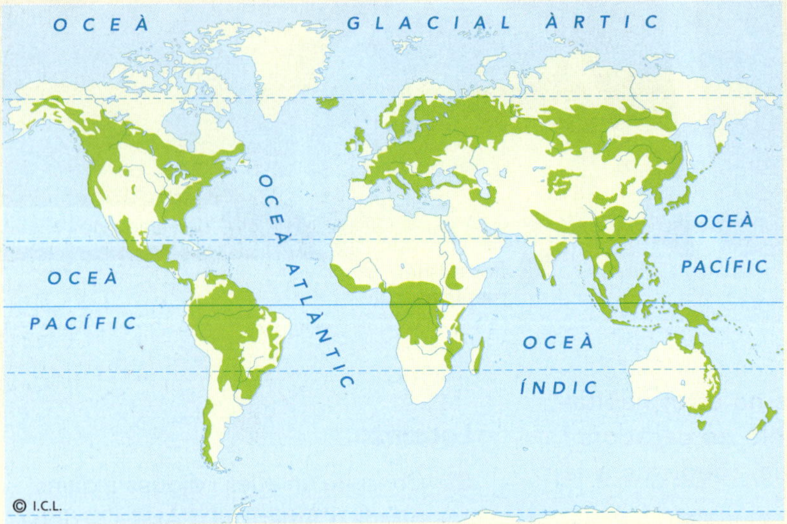

Aproximadament el 30% de la superfície del nostre planeta està coberta per boscos, que, en la major part, són equatorials i tropicals.

Rússia, el Brasil, el Canadà, els Estats Units i la Xina contenen més de la meitat de tota la superfície forestal del món.

Superfície forestal de la Terra

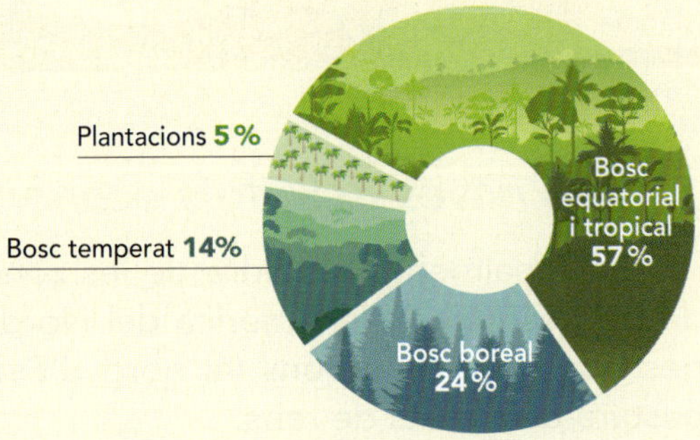

S'ESTÀ DESBOSCANT EL PLANETA?

El desboscament és la tala d'un bosc fins a exterminar-lo completament. Les causes poden ser naturals, com ara un foc, o les activitats humanes, com ara l'agricultura i la ramaderia, la tala d'arbres per a la indústria paperera o fustera, la urbanització i la construcció d'infraestructures, etc.

Els efectes són molt negatius, tant per al medi ambient (pèrdua de la biodiversitat, canvi del clima, alteració del cicle de l'aigua i del carboni), com per a la societat (increment de la pobresa, augment de les migracions...).

Àrea forestal per persona

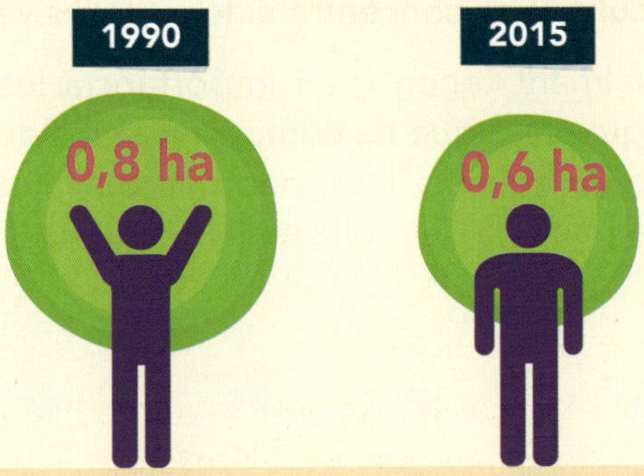

La Terra s'està desboscant. Des de l'inici de la civilització humana el nombre total d'arbres ha disminuït un 46%.

Actualment, la superfície forestal de la Terra està desapareixent a un ritme equivalent a 27 camps de futbol per minut.

QUÈ ENS APORTEN ELS BOSCOS?

Aire
Els boscos frenen el canvi climàtic i disminueixen la contaminació atmosfèrica, atès que cada any eliminen uns 2,1 milions de tones de carboni.

De fet, gran part de l'oxigen que consumim els éssers vius procedeix de les selves equatorials.

Aigua
Els boscos obtenen l'aigua del subsol a través de les arrels i l'alliberen en forma de vapor d'aigua a l'atmosfera, gràcies a la transpiració provocada pel Sol.

Això permet regular el cicle de l'aigua, mantenir-ne la puresa i provocar un descens de les temperatures.

Vida
Els boscos proporcionen aliments i recursos a milers de milions d'éssers vius, i contribueixen així a la biodiversitat. A més, hi habiten encara més de 2 000 pobles indígenes.

Terra
Els boscos eviten l'erosió i la pèrdua de sòl. També protegeixen les conques hidrogràfiques dels rius.

Matèries primeres
El 34% dels boscos tenen com a funció principal la producció de fusta i altres matèries primeres.

Fusta: material de construcció, elaboració de mobles, llenya o biomassa.

Suro: aïllant tèrmic i acústic, taps, etc.

Resina: dissolvent, impermeabilitzants, indústria farmacèutica, xiclets, etc.

Fruits: bolets, pinyons, glans, castanyes, etc.

Plantes: usos medicinals i aromàtics.

Localitzo

35. A quines regions del planeta es localitzen les superfícies boscoses més extenses?

Observo i analitzo

36. Quina evolució ha tingut la massa boscosa del planeta en les últimes dècades? Quina és la causa del desboscament? Quines conseqüències té?

Raono

37. Quins beneficis produeixen els boscos? Què vol dir que són "els pulmons del planeta"?

38. Com ja saps, l'ODS 15 tracta sobre la vida dels ecosistemes terrestres. Explica les fites d'aquest objectiu que tenen relació amb la conservació i la protecció dels boscos.

Compromís cívic | Prenc la iniciativa

39. Creieu que la societat està prou conscienciada sobre la necessitat que tenim de protegir els boscos?

Reuniu-vos en grups i elaboreu un pòster digital sobre la necessitat de preservar els boscos.

1. Resumeixo l'essencial

El paisatge equatorial

- És propi de regions situades a prop de l'equador. Les temperatures són sempre molt altes (25 °C) i les precipitacions, molt abundants (uns 2 000 mm). La vegetació és exuberant, de selva, amb nombroses espècies vegetals.

El paisatge tropical

- Es localitza a prop dels tròpics de Càncer i de Capricorn. Les temperatures són elevades durant tot l'any, i les pluges hi delimiten dues estacions: la humida i la seca. La vegetació pot ser de bosc tropical, de sabana o d'estepa.

El paisatge desèrtic

- Els deserts càlids ocupen extenses zones de la Terra, principalment a prop dels tròpics. Es caracteritzen per la manca d'aigua, a causa de l'escassetat de les pluges, i l'amplitud tèrmica entre el dia i la nit. La vegetació és escassa i està adaptada a l'aridesa.

El paisatge mediterrani

- És propi de la costa del Mediterrani i de les costes de Califòrnia, Xile, Sud-àfrica i el sud i sud-oest d'Austràlia. Es caracteritza per estius càlids i secs i hiverns suaus, i per pluges a la primavera i la tardor, a més d'arbres de fulla perenne i sotabosc de matollar.

El paisatge oceànic

- Es localitza a les zones temperades de la Terra que tenen gran influència dels oceans. Els hiverns són freds, i els estius, frescos, amb una alta pluviositat distribuïda al llarg de tot l'any. Hi creixen boscos de fulla caduca i hi abunden els prats.

El paisatge continental

- És el paisatge propi de les terres interiors d'Europa, Àsia i Amèrica del Nord, que no reben la influència del mar. Les temperatures són extremades (altes a l'estiu i molt baixes a l'hivern) i les precipitacions són escasses i a l'estiu. A les zones més al nord hi ha boscos de coníferes o taigà i al sud hi predominen les planures (estepes o praderies).

El paisatge de zones fredes

- Entre els pols i els cercles polars hi ha les zones més fredes del planeta. Els hiverns són molt freds i els estius són freds. Les precipitacions són gairebé nul·les. Aquestes característiques fan gairebé inexistent la vida vegetal, amb l'excepció de la tundra a l'estiu.
- A les zones d'alta muntanya, les temperatures són baixes durant tot l'any i les precipitacions són abundants i en forma de neu. La vegetació d'alta muntanya varia segons la latitud, l'altitud i l'orientació.

ACTIVITAT COL·LABORATIVA pàg. 145
Muntem una exposició

a. Completa el mapa conceptual

Copia i completa al quadern aquest mapa conceptual::

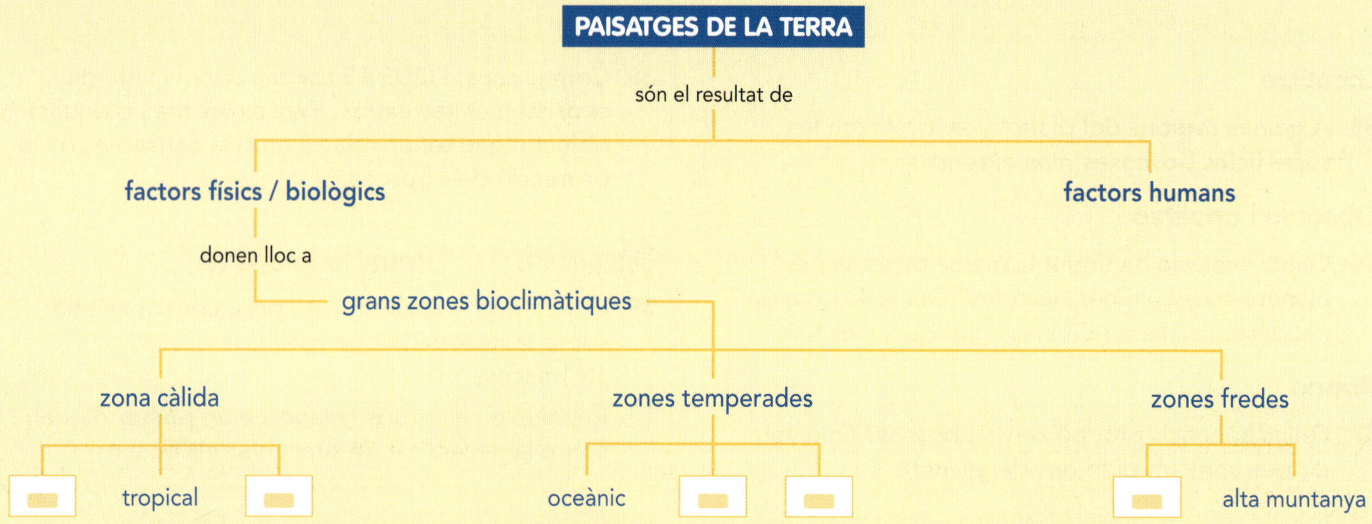

2. Repasso el que he après

a. Sintetitzo

- Quins són els climes propis de les zones càlides de la Terra?
- Quins són els paisatges de climes temperats?
- Quins són els paisatges de les zones fredes?

b. Defineixo conceptes

- sabana
- estepa
- selva
- desert
- tundra
- taigà
- praderia
- oasi

c. Reflexiono

Imagina que l'estiu vinent passaràs les vacances en un d'aquests llocs: Iquitos (Perú), Alaska o les illes Fiji.

- Tria una destinació i explica per què l'has triada.
- Prepara una llista amb l'equipatge imprescindible.
- Relaciona l'equipatge elegit per al viatge amb el clima i el paisatge que hi trobaràs.

d. Identifico climes

Llegeix aquestes característiques climàtiques i digues a quins climes pertanyen:

- Fa calor i hi plou tot l'any.
- Hi ha una estació seca i una estació humida.
- Fa molta calor i hi plou molt poc.
- Hi plou més a la primavera i a la tardor.

e. Descric una imatge

- A quin tipus de paisatge correspon aquesta fotografia? A quina zona climàtica creus que pertany? Quins elements propis d'aquest paisatge hi identifiques?
- Esmenta algunes zones de la Terra on puguis trobar un paisatge com aquest.

f. Completo un quadre resum

Copia i completa al quadern el quadre resum que tens a continuació:

	Ubicació	Temperatures	Precipitacions	Vegetació
Paisatge equatorial	A prop de l'equador			
Paisatge tropical		Elevades tot l'any		
Paisatge desèrtic				Xeròfila
Paisatge mediterrani				
Paisatge oceànic				
Paisatge continental				
Paisatge polar			Gairebé nul·les	
Paisatge d'alta muntanya				

3. Aprenc a fer. Comentar un paisatge humanitzat

Un dels objectius de la geografia és la interpretació dels paisatges naturals i humans.

A partir del guió que tens a continuació, fes el comentari d'un paisatge humanitzat.

Paisatge del litoral mediterrani.

1. Presentació i localització

a. Localitza a on correspon la imatge i escriu una visió general de com és el lloc. Si ho prefereixes, també pots buscar una fotografia aèrea de la teva localitat i analitza-la.

2. Anàlisi dels elements naturals del paisatge

a. Relleu: Hi ha muntanyes, valls, planes...? Explica com són.

b. Aigües: S'hi veu mar o algun riu, un llac, canals, etc.?

c. Vegetació: Hi ha bosc, matollar, prats...? On? De quin tipus són? On es situen? Necessiten gaires precipitacions o poques?

3. Anàlisi dels elements humans del paisatge

a. Quines activitats agrícoles, ramaderes o d'explotació forestal sembla que s'hi fan?

b. Hi ha mines, pedreres o fàbriques?

c. Quin tipus de vies de comunicació hi ha?

d. Hi veus edificis residencials? Estan agrupats o dispersos? Són pisos o cases unifamiliars?

e. A quin paisatge natural es situen aquests elements humans i per què?

4. Interpretació de la interacció entre natura i activitat humana

a. El tipus de clima:

– A partir de la vegetació natural i de les activitats agràries observades, quines temperatures i precipitacions deu de tenir el clima? Quin tipus de clima creus que és?

b. Activitats humanes adaptades al medi natural:

– Quines activitats agràries aprofiten les condicions del relleu i del clima?

– Quina activitat industrial aprofita els recursos de la zona?

c. Activitats humanes que modifiquen el medi:

– Quins elements humans han modificat el medi natural? Com ho han fet?

– Quines conseqüències tenen per a aquest medi?

5. Conclusió

a. Transmet la teva opinió o impressió personal. Quins aspectes en destacaries com a positius? I negatius?

4. Localitzo a l'espai. Paisatges del món

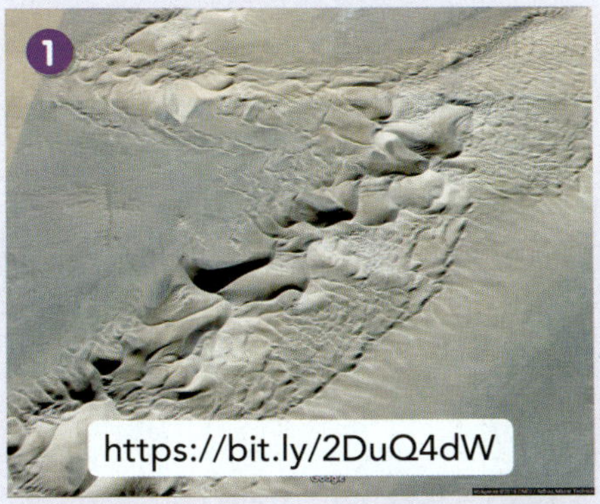

a. Localitza a Google Maps els paisatges següents i anota'n l'emplaçament exacte (coordenades i país).

b. Indica quin tipus de paisatge representa cada imatge i descriu-ne breument les característiques (temperatures, precipitacions, vegetació, etc.).

c. Quin dels tres paisatges et sembla que ha estat més modificat per l'ésser humà? Quins elements corroboren la teva opinió?

d. Creus que s'ha fet de manera aleatòria o hi ha una certa ordenació del territori? Per què?

5. Avaluo fonts geogràfiques.

Guanyem boscos o en perdem?

a. Quin és el país que ha incrementat més la seva superfície forestal entre els anys 1999 i 2015?

b. Quins altres països han augmentat notablement la superfície forestal?

c. Quins són els països que més superfície forestal han perdut? A quines zones bioclimàtiques es troben?

d. Tenint en compte el que has estudiat en aquesta unitat, quina creus que n'és la causa?

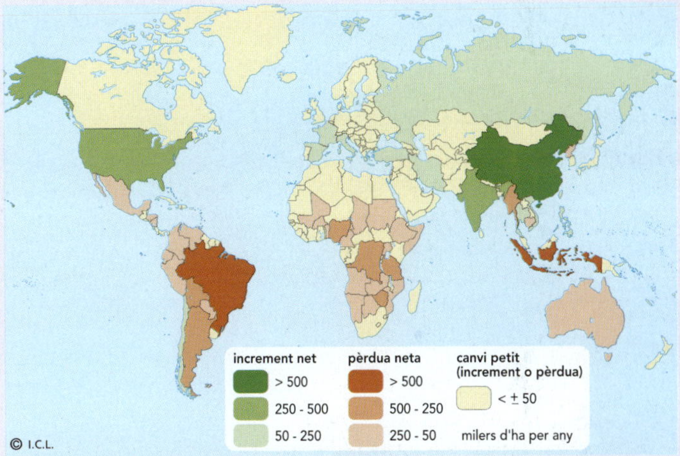

6. Analitzo el vídeo

La selva equatorial

Mira i escolta atentament el vídeo que et presentem a l'apartat 2: *Per què són tan importants els paisatges equatorials?* Després, contesta les preguntes següents:

a. A quin tipus de clima està associada la selva equatorial? Quins factors en permeten el creixement?

b. Quines són les característiques d'aquest tipus de bosc?

c. Per què hi ha diferents tipus de vegetació? Quins són? Quin tipus de plantes els constitueixen?

d. A la selva equatorial també és possible observar-hi lianes i epífits. Explica què són.

6 Com és el medi físic d'Espanya?

En aquest tema aprendràs:

- Com són el relleu, les formes del litoral i els recursos hídrics d'Espanya.
- Quin tipus de climes i paisatges hi trobem.
- De quina manera les activitats humanes modifiquen i afecten el medi natural del paisatge.
- Com es comenta un mapa temàtic sobre la distribució de la vegetació.

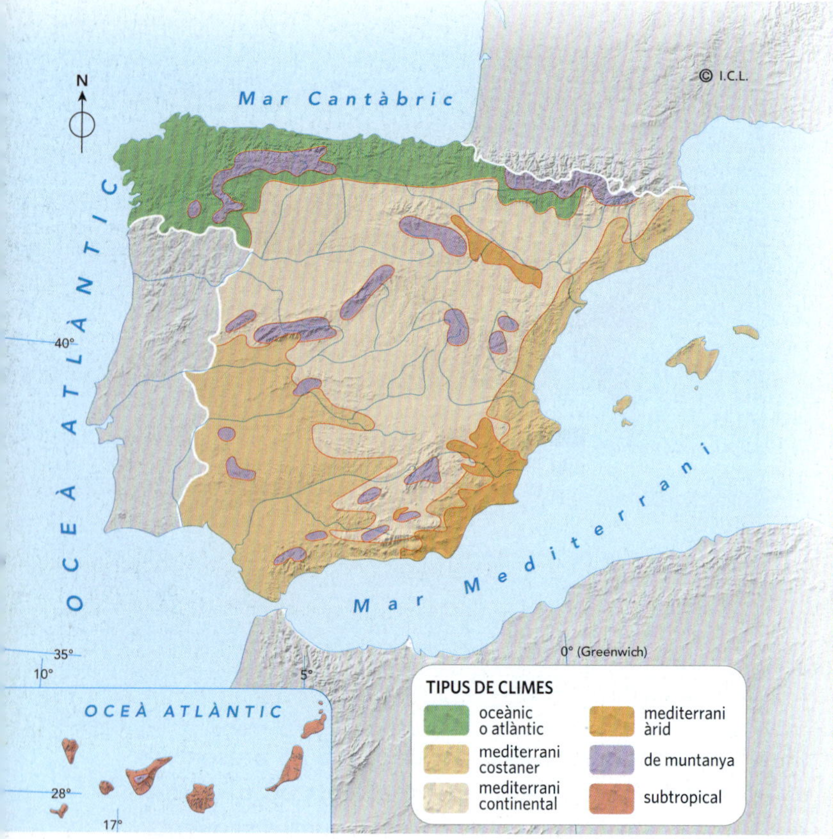

Començo

Observo...

- Descriu com és el paisatge que mostra la imatge central.
- A quin clima dels que has estudiat creus que correspon?
- Com creus que és aquest paisatge, natural o humanitzat? Per què?

La **costa cantàbrica** s'estén des de la punta de La Estaca de Bares fins a la frontera amb França. Són costes altes i rocoses, amb penya-segats, puntes i caps. Entre els penya-segats s'hi formen ries.

La **costa atlàntica** s'estén des de la punta de La Estaca de Bares fins a l'estret de Gibraltar. Comprèn les costes altes, rocoses, retallades i amb ries abundants de Galícia, i les costes baixes, sorrenques i planes de la part d'Andalusia.

La **costa mediterrània** s'estén per l'est i el sud de la Península, des de l'estret de Gibraltar fins a la frontera amb França, i comprèn també les illes Balears, Ceuta i Melilla. És la costa més extensa d'Espanya i s'hi alternen costes baixes i costes altes.

Observo i comprenc

7. Què és una conca hidrogràfica? Fixa't en el mapa i identifica i localitza les diferents conques hidrogràfiques, tot establint-ne la relació amb les principals formacions del relleu peninsular.

Raono

8. Com influeix en els vessants hidrogràfics el fet que la Meseta estigui inclinada cap a l'Atlàntic? Per què els rius cantàbrics són curts i cabalosos i els del Mediterrani són curts i irregulars?

Localització | Represento la localització

9. Consulta el mapa i elabora un mapa dels recursos hídrics de la península Ibèrica, i situa-hi els elements següents:

- Vessants, rius principals i afluents.
- Llacs: Sanabria i llacs de Covadonga.
- Aiguamolls: llacunes de Ruidera, llacuna de Gallocanta, Doñana i Las Tablas de Daimiel.
- Glaceres: Aneto i Mont Perdut.

3 Per què són tan variats els climes d'Espanya?

Espanya té sis tipus de clima, que li proporcionen una gran diversitat bioclimàtica. En aquesta diversitat climàtica hi intervenen factors diferents:

- **La latitud**. Els diferents territoris d'Espanya es troben entre els 27° i els 44° de latitud nord. Aquesta localització la situa a la zona temperada de la Terra, pròxima a la zona càlida, sobretot les illes Canàries.
- **La dinàmica general de l'atmosfera.** L'Espanya peninsular i les Balears es veuen afectades pel front polar que formen les masses d'aire tropical i polar. Aquest front es desplaça d'oest a est i, a la primavera i la tardor, provoca una successió típica d'anticiclons i depressions, amb canvis de temps molt freqüents.

  El clima de les illes Canàries és més estable, per la influència de la massa d'aire tropical i dels vents alisis.
- **La proximitat o no al mar**. Les aigües marines, més lentes que la terra a escalfar-se i a refredar-se, moderen les temperatures i aporten humitat a les zones costaneres.

  Contràriament, a l'interior, l'efecte continental extrema el fred a l'hivern i la calor a l'estiu.
- **L'altitud.** L'elevada altitud mitjana de la península Ibèrica fa que baixi la temperatura i incrementa l'efecte continental.
- **L'orografia.** Les barreres muntanyoses del nord-oest i el nord peninsulars ocasionen pluges orogràfiques o de relleu al pas dels vents de l'oest i de les borrasques o depressions atlàntiques, que arriben ja seques a l'interior. Per això, a l'interior les pluges són més escasses.

  També a Canàries, les muntanyes volcàniques provoquen pluges als vessants del nord, exposats als vents alisis.

Clima oceànic o atlàntic

Trets:

- Temperatures suaus
- Pluges abundants, repartides tot l'any

Factors:

- Depressions del front polar
- Muntanyes a prop de la costa

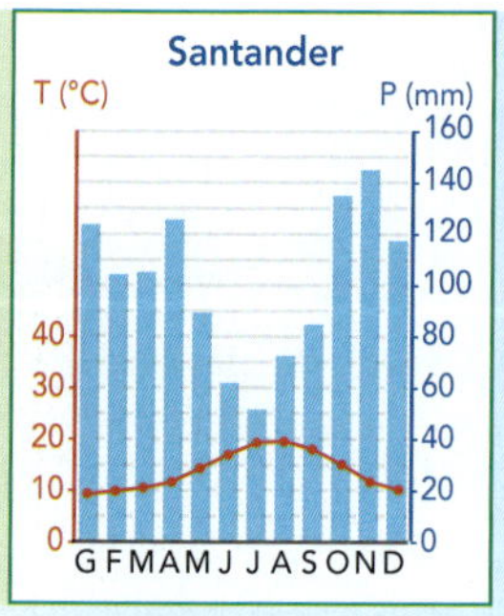

Clima mediterrani continental

Trets:

- Calor a l'estiu i fred a l'hivern
- Precipitacions escasses, aridesa estival

Factors:

- Front polar i massa d'aire tropical
- Efecte continental, llunyania del mar
- Aire sec rere les barreres muntanyoses

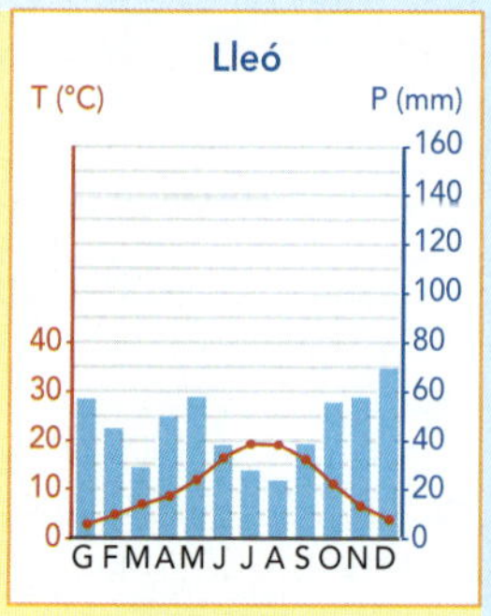

Clima subtropical

Trets:

- Temperatures càlides i suaus tot l'any
- Precipitacions molt escasses, excepte en altitud

Factors:

- Predomini clar de la massa d'aire tropical
- Efecte moderador dels alisis i corrent marí fred de les Canàries

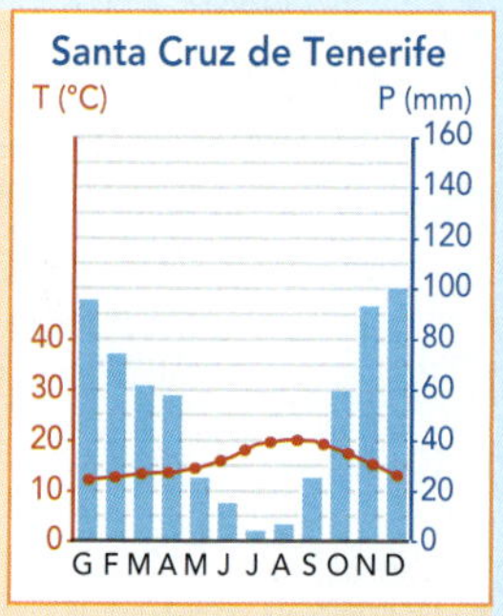

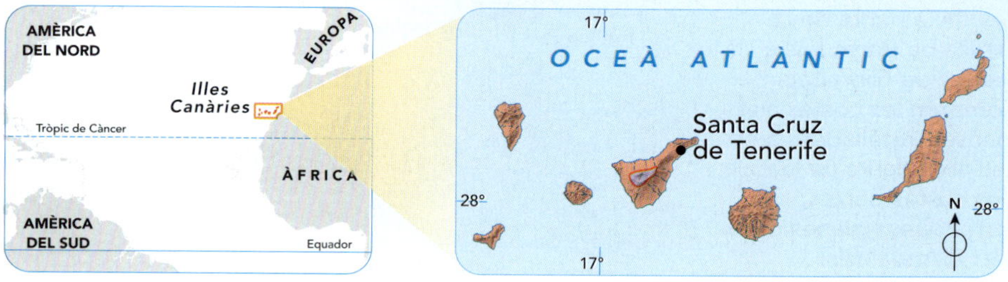

Comprenc i raono

10. Quin és el tipus de clima més estès a Espanya? On es localitza? Indica si està a prop del mar i quines unitats de relleu s'hi troben.
11. Quin tret important tenen en comú els tres tipus de climes mediterranis que hi ha a Espanya? Fes una fitxa per a cada clima i indica'n les característiques principals (precipitacions, temperatures...).
12. Explica amb paraules teves per què la llunyania del mar fa que l'interior tingui temperatures més extremades que la costa.
13. Què són les pluges orogràfiques? Esmenta algun indret d'Espanya on siguin freqüents.

Reflexiono

14. Quin clima d'Espanya et sembla més adient per anar a la platja per Nadal? Quin factor és cabdal en això?

Temperatures i precipitacions a la península Ibèrica

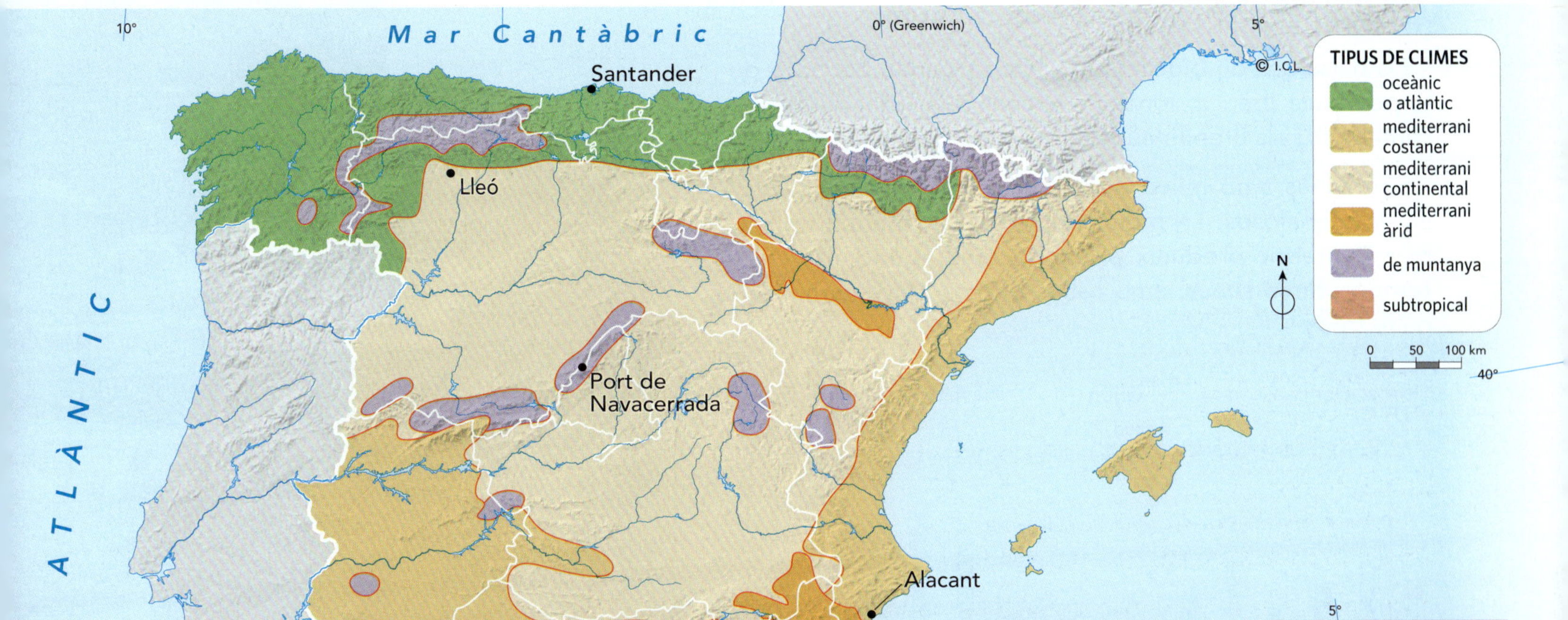

Clima de muntanya

Trets:

- Fred a l'hivern i fresc a l'estiu
- Precipitacions abundants, sovint de neu

Factors:

- Altitud elevada

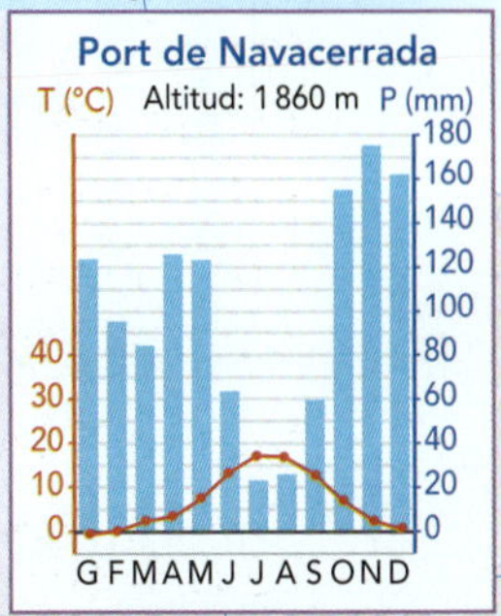

Clima mediterrani àrid

Trets:

- Calor a l'estiu i fresca o fred a l'hivern
- Precipitacions molt escasses, aridesa estival extremada

Factors:

- Front polar i massa d'aire tropical
- El Sistema Bètic impedeix l'arribada de depressions atlàntiques

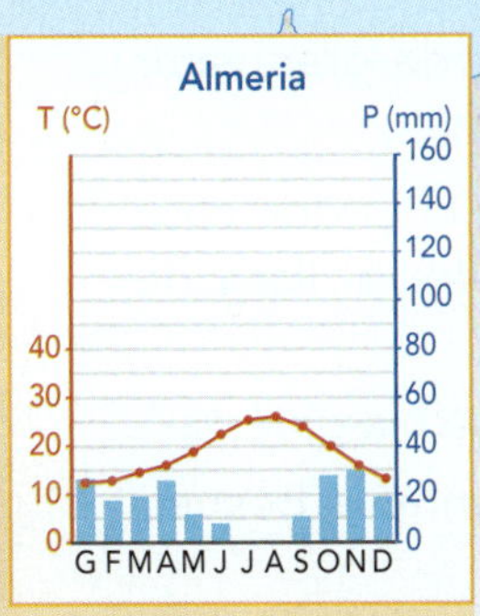

Clima mediterrani costaner

Trets:

- Temperatures càlides a l'estiu i suaus a l'hivern
- Precipitacions escasses, aridesa estival

Factors:

- Front polar i massa d'aire tropical
- Efecte moderador i humit del mar

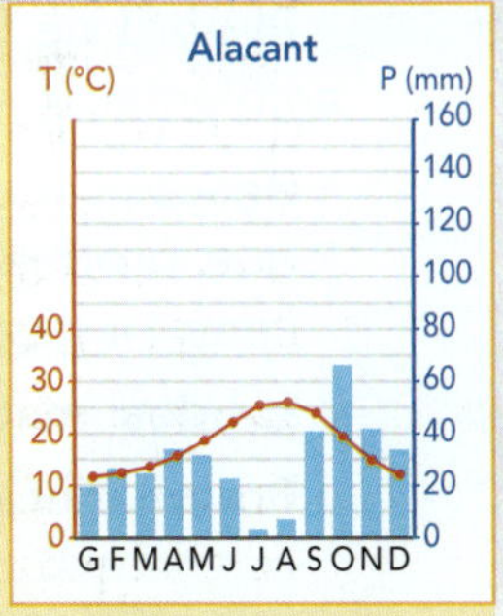

Causes múltiples | Analitzo els factors

15. Compara el climograma del clima oceànic amb el mediterrani de costa. Quines són les diferències principals entre tots dos? Quins factors són els responsables d'aquestes diferències?

16. Amb l'ajut del mapa indica a quin tipus de clima pertanyen Lleó i Alacant. Analitza'n els climogrames i indica la diferència més remarcable entre tots dos.

17. Només 123 km separen Oviedo de Lleó, però hi ha una serralada entre totes dues ciutats. Explica la manera com aquesta serralada origina una gran diferència en el clima de les dues ciutats.

18. Fixa't en el mapa de climes i localitza-hi Navacerrada. Saps a quina unitat de relleu es troba? Explica les característiques del clima de muntanya. Quin factor hi influeix decisivament? De quina manera?

4 El paisatge de bioclima oceànic

Un clima humit i de temperatures suaus...

Els paisatges de **bioclima oceànic** s'estenen pel nord de la península Ibèrica, fonamentalment a Galícia, la cornisa cantàbrica i els Prepirineus navarrès i aragonès.

Són zones amb relleu ondat i muntanyós i amb rius curts i cabalosos. La proximitat a l'oceà Atlàntic i al mar Cantàbric produeix **precipitacions abundants** i **temperatures suaus**, amb estius frescos i hiverns no gaire freds.

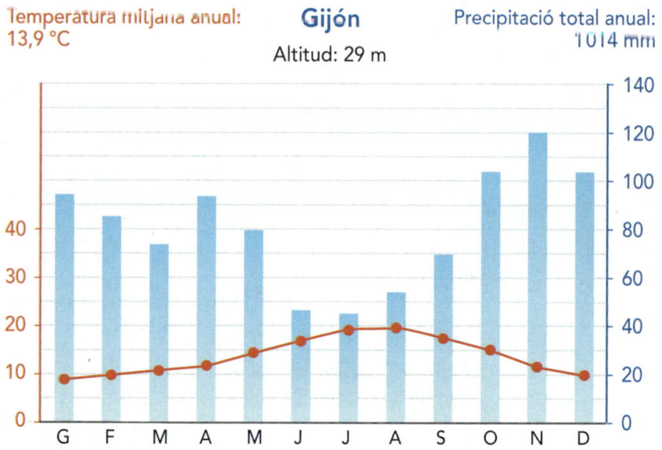

... amb una vegetació pròpia de clima oceànic...

El nord de la Península presenta formacions vegetals de gran valor ambiental:

- **Boscos caducifolis:** arbres alts, que perden les fulles a la tardor, cosa que produeix una gran riquesa de contrastos de color al llarg de l'any. Hi destaquen els faigs, els roures i els castanyers.
- **Landes:** matolls alts i densos, com ara el bruc, la gatosa i la ginesta.
- **Prats:** principalment pastures, que s'utilitzen per alimentar el bestiar.

Paisatge oceànic de costa (Astúries).

... modificada per l'acció humana

Malgrat que es tracta de zones no gaire poblades, l'aprofitament dels recursos naturals ha ocasionat modificacions en el paisatge, sobretot en el de les zones més properes a la costa:

- Tradicionalment, **la tala dels boscos** per a l'obtenció de pastures, fusta i carbó, o per a l'establiment de petites parcel·les per al conreu de patates, blat de moro i hortalisses.
- Recentment, per mitjà de la **introducció d'espècies exòtiques**, com ara pins i eucaliptus, plantats pel fet que tenen un creixement ràpid i que se'n pot aprofitar la fusta per a usos industrials (fusta i paper).
- El **despoblament d'algunes zones rurals** ha permès la recuperació de part de la vegetació llenyosa, però s'hi han perdut formes de vida sostenibles i respectuoses amb el medi, així com coneixements tradicionals summament valuosos.

Paisatge oceànic d'interior (País Basc).

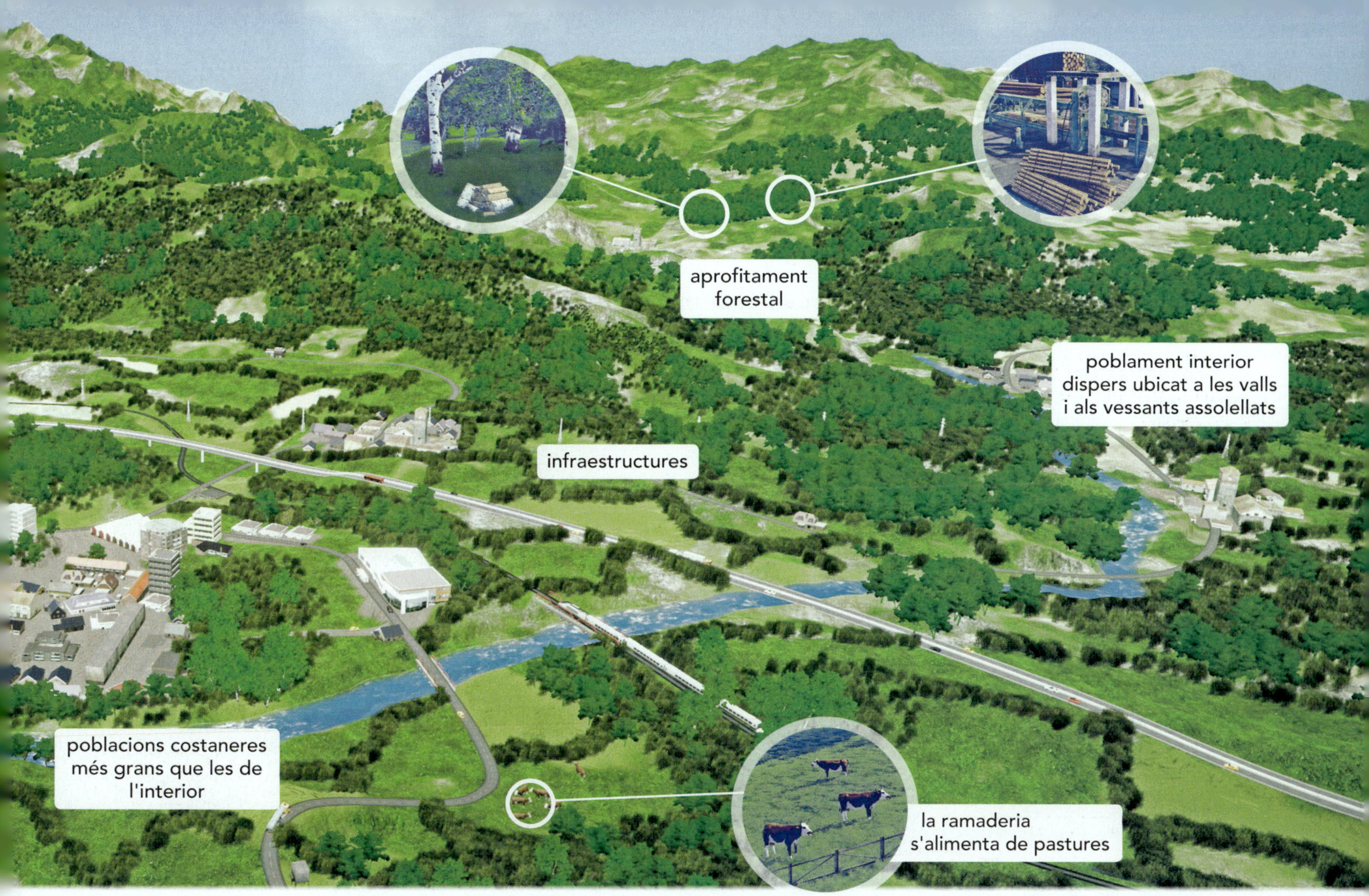

La selva d'Irati, un recurs natural i turístic

La selva d'Irati, amb una extensió de 17 080 hectàrees, és la segona fageda bedollar més extensa i més ben conservada d'Europa, després de la Selva Negra alemanya.

Aquest bosc reuneix grans atractius que cal preservar: vegetació en estat gairebé verge, el curs del riu Irati, el pantà d'Irabia, una fauna rica i singular, etc.

Observo i analitzo

19. Fixa't en el climograma de Gijón i estableix quina relació hi ha entre les precipitacions i la vegetació en el bioclima oceànic.

20. Fixa't en el dibuix:
- Descriu com són els paisatges atlàntics natural i humanitzat.
- Per què creus que la majoria de la població s'ha establert a la costa? Indica'n almenys dues raons.
- De quina manera modifica el paisatge cadascuna de les activitats indicades?

Patrimoni ambiental i desenvolupament sostenible |

Descobreixo el patrimoni ambiental

21. Al nord d'Espanya hi ha alguns dels paisatges naturals més singulars de la península Ibèrica.
- Cerqueu fotografies sobre paisatges oceànics d'Espanya i feu una fitxa explicativa de cadascun. Heu de procurar que siguin paisatges naturals i humanitzats.
- A continuació, enganxeu les fotografies i les fitxes en un gran mural.

5 El paisatge de bioclima mediterrani

Un clima sec i de temperatures suaus...

Els paisatges de **bioclima mediterrani** s'estenen fonamentalment per part del litoral mediterrani, les illes Balears i el sud-oest peninsular.

En general, presenten un relleu accidentat, amb rius curts, de poc cabal i amb un estiatge intens.

La **proximitat del mar** fa que les **temperatures** siguin **suaus**, amb estius calorosos i hiverns temperats. Les **precipitacions** són **irregulars** i molt **escasses** a l'estiu i es concentren a la primavera i la tardor.

Al sud-est peninsular i a la vall de l'Ebre el clima és **mediterrani àrid**, amb poques precipitacions i forta aridesa estival.

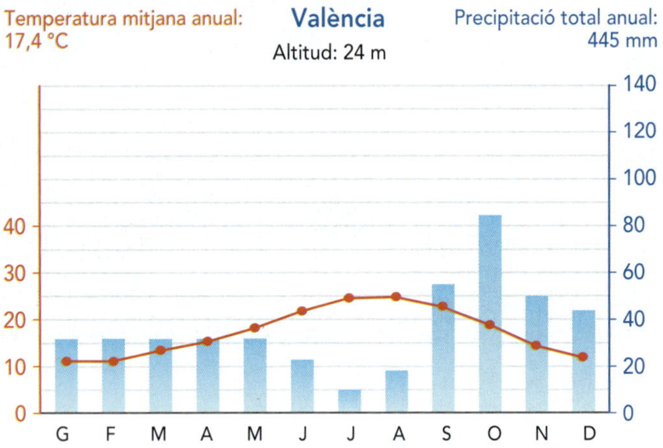

... amb una vegetació mediterrània...

Els paisatges tenen una vegetació molt característica:

- **Boscos perennifolis**: formats per alzines, sureres i pins.
- **Matollar**: vegetació de màquia (ginesta, bruc...) i garriga (romaní, farigola...).
- **Estepa**: amb espècies com la farigola, el margalló o l'espart, característiques de les zones semiàrides.

Paisatge de la costa alacantina.

... i una intensa intervenció humana

Els paisatges mediterranis són els **més humanitzats d'Espanya**, perquè són moltes les cultures que s'han establert a les seves costes:

- Es tracta de **zones molt poblades**, amb grans ciutats, com Barcelona, València o Màlaga.
- L'**agricultura d'hivernacle** és molt productiva i està molt estesa. Hi destaquen conreus com ara hortalisses, fruites o flors.
- Les bones comunicacions permeten l'existència de **grans zones industrials**.
- Les **activitats turístiques** i **comercials** generen una gran quantitat d'ingressos i de llocs de treball.

Totes aquestes activitats han modificat en gran manera els paisatges naturals amb la construcció d'habitatges, hotels i infraestructures.

Vegetació de garriga.

Raono

31. Fixa't en la imatge: quin tipus de vegetació mostra? A quina altitud corresponen?

32. Si busquessis un vessant de muntanya per practicar l'esquí: què preferiries, el solell o l'obaga? Per què?

33. Explica breument per què a la muntanya augmenten les precipitacions i disminueix la temperatura.

Observo i comprenc

34. Fixa't en el dibuix:
- Descriu les característiques del paisatge de muntanya. Com varia amb l'altitud?
- Indica les activitats que transformen el paisatge. Quines creus que han modificat més aquest paisatge? Explica'n el perquè.

Patrimoni ambiental i desenvolupament sostenible | Assumeixo els ODS

35. A més de la vegetació, quins altres elements de la natura enriqueixen els paisatges de muntanya?

36. Fes una llista de beneficis que una persona com tu pot obtenir de la conservació del paisatge natural de muntanya.

37. Cerca a Internet alguna de les mesures de l'ODS 15 adequada per a la conservació dels ecosistemes de muntanya. Què proposes per protegir-los del turisme més agressiu?

15 VIDA D'ECOSISTEMES TERRESTRES

8 El paisatge de bioclima subtropical

Un clima càlid i moderat...

A les Canàries hi ha diferents varietats climàtiques a causa de la influència de factors diversos:

- La **proximitat al tròpic de Càncer** i la **influència del Sàhara**, que originen un clima càlid i àrid.
- El **corrent de les Canàries**, amb aigües fredes que suavitzen les temperatures estivals.
- Un **relleu abrupte**, d'origen volcànic, que a la majoria de les illes hi actua com a obstacle i barrera dels vents.
- Els **alisis**, vents del nord-est que provoquen núvols i pluges de relleu als vessants de sobrevent (400-1 200 m d'altitud).

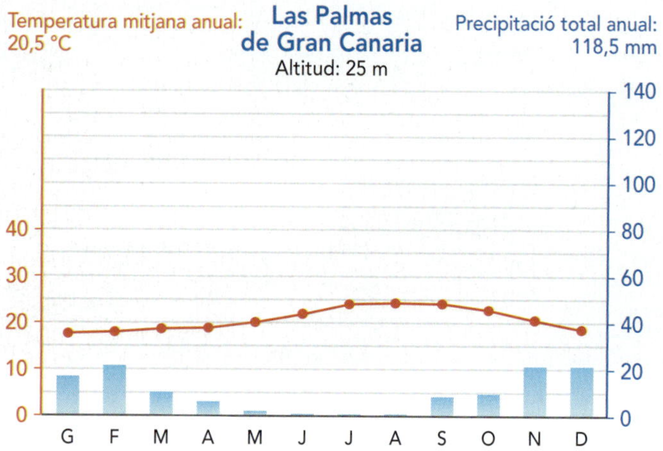

... amb una vegetació molt original...

Segons el clima, hi ha diferents tipus de vegetació espontània, des de la pròpia de deserts càlids fins a la de bosc humit:

- **Vegetació xeròfila:** a les zones baixes de clima càlid i àrid (euforbies, *cardones*...).
- **Endemismes**: en àrees de clima càlid i humitat (dragos i savines).
- **Laurisilva**: bosc humit a zones plujoses i temperades del nord d'algunes illes (llorer, bruc...).
- **Bosc de pi canari** i **matollar** a una altitud considerable.

Drago, espècie exclusiva de Canàries.

... i una acció humana que transforma el paisatge

Les peculiaritats del relleu, el clima i la vegetació de les Canàries condicionen l'activitat humana, que ha deixat empremta en el paisatge:

- Tradicionalment, amb **conreus per a l'autoconsum** (cereals, patates, vinya) en **feixes** o en **clots** (***hoyos***) a la sorra volcànica que recullen la poca aigua existent.
- Més recentment, amb **conreus tropicals irrigats** de plàtan, pinya, alvocat... o de producció primerenca (tomàquet, cogombre...).
- El clima i la riquesa del paisatge atreu el turisme a les Canàries, que transforma i modifica aquests paisatges amb **infraestructures** i **urbanitzacions**.

Complex turístic Puerto Rico (Gran Canària).

Observo i comparo

38. Compara el climograma de Las Palmas de Gran Canaria amb el de Gijón. Indica'n les diferències principals pel que fa a temperatura i precipitacions.

39. Descriu el paisatge canari i destaca'n tres característiques específiques que el diferencien dels paisatges peninsulars.

Raono

40. Creus que al cartell turístic hi han escrit per error *hivern* en lloc d'*estiu*? Explica-ho.

Causes múltiples | Analitzo els factors

41. Fixa't en la fotografia del satèl·lit. Hi ha núvols a les illes i no n'hi ha al tros de mar que les separa. Explica quins factors provoquen aquesta situació.

42. Senyala dos tipus de paisatges vegetals que no existirien sense aquests núvols. Explica per què.

43. El turisme és l'activitat econòmica principal de les Canàries. A més de "sol i platja", quins altres aspectes de les illes et semblen rellevants per atreure-hi turistes? Dissenya un cartell per expressar la teva idea.

1. Resumeixo l'essencial

El relleu d'Espanya

- La Meseta és una extensa plana amb una altitud força elevada que ocupa el centre de la Península. Les serralades interiors de la Meseta són el Sistema Central i els monts de Toledo.
- Les muntanyes que envolten la Meseta, amb altituds diverses, són el massís Galaicolleonès, la serralada Cantàbrica, el Sistema Ibèric i la Sierra Morena.
- A la perifèria peninsular hi ha les Muntanyes Basques, els Pirineus, el Sistema Mediterrani Català i les serralades Bètiques.
- A la Península hi ha dues grans depressions: la de l'Ebre i la del Guadalquivir.
- Les illes Balears són una prolongació del relleu peninsular, mentre que les illes Canàries presenten un relleu accidental d'origen volcànic.

Els rius i les costes d'Espanya

- A Espanya, els rius s'agrupen en tres vessants hidrogràfics (cantàbric, atlàntic i mediterrani), segons l'oceà o el mar on desemboquen.
- Les costes altes es troben allà on les muntanyes arriben al mar. Les baixes corresponen a zones de plana.

Climes i paisatges d'Espanya

- Els climes i els paisatges que dominen a Espanya són els propis de les terres temperades, tot i que factors com ara la latitud, l'altitud o la influència del mar hi generen una diversitat de climes.
- El paisatge de bioclima oceànic és propi de Galícia, la cornisa cantàbrica i el Prepirineu occidental. Tenen les temperatures suaus i s'hi produeixen precipitacions abundants.
- El paisatge de bioclima mediterrani s'estén pel litoral de l'est i el sud peninsulars, part d'Extremadura i de Castella-la Manxa, i l'arxipèlag balear. Les temperatures són suaus i les precipitacions, escasses.
- El paisatge de bioclima de muntanya es dona a les serres més altes. Les temperatures són baixes i hi abunden les precipitacions, sovint en forma de neu.
- El paisatge de bioclima subtropical de les illes Canàries presenta unes temperatures altes gairebé tot l'any i unes precipitacions escasses i irregulars.

a. Completo el mapa conceptual

Copia i completa al quadern aquest mapa conceptual:

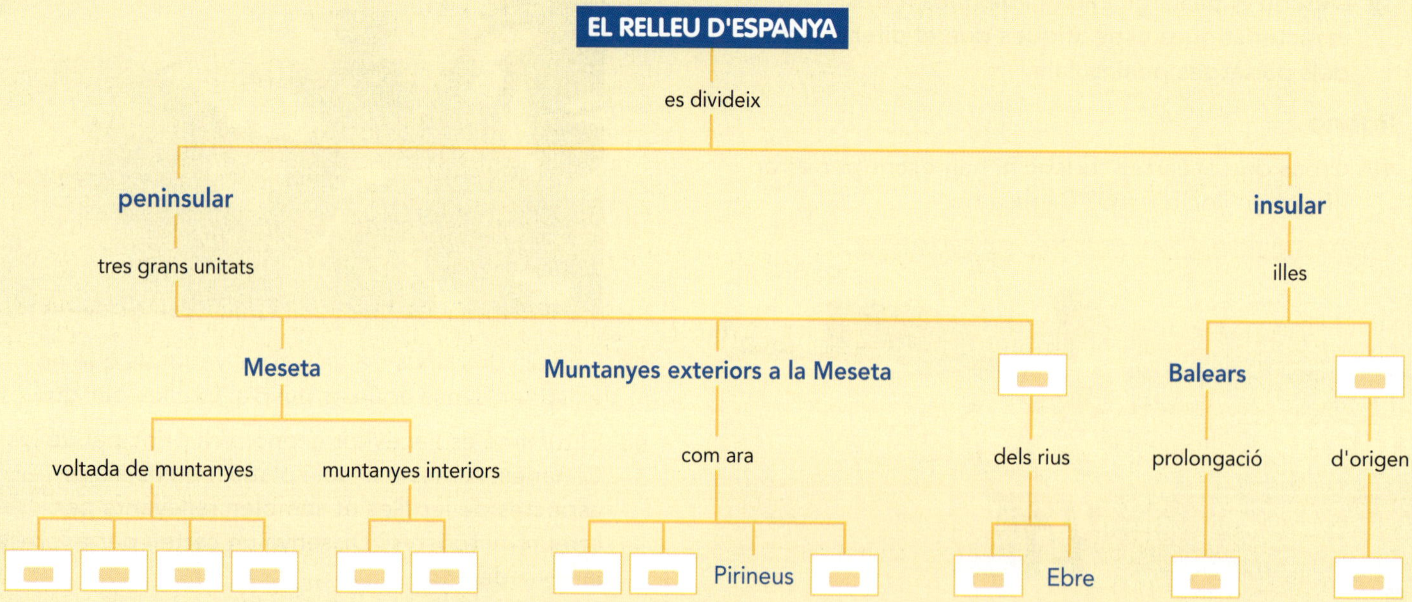

2. Repasso el que he après

a. Sintetitzo

- Què caracteritza el relleu peninsular? Quines en són les unitats de relleu principals?
- Quins climes predominen a Espanya? Quins factors influeixen en la diversitat de climes i paisatges?

b. Defineixo conceptes

- Meseta
- devesa
- vessant hidrogràfic
- depressió
- laurisilva
- bosc caducifoli

c. Explico l'esquema

Explica com intervenen aquests factors per poder afirmar que "Espanya presenta una gran diversitat climàtica".

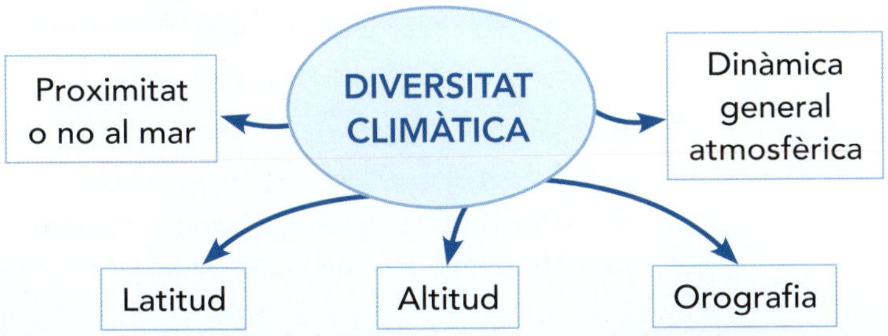

d. Relaciono conceptes

Explica la vinculació que hi ha entre:

- paisatge subtropical/endemismes
- paisatge oceànic/bestiar boví
- paisatge mediterrani continental/medi rural despoblat
- paisatge de muntanya/pisos de vegetació
- paisatge mediterrani/activitat turística

e. Identifico característiques de les costes

Indica a quin tipus de costa (atlàntica, cantàbrica o mediterrània) corresponen aquestes afirmacions:

- S'estén des de la punta de La Estaca de Bares fins a l'estret de Gibraltar.
- Costes baixes, planes i sorrenques a Andalusia.
- S'alternen costes baixes i costes altes.
- Costa alta i retallada amb nombroses ries.
- És la costa més extensa d'Espanya
- S'estén pel sud i l'est peninsulars.
- Costa escarpada i rocosa amb puntes i caps.
- S'estén des de la punta de La Estaca de Bares fins a la frontera amb França.

f. Completo un quadre resum

Copia i completa al quadern el quadre resum que tens a continuació:

	Vessant atlàntic	Vessant cantàbric	Vessant mediterrani
Rius principals			
Longitud			
Cabal i regularitat			
Estiatges			
Torrencialitat			

3. Aprenc a fer. Analitzar un mapa temàtic

Els mapes són una eina bàsica per a l'estudi de la geografia.

Per analitzar i comentar un mapa, cal tenir en compte aspectes com ara el territori que representa i la llegenda que mostra la informació detallada del mapa.

Un mapa temàtic representa un fenomen geogràfic concret, que pot ser de molts tipus: corocromàtic (s'hi fan servir colors o trames sense quantificar el fenomen), d'isolínies (línies que uneixen punts del mateix valor), de figures (s'hi fan servir símbols), de diagrames (s'hi representen barres, sectors...), entre d'altres.

La distribució de la vegetació

1. Localització i descripció

- **a.** Identifica l'espai geogràfic que representa el mapa d'Espanya.
- **b.** A quin fenomen geogràfic fa referència aquest mapa?
- **c.** Quin tipus de mapa s'ha elegit per proporcionar la informació?

2. Anàlisi

- **a.** Quins tipus de bosc creixen a Espanya?
- **b.** Quins arbres estan associats a cada tipus de bosc? Quins són caducifolis? I perennifolis?
- **c.** On es localitza cada tipus de bosc?
- **d.** A quines zones predomina el matollar? Ocupa el matollar una gran extensió?
- **e.** On és possible trobar eufòrbies, *cardones*, dragos i savines? Per què no es troba aquest tipus de vegetació a l'Espanya peninsular?

3. Conclusió

- **a.** A partir de la distribució de les formacions vegetals pel territori espanyol, associa cada espècie amb un tipus de clima.
- **b.** Indica quines són les necessitats de temperatura, precipitació, humitat, etc., que requereix cada formació vegetal perquè pugui créixer.

4. Avaluo fonts geogràfiques. Comparo un text geogràfic

El grec Estrabó (segle I), un dels geògrafs més famosos de tota la història, va descriure en la seva *Geografia* algunes de les característiques de la península Ibèrica. Curiosament, Estrabó mai no va viatjar fins aquí, sinó que va escriure la seva obra a partir de llibres anteriors.

Imagina que tinguessis l'oportunitat de descriure a Estrabó com és avui dia la península Ibèrica: per fer-ho, llegeix atentament els fragments següents i, a partir dels teus coneixements sobre el tema, explica-li com són actualment els aspectes descrits a cada fragment.

Descripció de la península Ibèrica per Estrabó

Ibèria, en la major part de la seva extensió, és poc habitable, perquè gairebé tota està coberta de muntanyes, boscos i planes de sòl pobre i regat de manera desigual.

La regió septentrional és molt freda pel fet de ser molt accidentada, i per estar al costat del mar està privada de relacions i comunicacions amb les altres terres. (...) La meridional és gairebé tota ella fèrtil.

Les ribes del Betis (Guadalquivir) són les més poblades (...). Diferents cadenes muntanyoses i plenes de metalls segueixen la vora septentrional del riu, (...) hi ha gran quantitat de plata, coure i or.

5. Analitzo processos geogràfics. Evolució d'un paisatge

Les activitats humanes modifiquen el medi físic. Per analitzar-ne l'evolució existeixen eines com ara el comparador d'ortofotos de l'Instituto Geográfico Nacional (IGN):

a. Fixa't en aquestes dues fotografies de Marbella i contesta aquestes preguntes:

- Quines infraestructures es veuen a la imatge de 2016 que no existien a l'ortofotomapa del 1956-1957?
- Com ha estat l'evolució del poblament en aquest territori?
- Creus que té relació amb l'economia actual d'aquesta localitat?

b. Dins de l'Instituto Cartográfico, ves a Activitats i selecciona "Observació del territori". Accedeix als visualitzadors i entra a "Comparador d'ortofotos PNOA".

Un cop dins del comparador, introdueix el nom del topònim; en aquest cas, Marbella, i activa a l'etiqueta de la part inferior esquerra la capa "Americà, sèrie B, 1956-57".

Ara, cerca alguna d'aquestes tres ciutats: Guadalajara, Badajoz i Saragossa, i explica quins canvis hi observes entre els anys de la dècada del 1950 i l'actualitat. Quines diferències hi trobes? Creus que han crescut d'una manera ordenada? Raona la resposta.

Marbella (vol americà, sèrie B, 1956-1957).

Marbella (PNOA, 2016).

6. Analitzo el vídeo

Un paisatge típicament mediterrani

Mira atentament el vídeo sobre la vegetació de clima temperat mediterrani que presentem a l'apartat 5: *El paisatge de bioclima mediterrani.* Després, fes aquestes activitats:

a. Quan el vídeo parla de la vegetació secundària, a què es refereix? Explica per què les regions de clima temperat mediterrani han modificat tant el seu paisatge.

b. Què és una planta xeròfila? Quina característica tenen les plantes d'aquest tipus? Com són?

c. Quin tipus de vegetació s'associa a una regió de sòl granític?

d. Com és el tipus de vegetació que s'associa als sòls calcaris? Quines plantes hi predominen?

DOSSIER Com és el medi físic de Catalunya?

En aquest dossier aprendràs:

- Com és el relleu de Catalunya.
- Quines característiques tenen les aigües continentals de Catalunya.
- Quins climes i paisatges hi ha a Catalunya.
- Quins són els principals impactes humans que modelen el territori català.

Zona volcànica de la Garrotxa.

Costa Brava, Baix Empordà.

Un campament paleolític

Els **vestits** es feien amb pells d'animals, que grataven per llevar-los el greix, i que assecaven al sol.

Les diferents parts es cosien amb l'ajut d'una agulla d'os i un fil fet amb tendons animals o amb tires de cuir.

A l'interior de les **coves** hi construïen sovint tendes i cabanes amb pals, branques i pells per estar més arrecerats i protegir-se de la humitat.

Observo i comprenc

6. Fixa't en l'escena del Paleolític i descriu com vivien i quines n'eren les activitats quotidianes principals (les que feien per poder alimentar-se, per fabricar vestits, instruments, etc.).

Empatia | Em poso en la seva mentalitat

7. Reuniu-vos en grups de quatre companys i companyes i imagineu que sou un grup de caçadors del Paleolític que surt de cacera i persegueix un ramat de bisons:

- Decidiu quines armes i estris us hi enduríeu i amb quins materials estarien fabricats. Dibuixeu-los.
- Com que la cacera durarà uns quants dies, decidiu on passareu la nit.
- Expliqueu quins perills creieu que haureu d'afrontar durant el viatge.
- Penseu quins animals caçareu i quines parts n'aprofitareu.

3 L'agricultura va fer productor i sedentari l'ésser humà?

El descobriment de l'agricultura i la ramaderia...

Fa uns 10000 anys, per mitjà de l'observació de la natura, els homes i les dones van aprendre que les llavors colgades a la terra produïen una nova planta. Va ser l'origen de l'agricultura.

De la mateixa manera, gràcies a l'observació dels animals al seu voltant van poder domesticar-ne alguns. Va ser el naixement de la ramaderia.

Amb el descobriment de l'agricultura i de la ramaderia, l'ésser humà va deixar de ser depredador i va esdevenir **productor d'aliments** (agricultor i ramader). Així va començar una nova etapa: el Neolític.

... va comportar el sedentarisme i nous estris

El fet de no haver de desplaçar-se per cercar aliments i la necessitat de tenir cura dels conreus i dels ramats va fer que l'ésser humà esdevingués **sedentari**.

Els primers poblats eren autosuficients, és a dir, els seus habitants produïen gairebé tot el que consumien; feien, però, alguns intercanvis, sobretot d'objectes (petxines, destrals de variscita, ceràmica...).

Les noves feines agrícoles van fer necessària la fabricació d'instruments especialitzats, com ara la **falç** per segar, el **molí** per moldre el gra, l'**aixada** per cavar la terra i la **destral** per talar arbres.

La necessitat d'emmagatzemar, transportar i coure els aliments va afavorir el desenvolupament de la **ceràmica**. L'encreuament de cordes va originar la **cistelleria** i la invenció del fus i del teler va fer possible el **teixit**. L'ús de pedres semipreciosos per fer-ne ornaments va comportar el desenvolupament de la **mineria**.

Una cabana neolítica

Els **habitatges** es construïen amb tova (barreja de fang i palla) o amb maons, i es cobrien amb branques i palla.

Tenien planta rectangular o circular. Hi havia una dependència amb diferents usos i que contenia la llar, i una altra reservada per al bestiar.

Neolític, que significa "pedra nova", perquè els instruments de pedra es polien per llevar-ne els cantells.

Origen i difusió del Neolític

L'agricultura i la ramaderia van començar en una zona del Pròxim Orient regada pels rius Tigris, Eufrates i Nil, que es coneix amb el nom de **Creixent Fèrtil**. De manera simultània, es va desenvolupar també a d'altres zones d'Àsia i d'Amèrica.

A partir del VII mil·lenni a.C., l'agricultura i la ramaderia es van estendre cap a Europa, a través del Mediterrani i seguint els rius centreeuropeus.

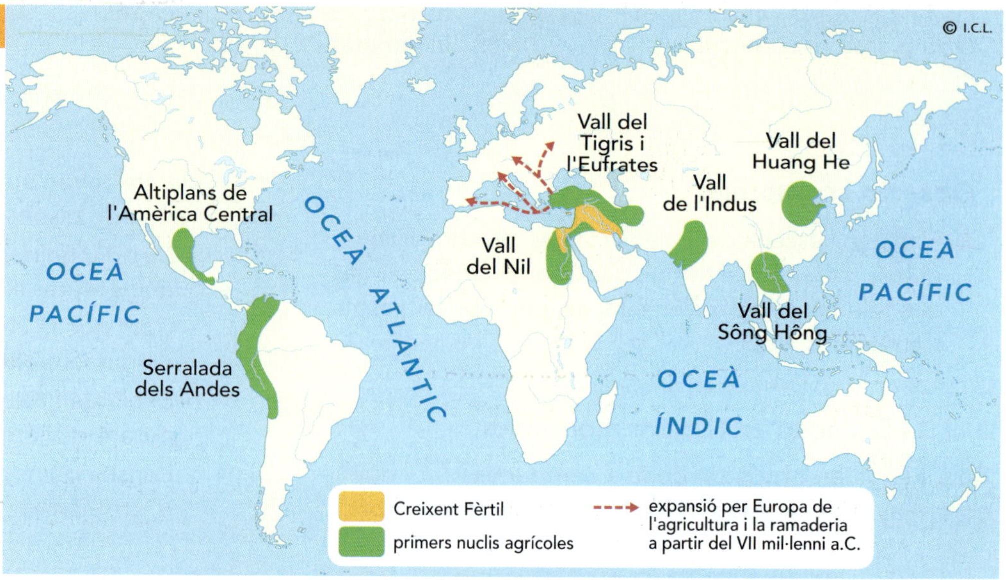

Un llogaret neolític

Els llogarets es situaven en terrenys elevats i a prop de cursos d'aigua, per beure i regar els conreus. Solien protegir-se amb murs de tova, troncs o fossats.

Les primeres **plantes conreades** van ser els cereals (blat, ordi, sègol...) i els llegums (llenties, pèsols...). Per emmagatzemar el gra, excavaven sitges al terra.

Els primers **animals domesticats** van ser les cabres, les ovelles i els porcs.

Observo

8. Fixa't en l'escena del dibuix i descriu com eren els llogarets i els habitatges. Quines noves tasques i estris van sorgir al Neolític?
9. Fixa't en el mapa i indica si l'agricultura i la ramaderia van sorgir en un únic indret.

Comprenc i analitzo

10. Què significa el mot *Neolític*? Explica-ho comparant-lo amb el mot Paleolític.
11. Fes una llista de tots els productes que menges durant un dia. Digues quins van tenir l'origen al Neolític.

Causalitat | Identifico causes i conseqüències

12. Pots establir una relació de causa i efecte entre agricultura/ramaderia i el sedentarisme?
13. Estableix tres conseqüències del descobriment de l'agricultura i la ramaderia per a la vida de l'ésser humà.

4 Què ens ensenya l'arqueologia?

A estudiar les fonts materials...

Per conèixer el passat, els historiadors es basen fonamentalment en documents escrits. Per investigar la Prehistòria, un període en el qual no existia l'escriptura, els historiadors han de basar-se en **vestigis materials** (fòssils, instruments, fons de cabana...) que han quedat colgats sota terra.

L'arqueologia és la ciència que s'encarrega de localitzar, treure a la llum, analitzar i datar les restes del passat amb l'objectiu de deduir com vivien els homes i les dones de la Prehistòria.

... dels jaciments arqueològics

Un jaciment arqueològic és un indret que va estar habitat per éssers humans en el passat, i en el qual han perdurat, fins als nostres dies, restes materials de les activitats que feien.

Aquestes restes es dipositen en capes o **estrats** superposats, i cada un d'aquests estrats correspon a un període d'ocupació.

L'estratigrafia permet conèixer la cronologia aproximada d'un jaciment perquè els estrats més profunds són els més antics.

Reconstrucció d'una estratigrafia

Un equip d'arqueòlegs i arqueòlogues estudia un jaciment prehistòric a Sibèria.

Observo i analitzo

14. Fixa't en el pla del jaciment 1. Els arqueòlegs han deduït que és un fons de cabana. Quins elements de l'excavació poden fonamentar aquesta hipòtesi?

15. Copia el quadre (doc. 3) i omple'l amb els estris que s'han trobat a l'excavació, amb la finalitat de fer-ne un informe.

16. Fixa't en el croquis del jaciment 2. De quin tipus de jaciment es tracta? Què podries deduir de les creences espirituals dels qui el van realitzar?

17. Copia novament el quadre (doc. 3) i omple'l amb les dades del jaciment 2.

Fonts històriques | Interpreto fonts

18. Després d'analitzar els vestigis trobats als jaciments, pots ajudar els arqueòlegs a resoldre aquestes preguntes? Pensa que has de fonamentar les teves hipòtesis en evidències trobades als jaciments:

- Com devia ser la cabana tenint en compte les restes que se n'han trobat? Amb quins materials podria haver estat feta? En quines evidències arqueològiques s'han basat els estudiosos per fer-ne la reconstrucció hipotètica?
- Què és, la cabana d'un campament temporal de caçadors (Paleolític) o bé la cabana d'un poblat d'agricultors (Neolític)? Com ho has deduït?
- Pertanyen els jaciments 1 i 2 a la mateixa etapa de la Prehistòria? Com ho has deduït? Pots establir alguna relació entre tots dos?

UNA CABANA D'AGRICULTORS O DE CAÇADORS?

Estàs a punt per col·laborar amb un grup d'arqueòlegs i arqueòlogues? Què podràs deduir dels vestigis que trobin colgats sota terra? Deixa anar la teva sagacitat i... endavant!

L'equip d'investigació ha localitzat dos jaciments prehistòrics molt a prop l'un de l'altre, que contenien diferents estris prehistòrics.

En acabar l'excavació han fet un plànol croquis de cada jaciment, amb la ubicació precisa de tots els vestigis arqueològics que han trobat als diferents estrats (documents 1 i 2).

Finalment han fet un inventari de tots els estris que han trobat a cadascun dels jaciments (document 3).

1 CROQUIS DEL JACIMENT 1

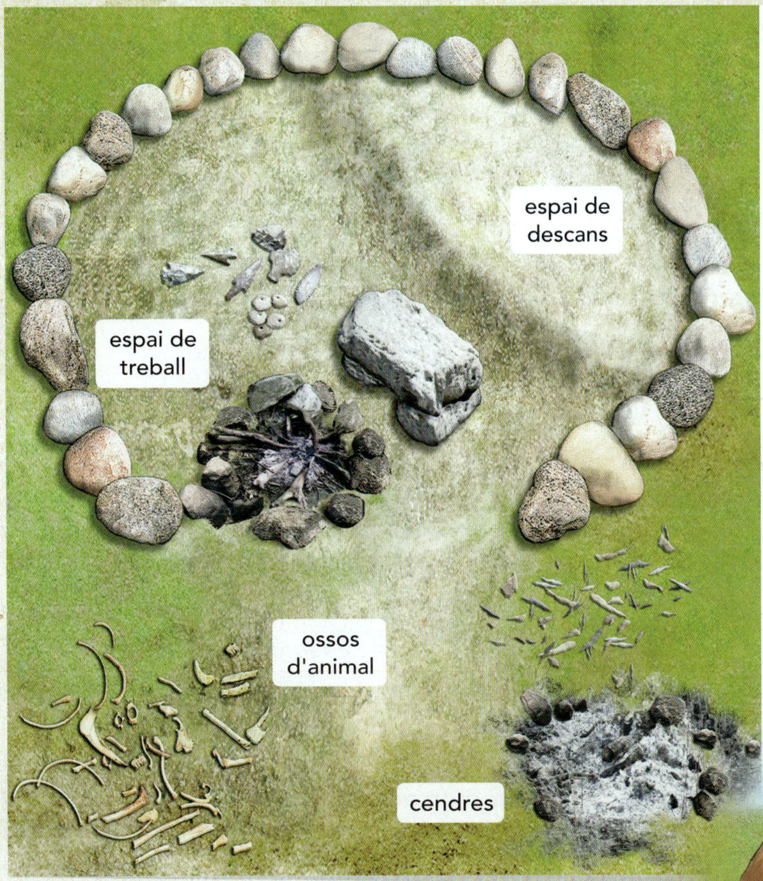

1 bifaç

2 punta de fletxa

3 bastó de comandament

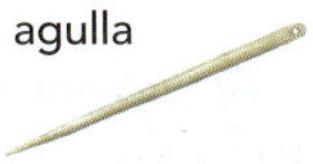
4 agulla

5 ganivet

Els arqueòlegs han fet una reconstrucció hipotètica de com devia ser la cabana corresponent a les evidències arqueològiques trobades.

2 CROQUIS DEL JACIMENT 2

1 collaret de dents

2 ham

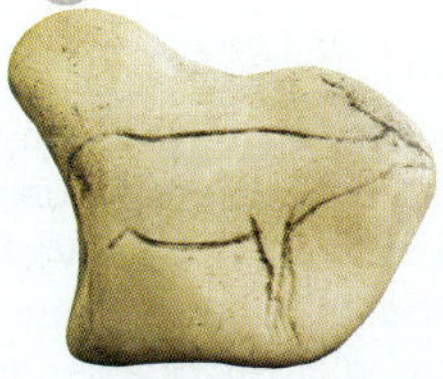
3 placa decorada amb un cérvol

4 banya d'animal

5 arpó

3 INFORME DE CADASCUNA DE LES EXCAVACIONS

Jaciment				
Descripció general				
Vestigis trobats				
Nom	Material	Dibuix	Funció	Etapa
1. Bifaç	Sílex...		Usos diversos	

5 Els poblats de l'Edat dels Metalls

La metal·lúrgia i uns poblats més complexos...

La metal·lúrgia, és a dir, l'elaboració d'objectes de metall, es va iniciar al Pròxim Orient vers el VII mil·lenni a.C., fet que va originar l'Edat dels Metalls, que es divideix en tres etapes:

- **Edat del Coure** (5000 a.C.). Els metalls, com ara el coure, són mal·leables, és a dir, poden estendre's sense que es trenquin, cosa que presentava avantatges sobre la pedra per a la fabricació d'estris i d'armes.
- **Edat del Bronze** (3000 a.C.). La mescla de coure i estany va produir el bronze. Aquest metall és més dur i més tallant que el coure.
- **Edat del Ferro** (2000 a.C.). El ferro és un metall dur i resistent, adequat per a la fabricació d'armes i d'estris agrícoles.

El desenvolupament de la metal·lúrgia va anar acompanyat de canvis socials importants. Els poblats es van fortificar i van començar a estructurar-se seguint un ordre, alhora que a la societat van començar a distingir-s'hi **grups socials** diferenciats.

... van comportar una societat més diversa

La metal·lúrgia va comportar l'inici d'una major estratificació social. L'elaboració de metalls era una tasca difícil, que havien de fer **artesans especialitzats** (metal·lúrgics, joiers, ceramistes...). Alhora, la producció de noves mercaderies va estimular el **comerç**.

La necessitat de defensar del saqueig les terres, els ramats i els béns va impulsar la fortificació dels poblats. També van sorgir grups de guerrers, comandats per un **cabdill** o **rei** que exercia el poder sobre un o diversos llogarets (tribu).

Un habitatge de l'Edat del Ferro

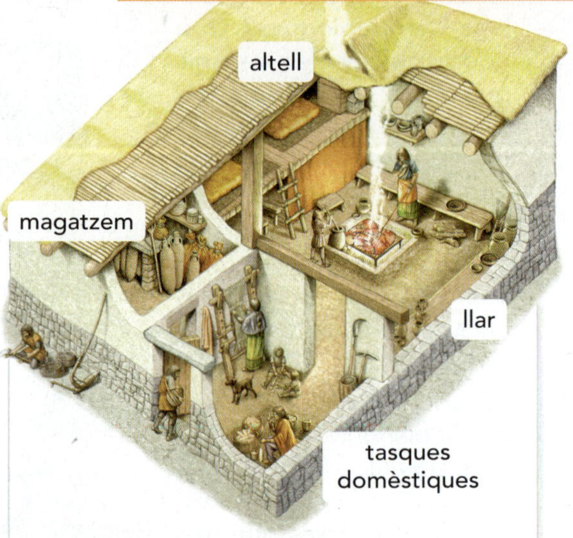

Les **cases** es construïen amb murs de tova. El sostre es feia amb branques i palla.

L'habitatge tenia diferents estances. La principal s'organitzava al voltant de la llar, on es coïen els aliments.

Una altra cambra es dedicava a tasques domèstiques, com ara filar, teixir o moldre gra.

Al magatzem s'hi acumulaven tines i àmfores per guardar-hi aliments.

tiching.com/778687

Per saber més sobre la construcció de megàlits.

El megalitisme

A Europa, a partir del V mil·lenni a.C. i durant gairebé tres mil anys, els éssers humans van construir monuments amb pedres molt grosses que anomenem **megàlits**.

Els megàlits tenien una funció funerària (enteraments) o relacionada amb el culte (temples), fet que indica l'existència de creences espirituals.

Els megàlits principals són el menhir, el dolmen i el cromlec.

Menhir

És una pedra grossa clavada verticalment al terra. Tenia una funció commemorativa o de marca territorial.

Menhir de Champ-Dolent (França).

Dolmen

És una cambra formada per grosses pedres verticals que aguanten unes lloses que la cobreixen. La seva funció és funerària. N'hi ha que tenen una sola cambra i d'altres que tenen un corredor que desemboca en una cambra. També poden estar formats per una galeria coberta amb pedres planes.

Dolmen de Lanyon Quoit (Regne Unit).

Cromlec

És un conjunt de pedres verticals i lloses horitzontals col·locades de manera que fan un cercle. Es creu que tenien una funció relacionada amb algun culte agrari.

Cromlec Dos Almendres (Portugal).

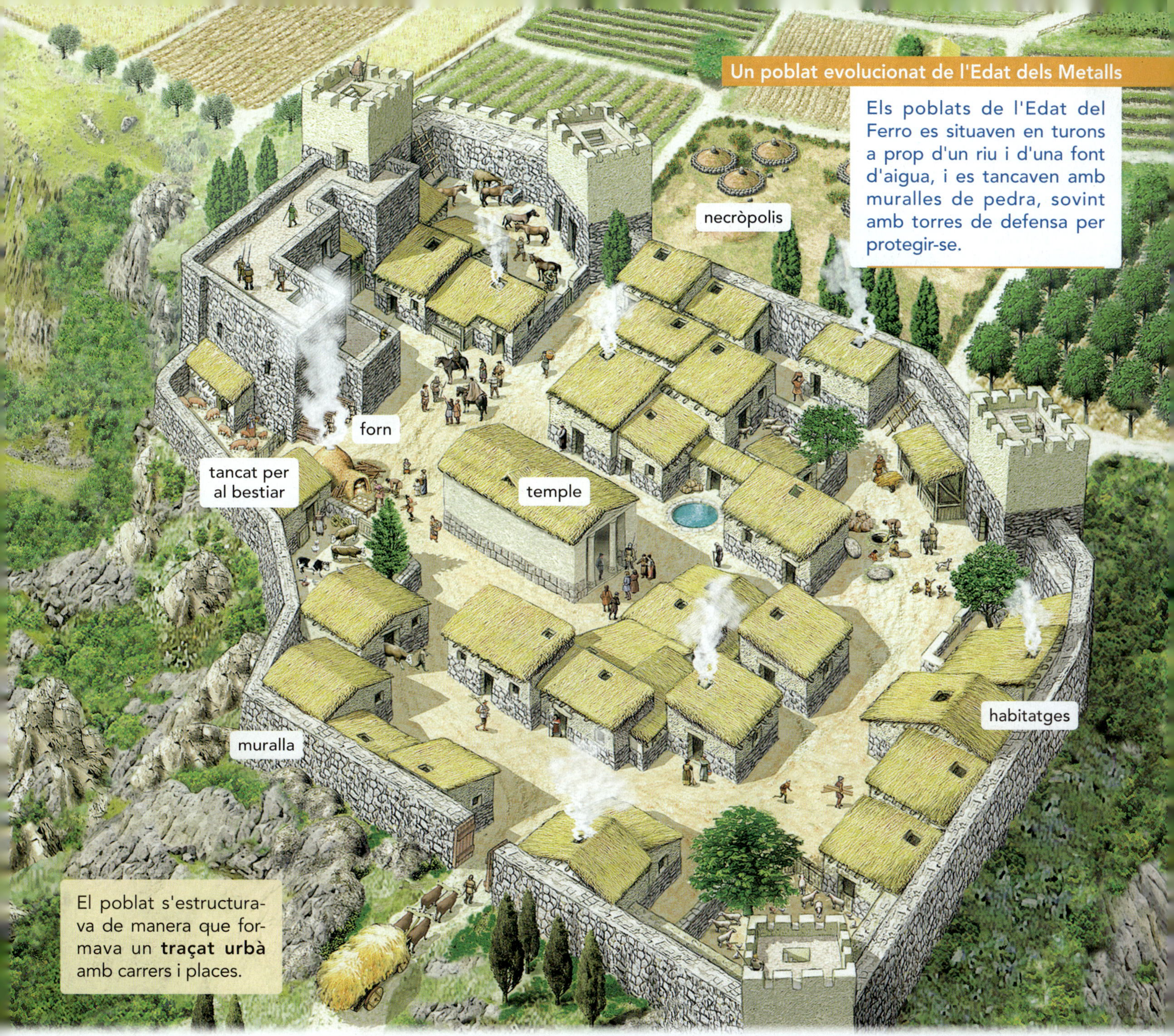

Un poblat evolucionat de l'Edat dels Metalls

Els poblats de l'Edat del Ferro es situaven en turons a prop d'un riu i d'una font d'aigua, i es tancaven amb muralles de pedra, sovint amb torres de defensa per protegir-se.

El poblat s'estructurava de manera que formava un **traçat urbà** amb carrers i places.

Observo i comprenc

19. Dibuixa un plànol que representi un poblat de l'Edat dels Metalls i situa-hi totes les edificacions que hi solia haver. Identifica cada edificació amb el rètol corresponent.

20. Descriu cada tipus de megàlit i explica'n la funció.

Raono

21. Creus que construir un megàlit feia necessari un grau gaire alt de col·laboració i d'organització social? Raona la resposta.

22. Com van sorgir els primers grups socials diferenciats i els primers cabdills o reis?

Canvi i continuïtat | Comparo situacions històriques

23. Compara el poblat de l'Edat del Ferro i el llogaret neolític. Indica'n tres elements que mostrin els canvis urbanístics i tres, la continuïtat entre tots dos.

24. Compara els habitatges paleolític, neolític i de l'Edat del Ferro. En grups de dos, establiu com han evolucionat. Quins n'han estat els avenços més importants?

6 La Prehistòria: la primera revolució tecnològica?

Com es talla un bifaç?

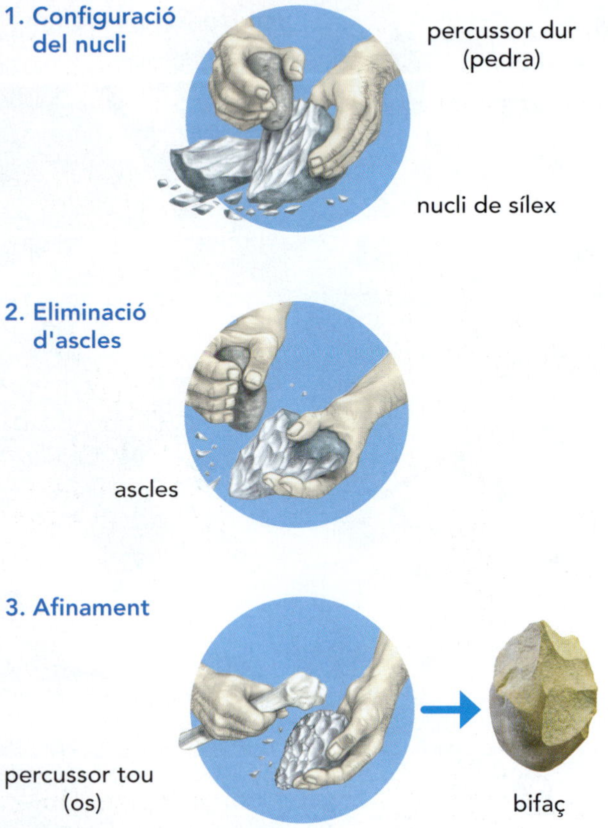

LA FABRICACIÓ D'INSTRUMENTS

Els primers instruments elaborats per l'ésser humà van ser simples **còdols** o **palets de riera** colpejats amb un percussor per aconseguir-ne una vora amb tall.

Més endavant es va fer servir el sílex, una roca dura que es trenca en làmines quan es colpeja i produeix una aresta molt afilada. Amb sílex es fabricaven **bifaços**, és a dir, eines tallades per les dues cares.

Les restes de la talla que es desprenien del nucli (**ascles**) s'aprofitaven per fabricar petits instruments més especialitzats, com ara **raors** per netejar les pells dels animals o **burins** per foradar-les.

Al Neolític es va començar a realitzar el poliment de la pedra, que consistia a llevar-ne les irregularitats fregant-la amb una altra de més dura (polidor).

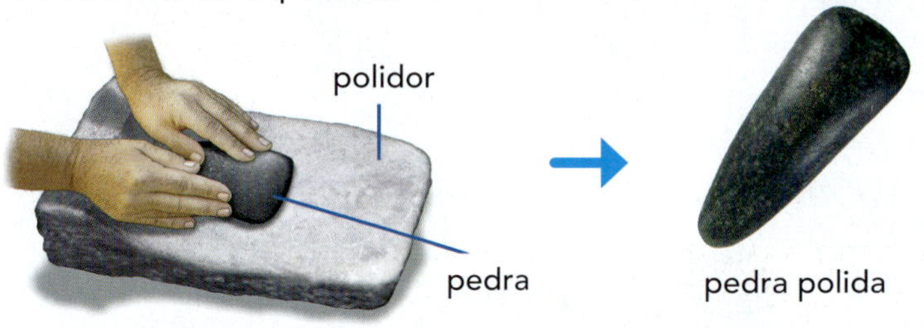

LES NOVES TASQUES DOMÈSTIQUES

A més de la pedra polida, la nova economia neolítica va impulsar un desenvolupament tecnològic que va permetre l'elaboració de teixits i d'atuells de ceràmica.

El fil i el teixit

Amb el **fus** s'elaboraven llargs fils a partir de fibres naturals (llana, lli...). Amb el **teler** es trenaven aquests fils per elaborar el teixit.

La ceràmica

La **ceràmica** s'obtenia modelant l'argila humida i endurint-la després per mitjà de l'assecatge al sol o de la cuita en un forn de llenya.

LA METAL·LÚRGIA

La utilització de metalls per fabricar instruments, armes i ornaments va ser una altra de les grans innovacions prehistòriques.

El primer metall que es va utilitzar va ser l'or, que es colpejava amb un martell fins a deixar-lo pla com una làmina (**martelleig**).

Amb el **coure** es va iniciar la **forja**. S'escalfava el metall per poder modelar-lo amb el martelleig. Per emmotllar el coure i el **bronze** s'utilitzava la **fosa**, un procés més complex que consistia a escalfar el metall fins a liquar-lo per poder-li donar forma amb motlles.

El **ferro** va donar origen a la **siderúrgia**, que consisteix en l'extracció i la fosa del ferro en alts forns a temperatures molt altes.

La fosa del bronze

EL DESENVOLUPAMENT DELS TRANSPORTS

L'augment del comerç va estimular el sorgiment de nous mitjans de transport més ràpids i amb més capacitat.

El transport terrestre

Les primeres **rodes** eren de fusta massissa; més endavant, s'hi va afegir un cèrcol de ferro al voltant. La roda va permetre l'ús de **carros** tirats per bous.

El transport marítim

Les primeres **barques** s'impulsaven amb rems i amb una **vela quadrada** fermada a un pal.

Aquestes barques feien una navegació de **cabotatge**, és a dir, al llarg de la costa sense allunyar-se'n gaire.

Comprenc

25. Explica en què consisteix la talla de la pedra. Què és el poliment?

26. Com es vestien les persones abans de la invenció del fus i del teler?

27. Explica les tècniques d'elaboració de peces metàl·liques: martelleig, forja i fosa.

Raono

28. Per què la facultat de fabricar instruments va marcar la primera gran diferència entre l'ésser humà i altres primats? Creus que va ser una fita en el desenvolupament de la intel·ligència?

29. Quin procés seguien en l'elaboració d'una peça de ceràmica? Com l'endurien?

Pensament crític | Argumento la meva opinió

30. Argumenta si creus que en la Prehistòria hi va haver una revolució tecnològica o no.

31. Com van millorar aquests invents la vida quotidiana? Quin creus que va ser més important? Feu-ne un debat.

7 Per què pintaven a les parets de les coves?

L'art rupestre

A la darreria del Paleolític, els homes i les dones van fer moltes pintures a les parets de les coves (**art parietal**) i van esculpir i gravar objectes de pedra, os i banya (**art moble**).

Aquestes primeres mostres de sensibilitat artística constitueixen l'**art rupestre**, és a dir, l'art fet damunt les parets rocoses de les coves.

Pintures de la cova de Las Caus, França.

LA PINTURA

La pintura naturalista

Cérvola de la cova d'Altamira (Cantàbria).

Les pintures rupestres més antigues, de fa uns 30 000 anys, pertanyen al **Paleolític** i tenen una tècnica naturalista.

Representen animals individualitzats (bisons, cavalls, cérvols, mamuts, rinoceronts, etc.), amb molt detall, i aprofiten els relleus de les roques per donar a les figures sensació de volum.

Tot i que més escassos, també hi ha perfils de mans i símbols geomètrics estranys.

Els colors més freqüents són el vermell, l'ocre i el negre. Sovint, la figura està perfilada amb color negre.

Hi ha diferents explicacions sobre el sentit i la funcionalitat de les pintures prehistòriques.

- La pintura formava part d'un **ritual màgic**, propiciatori de la caça. Dibuixaven els animals que volien caçar.
- Alguns signes geomètrics s'han interpretat com la representació d'homes i dones, i poden relacionar-se amb la reproducció i el **culte a la fertilitat**.

La pintura esquemàtica

En una època més recent, fa uns 10 000 anys, i per tant compresa en la major part en el **Neolític**, les pintures van passar a ser més esquemàtiques i simbòliques. Representen escenes de caça o de la vida quotidiana, i hi apareix la figura humana. Acostumen a ser d'un sol color.

Pintura rupestre del Barranc de la Valltorta (Castelló).

Fitxa ART

32. Fixa't en la pintura esquemàtica del Barranc de la Valltorta i fes-ne la fitxa:

a. Identificació i localització. Situa cronològicament i geogràficament l'obra. Sobre quin suport s'ha fet?

b. Descripció i iconografia. Què s'hi representa? Quins personatges i animals hi ha i què fan?

c. Anàlisi artística. Quines característiques de la pintura rupestre pots destacar en aquesta obra?

d. Relació entre art i societat. Elabora una hipòtesi sobre quina creus que podria ser la finalitat que pretenia qui va pintar aquesta obra a la paret d'un abric rocós.

L'ESCULTURA

Escultures i gravats

Durant el Paleolític també es van fer petites escultures i gravats, amb materials com ara pedra, banya i os.

Van ser molt freqüents els **propulsors** decorats i els **penjolls**, fets amb os o vori.

Bisó gravat en banya, de la cova de La Madeleine (França).

Venus paleolítiques

Representen dones de rostre imprecís i amb les parts del cos relacionades amb la maternitat (cuixes, malucs i pits) molt exagerades.

Algunes teories consideren aquestes venus com una mena de deesses mare.

Venus de Dolni Vestonice (República Txeca).

Comprenc i analitzo

33. Defineix l'art rupestre, l'art parietal i l'art moble. Què tenen en comú?
34. Enumera tres semblances i tres diferències entre la pintura de Las Caus i la de la Valltorta.
35. Imagina que ets un dels pintors de la cova.
    - Explica als companys i les companyes què pintaràs, com il·luminaràs la cova, què faràs servir com a pinzell, quins colors utilitzaràs i com els prepararàs.
    - Després, dibuixa el que has pensat tot imitant l'estil dels artistes del Paleolític.

Patrimoni històric i artístic | Relaciono art i societat

36. Quines interpretacions hi ha sobre la funcionalitat d'aquestes pintures? I sobre la de les venus paleolítiques?

8 Quins vestigis prehistòrics hi ha a la península Ibèrica?

PALEOLÍTIC (800000-8000 a.C.)

INFERIOR

Jaciments prehistòrics a la Península

Reconstrucció de l'*Homo antecessor*.

PALEOLÍTIC

Primer pobladors

Els primers pobladors de la península Ibèrica, arribats d'Àfrica, s'hi van assentar fa uns 800000 anys. Les seves restes s'han trobat al jaciment de la Gran Dolina, a la serra d'Atapuerca (Burgos), i constitueixen una espècie que hem anomenat *Homo antecessor*.

La pintura rupestre

La península Ibèrica és molt rica en art rupestre i presenta dues zones diferenciades per l'estil de les pintures:

- A la zona cantàbrica (a partir del 30000 a.C.) hi predomina la representació naturalista d'animals. Hi destaca especialment la cova d'Altamira (Cantàbria), considerada una de les millors mostres d'art rupestre del món.
- A l'àrea mediterrània o llevantina (a partir del 6000 a.C. i, per tant, feta principalment en el període Neolític), hi trobem pintures realitzades amb una tècnica esquemàtica.

Bisons de la cova d'Altamira (Cantàbria).

tiching.com/778689

Per saber més sobre Altamira.

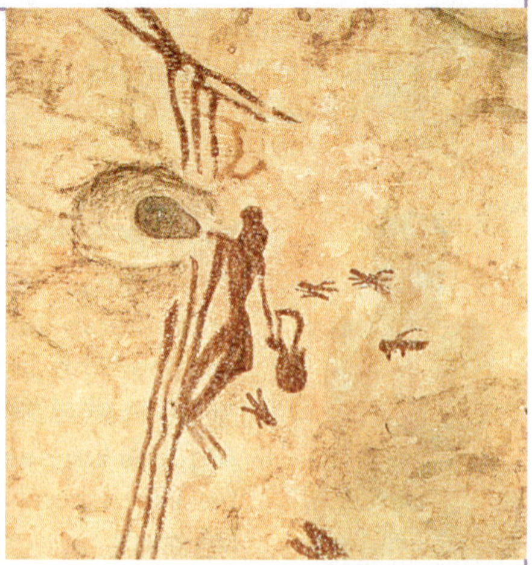

Escena de la recol·lecció de la mel a les coves de l'Aranya, a Bicorp (València).

NEOLÍTIC

El Neolític es va desenvolupar a la península Ibèrica gràcies a l'arribada al llevant peninsular de pobladors procedents del Mediterrani oriental i a l'evolució de les poblacions autòctones en contacte amb els forans.

A la Península hi ha una gran diversitat de cultures neolítiques, caracteritzades pel tipus de ceràmica que elaboraven. Hi destaquen:

- A la costa mediterrània s'hi va difondre la **ceràmica cardial**, decorada amb incisions de petxines.

Ceràmica cardial de la cova de l'Or, Beniarrés (Alacant).

- Al sud de la Península hi va destacar la **cultura almerienca**, que es distingeix per l'elaboració de ceràmica mangra, de color vermellós.

Ceràmica mangra de la Cueva de los Murciélagos (Granada).

EDAT DELS METALLS

Edat del Coure

Els poblats de l'Edat del Coure estan associats a la **ceràmica campaniforme**, que rep aquest nom perquè té forma de campana invertida, i al **megalitisme**, molt estès a tota la Península. És remarcable el jaciment de **Los Millares**, un dels primers poblats fortificats.

Reconstrucció d'habitatges de Los Millares (Almeria).

Edat del Bronze

De l'Edat del Bronze cal remarcar la cultura d'**El Argar**, formada per diferents poblats que van aconseguir un alt nivell de desenvolupament tecnològic, urbanístic i d'intercanvis comercials.

Reconstrucció del poblat de La Bastida, pertanyent a la cultura d'El Argar (Múrcia).

Edat del Ferro

El desenvolupament de la metal·lúrgia del ferro es va produir amb l'arribada a la Península de **pobles colonitzadors** (grecs, fenicis i cartaginesos). D'ells ens n'han arribat les primeres notícies escrites sobre les nostres terres, que marquen l'inici dels temps històrics.

Comprenc

37. Quines són les evidències més antigues que s'han trobat del poblament de la península Ibèrica?

38. Observa el mapa i esmenta dos jaciments amb fòssils humans, dos amb pintures rupestres i dos amb monuments megalítics.

Raono

39. Podries donar alguna raó que expliqui per què la majoria de jaciments neolítics es troben a la costa mediterrània?

40. Compara les dues pintures rupestres. A quina tipologia respon cadascuna? Argumenta la resposta.

Espai i temps | Fixo la cronologia

41. Completa el quadre dels períodes que va tenir la Prehistòria a la península Ibèrica:

Etapa	Cronologia	Aspectes rellevants	Jaciments principals	Ubicació

9 Què sabem de la Prehistòria a Catalunya?

PALEOLÍTIC

Els assentaments paleolítics

A Catalunya són nombrosos els assentaments paleolítics amb restes d'eines de pedra, os o banya, i amb molts fogars.

Els més antics són els del campament del **puig d'en Roca** (Gironès), del Paleolític inferior i mitjà, i les coves del **cau del Duc d'Ullà** i del **Montgrí** (Baix Empordà), també habitades durant el Paleolític inferior. De cronologia més recent, destaquen les coves de **Serinyà** (Pla de l'Estany), habitades fa uns 200 000 anys, i l'**abric Romaní** de Capellades (Anoia), fa uns 75 000 anys.

Les restes humanes més antigues que s'han trobat en terres catalanes són les de la **mandíbula de Banyoles**. Els estudiosos li atribueixen una antiguitat entre 45 000 i 80 000 anys.

La mandíbula de Banyoles pertanyia a una dona d'entre 40 i 50 anys, amb un gran desgast de les dents.

L'abric Romaní de Capellades va servir de refugi temporal als neandertals.

NEOLÍTIC

Les primeres comunitats neolítiques a Catalunya daten del VI mil·lenni a.C. Practicaven una **agricultura** i **ramaderia incipients** i es caracteritzaven per l'elaboració de **ceràmica cardial**.

En una fase més avançada (V mil·lenni) van sorgir els primers poblats, com el de la **bòbila Madurell** (Vallès Occidental), on s'han trobat restes de cabanes i una necròpolis amb sepulcres de fossa, que contenien un ric aixovar funerari.

Fa uns 6000 anys, els pobladors neolítics van excavar unes galeries subterrànies a **can Tintorer**, a Gavà (Baix Llobregat), que són les mines més antigues de Catalunya. N'obtenien variscita, que utilitzaven en els intercanvis comercials, i lidita, per elaborar estris, peces ornamentals (joies) i ocre per tenyir pells.

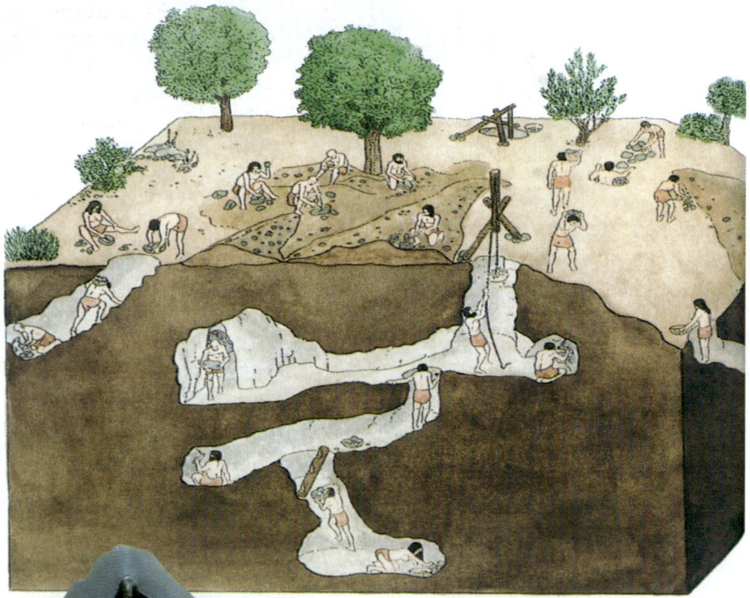

A les mines de can Tintorer s'hi han trobat més de 70 pous. Els miners utilitzaven pics de banya o de pedra emmanegats.

Entre les troballes d'aquest jaciment destaca l'anomenada Venus de Gavà.

Collaret de variscita, trobat a les mines de Gavà.

EDAT DELS METALLS

El megalitisme

De finals del Neolític i de l'època dels primers metalls, es conserven molts megàlits, entre els quals destaquen els sepulcres de corredor, les galeries cobertes i els dòlmens simples. Són abundants sobretot a l'Empordà i a les Gavarres: **Creu d'en Cobertella** (Roses), **Cementiri del Moros** (Torrent), i **cova d'en Daina** (Romanyà de la Selva).

Els poblats fortificats

La generalització de la metal·lúrgia del bronze i més tard, del ferro, va propiciar l'aparició dels primers poblats amb estructura urbana i fortificats.

A Catalunya, els primers poblats de pedra pertanyen a l'edat del bronze, com el de **Genó**, a Aitona (Segrià), i a l'edat del ferro, com el dels **Vilars** d'Arbeca (Garrigues), habitat entre l'any 700 i el 300 a.C.

La cova d'en Daina és una galeria coberta envoltada per un cercle de pedres.

El poblat dels Vilars destaca per les impressionants estructures defensives.

La pintura rupestre

A Catalunya es coneixen una cinquantena de coves amb pintures rupestres, la majoria d'estil llevantí i força esquemàtiques i estilitzades.

A l'Espluga de Francolí (Conca de Barberà), el 2019 s'hi va trobar el primer santuari paleolític de Catalunya: la **cova de la Font Major**, amb més de cent gravats de fa uns 15000 anys.

El 2016 es van trobar a **Capçanes** (Priorat) pintures de fa 7500 anys, entre les quals destaca una lluita entre éssers humans.

Un altre conjunt important es troba a la **serra de la Pietat**, a Ulldecona (Montsià), on hi ha representats grups de caçadors amb arcs i fletxes perseguint cérvols, que daten del 5500 a.C.

Les pintures de la **roca dels Moros**, al Cogul (Garrigues), mostren escenes amb figures humanes i animals que representen danses rituals de diferents èpoques des de finals del Paleolític.

Pintures de la roca dels Moros, i de l'abric d'Ulldecona.

Comprenc

42. Esmenta dos jaciments catalans importants de cadascuna de les etapes de la Prehistòria.

43. On hi ha una més gran concentració de jaciments amb pintures rupestres a Catalunya?

Patrimoni històric i artístic | Aprecio l'art

44. Busca informació a Internet sobre la Venus de Gavà. Esbrina què representa exactament, quan va ser construïda i amb quin material.

1. Resumeixo l'essencial

- La Prehistòria és el primer període de la història de la humanitat, que va des de l'aparició de l'ésser humà sobre la Terra fins al descobriment de l'escriptura.
- Com que no se'n tenen documents escrits, el coneixement de l'etapa de la Prehistòria es basa en les restes materials trobades als jaciments: és l'arqueologia.

L'hominització

- El procés d'hominització és el conjunt de canvis físics i culturals que, per mitjà d'una lenta evolució, van convertir els primats en éssers humans fins a l'*Homo sapiens* actual.
- Els primers éssers humans van sorgir a Àfrica, fa aproximadament uns 2,8 milions d'anys.

Les societats del Paleolític

- En aquesta etapa, en la qual l'ésser humà va assolir l'aspecte actual, els homes i les dones vivien de la caça, la pesca i la recol·lecció. Vivien en coves i campaments a l'aire lliure (eren nòmades), van fabricar els primers instruments i van aprendre a fer foc i a utilitzar-lo.
- Fa uns 40 000 anys, l'*Homo sapiens* va crear les primeres mostres d'art: la pintura rupestre i l'art moble, que estan relacionats amb rituals màgics.

Les societats del Neolític

- Fa uns 10 000 anys, els éssers humans van aprendre a conrear la terra i a domesticar animals: va ser el naixement de l'agricultura i la ramaderia.
- També van iniciar el filat i l'art de teixir, la cistelleria i la fabricació de ceràmica. Van crear instruments específics per a l'agricultura (falç, molí...) i van construir poblats.

Les societats de l'Edat dels Metalls

- Cap al 5000 a.C., es van començar a fabricar objectes de metall (coure, bronze i ferro); van sorgir arran d'això l'artesania i el comerç. Per facilitar el transport, van inventar la roda i la vela.
- Cap a la fi del Neolític i la primeria de l'Edat dels Metalls, van construir uns monuments amb unes lloses molt grans de pedra que anomenem megàlits.

La Prehistòria a la península Ibèrica i Catalunya

- La península Ibèrica està poblada des de fa uns 800 000 anys (Atapuerca). És molt rica en art rupestre (zones cantàbrica i llevantina). Les restes humanes més antigues trobades a Catalunya són de fa uns 60 000 anys.
- A Catalunya hi ha coves amb pintures paleolítiques, unes mines neolítiques molt importants i un gran nombre de megàlits.

a. Completa el mapa conceptual

Copia i completa al quadern aquest mapa conceptual:

ACTIVITAT COL·LABORATIVA pàg. 286
Creem i juguem

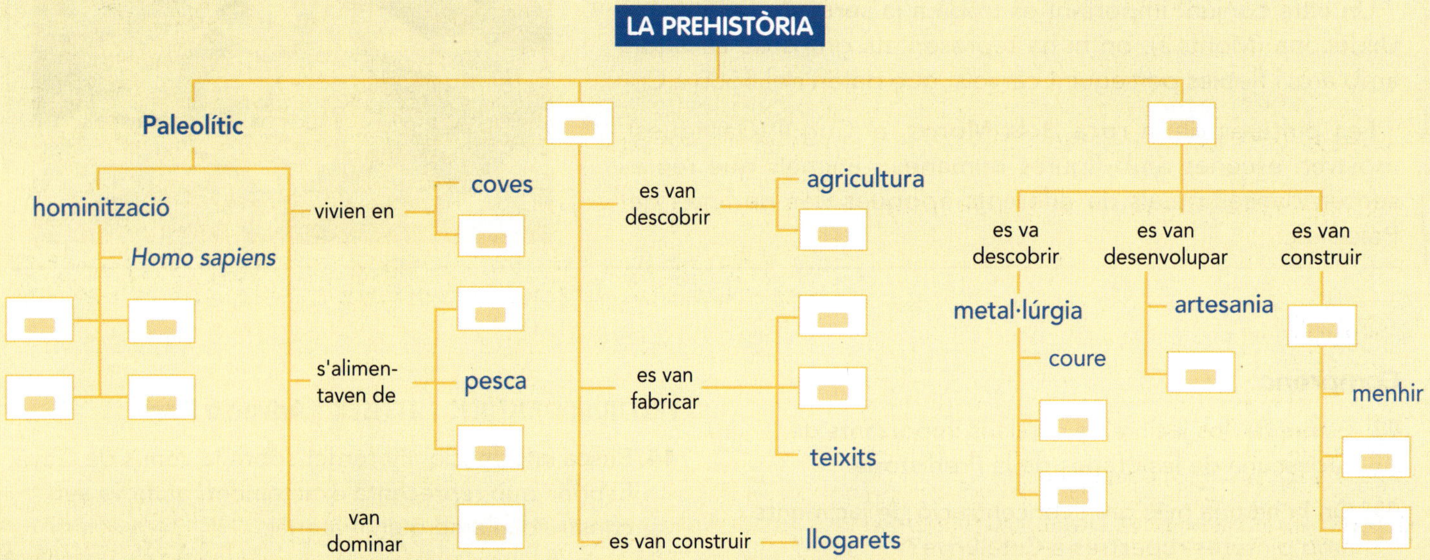

2. Repasso el que he après

a. Sintetitzo

- Què és el Paleolític? Quines eren les formes de vida dels éssers humans en aquella època?
- Quins canvis es van produir al Neolític? Quines conseqüències va tenir el sorgiment de la metal·lúrgia?

b. Defineixo conceptes

- Edat dels Metalls
- nomadisme
- art moble
- Paleolític
- economia productora
- ceràmica cardial
- sedentarisme
- pintura rupestre
- Neolític
- economia depredadora

c. Situo la cronologia

Copia i ordena, de més antic a més recent, els fets que caracteritzen la Prehistòria:

- Pintura rupestre.
- Metal·lúrgia del ferro.
- Megalitisme.
- Pedra tallada.
- Domini del foc.
- Origen de l'agricultura.

d. Explico l'esquema

Explica com va ser el procés d'hominització:

e. Identifico objectes

Escriu el nom d'aquests objectes i explica quina era la funció de cadascun:

- Amb quins diferents materials estaven fabricats?
- Com els elaboraven?

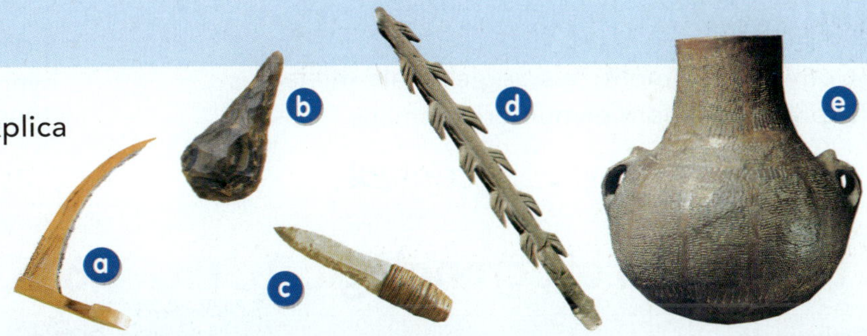

f. Completo un quadre resum

Copia i completa al quadern el quadre resum de la Prehistòria que tens a continuació:

	Paleolític	Neolític	Edat dels Metalls
Cronologia			
On vivien?			
Quins estris utilitzaven?			
Quines activitats quotidianes feien?			
Quines n'eren les manifestacions artístiques?			

3. Aprenc a fer. Comprendre la cronologia

La cronologia determina les dates i l'ordre temporal dels esdeveniments històrics. Aquest terme prové del mot grec *Cronos*, que era el nom del tità del temps, la divinitat de la mitologia grega que liderava els altres titans.

La cronologia **diacrònica** explica l'evolució dels fets o processos històrics al llarg del temps històric. La cronologia **sincrònica**, en canvi, explica els esdeveniments o processos històrics que s'esdevenen en espais diferents en un mateix temps històric.

Datar un esdeveniment històric és saber quants anys el separen d'un punt d'arrencada. A la cultura cristiana, aquest moment és el **naixement de Crist**. Tots els esdeveniments es compten abans del naixement de Crist (a.C.) o després (d.C.), és a dir que, **no existeix el 0**:

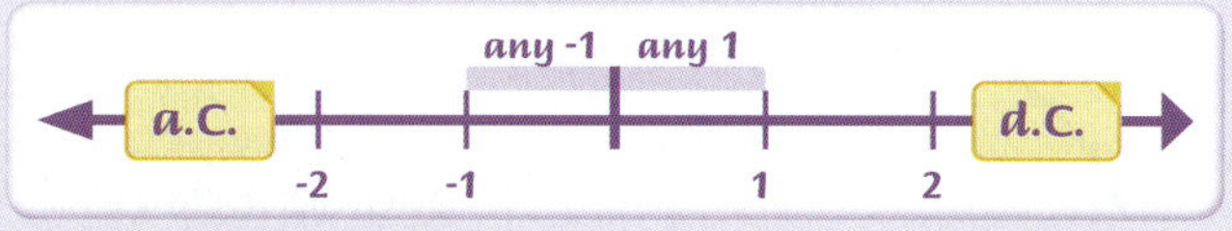

Les unitats de temps històric més emprades són: l'any, el quinquenni (5 anys), la dècada (10 anys), el segle o centúria (100 anys) i el mil·lenni (1 000 anys).

Convencionalment, els segles i els mil·lennis s'expressen sempre en nombres romans.

Els nombres romans

- **Quins són?**

I = 1 V = 5 X = 10 L = 50

C = 100 D = 500 M = 1000

- **Com s'escriuen?**

Les lletres I, X, C i M es poden repetir fins a tres vegades, però V, L i D no es poden repetir:

325 = CCCXXV

Si per escriure un nombre cal repetir més de tres vegades una xifra, s'escriu la unitat de valor immediatament superior i, a la seva esquerra, la unitat més petita per restar-la:

44 = XLIV

Una ratlla damunt d'una o més lletres en multiplica el valor per mil:

$\overline{V}$CL = 5150

Posa't a prova

- Escriu amb nombres romans 33, 1990, 47, 384, 99, 874, 3598.
- Quin any ens és més proper, el 340 a.C. o el 920 a.C.? I si en lloc d'escriure-hi a.C. escrivim d.C. o no hi posem res?
- Quants anys han passat des del 789 a.C.?
- Indica el segle i el mil·lenni als quals pertanyen els anys següents: 340 a.C., 900 d.C., 2989 a.C., 1880 d.C., 2 d.C.

4. Elaboro un eix cronològic. La Prehistòria a la península Ibèrica

1. Preparació

a. En un full de paper quadriculat o mil·limetrat de forma apaïsada, dibuixa-hi un eix cronològic com el de l'exemple..

2. Elaboració

a. Escriu i situa al lloc corresponent de l'eix la cronologia de les diferents etapes de la Prehistòria a la península Ibèrica

b. Escriu al lloc corresponent el nom de les diferents subetapes.

c. Pinta cada etapa amb un color diferent.

d. Situa a l'eix els dos jaciments importants de cadascuna de les etapes.

3. Valoració

a. Creus que la longitud de cada etapa d'aquest eix és proporcional al nombre d'anys que representa? Què indica la línia discontínua?

b. Com és aquesta representació, sincrònica o diacrònica? Justifica la resposta.

c. Creus que aquesta cronologia de la Prehistòria es pot aplicar a tots els països del món? Per què? Posa'n algun exemple.

5. Analitzo fonts secundàries. Pintures amb empremta femenina

Un arqueòleg de la Universitat de Pennsilvània ha publicat un estudi sobre les coves amb pintures rupestres d'Espanya i França que arriba a una conclusió: la majoria de les impressions de mans les van fer dones.

Per saber-ho va comparar la grandària dels dits i el volum de les mans de les coves, i el resultat fou que 24 de les 32 mans analitzades eren femenines. La conclusió és que el 75 % de les mans són de dona.

El fet que les pintures rupestres més remarcables representessin animals i escenes de caça ha fet suposar que els primers artistes van ser homes, perquè és a ells que s'atribueix la caça.

Però, és evident que les dones també s'involucraven en la caça per transportar, esquarterar i cuinar els animals, cosa que porta a la conclusió que elles van tenir un gran protagonisme en les pintures de les coves.

ABC, 18 d'octubre de 2013. (Adaptació)

Siluetes de mans trobades a la cova prehistòrica d'El Castillo (Cantàbria).

a. En què va consistir aquesta investigació? Quins arguments aporta l'autor per defensar la seva hipòtesi?

b. L'article posa en dubte la visió que es tenia sobre el paper que feien les dones en les societats de caçadors. Quina nova hipòtesi proposa?

c. Creus que les dones poden considerar-se les grans oblidades de la història perquè no apareixen en els relats històrics? Debateu aquesta qüestió amb els companys i les companyes.

6. Analitzo el vídeo

La vida al Paleolític

Mira atentament el vídeo sobre la vida en el Paleolític que et presentem a l'apartat 2: *Una societat depredadora i nòmada.* Després, fes aquestes activitats:

a. Comprenc. Explica quins personatges apareixen al llarg del vídeo.
- On viuen? Quin és el fi principal de la seva vida quotidiana? Què són, nòmades o sedentaris?
- Cap a on havien de marxar alguns dels personatges? Quins?

b. Contextualitzo. Situa el vídeo en el temps:
- En quin període de la Prehistòria es produeix aquesta escena? Quant temps va durar aquesta etapa? A quina de les subetapes creus que correspon? Per què?

c. Analitzo. Descriu les activitats que feien els habitants del campament:
- A més d'anar a caçar, què fan per aconseguir altres aliments?
- Creus que anar a caçar és una activitat perillosa per a ells? Què t'ho fa pensar?
- Com pretén el xaman protegir els caçadors? Com es relacionen les pintures rupestres amb la cacera?
- Quina importància té el foc al campament? Quins altres ensenyaments es transmeten als infants?

d. Elaboro. Arriba la tardor i resulta difícil aconseguir aliments. El grup està desmuntant el campament. Inventa una història en la qual expliquis on aniran i com aconseguiran sobreviure a l'hivern.

8 Com es governaven Mesopotàmia i Egipte?

En aquest tema aprendràs:

- Com van sorgir les civilitzacions hidràuliques a Mesopotàmia i a Egipte.
- La importància de la invenció de l'escriptura.
- Com eren les primeres ciutats estat.
- Quin desenvolupament polític, social i religiós va tenir la civilització egípcia.
- Com es comenta un text històric.

Començo

Observo...

- Què et suggereixen la imatge central i les laterals d'aquesta entrada? Busca un concepte que puguis relacionar amb cadascuna i justifica l'elecció.
- Quina funció creus que tenia el faraó a l'antic Egipte?

3300 a.C. Escriptura | 3100 a.C. Unificació de l'Alt i el Baix Egipte | 2500 a.C. Grans piràmides | 324 a.C. Mort d'Alexandre

IV mil·lenni a.C. | 3000 a.C. | III mil·lenni a.C. | 2000 a.C. | II mil·lenni a.C. | 1000 a.C. | I mil·lenni a.C.

MESOPOTÀMIA. Primeres ciutats | **REGNE D'ACCAD** | **IMPERI BABILÒNIC** | **IMPERI ASSIRI** | **IMPERI PERSA**

EGIPTE PREDINÀSTIC | **PERÍODE ARCAIC** (Primers faraons) | **IMPERI ANTIC** | invasions | **IMPERI MITJÀ** | invasions | **IMPERI NOU** | invasions | **ÈPOCA TARDANA**

Cerimònia festiva en honor al déu Amon-Ra al temple egipci de Luxor.

... penso...

- Creus que l'escriptura va tenir una influència important per conèixer els fets del passat?
- Penses que d'aquí a cinquanta anys els estudiants es preguntaran com podien viure els seus avantpassats sense ordinadors i sense Internet? Per què?

... i em pregunto

Després de veure el vídeo, planteja dues preguntes sobre l'organització de les primeres civilitzacions de la història (Mesopotàmia i Egipte) i posa-les en comú amb la resta de la classe.

1 Mesopotàmia i Egipte, dues civilitzacions hidràuliques?

El control de l'aigua dels rius...

A Mesopotàmia i Egipte, la pluja era escassa i es repartia de manera irregular al llarg de l'any; per això, el desenvolupament de l'agricultura depenia de l'aprofitament de l'aigua dels rius.

A partir del IV mil·lenni a.C., **el control de les crescudes dels rius** Tigris i Eufrates, a Mesopotàmia, i del Nil, a Egipte, així com la construcció de **dics** de contenció i **canals**, va permetre regar els camps i augmentar la superfície de terra conreable. Alhora, dos grans invents, la **roda** i l'**arada**, van permetre l'increment de la productivitat.

Per poder controlar el conreu dels camps van fomentar el desenvolupament del càlcul i la geometria, de sistemes de comptabilitat i de noves tècniques constructives. També s'hi va establir un calendari per preveure les crescudes del riu Nil.

Les crescudes del Nil

El Nil neix al sud d'Egipte, en unes terres on la pluja és molt abundant a l'estiu. Per això el riu patia una gran crescuda anual que negava les terres de les ribes. Quan es retirava l'aigua, les ribes quedaven cobertes d'un llim molt fèrtil, on es sembraven els conreus.

Inundació (juny-setembre)

Sembra (a partir d'octubre)

Collita (febrer-juny)

Les primeres civilitzacions urbanes

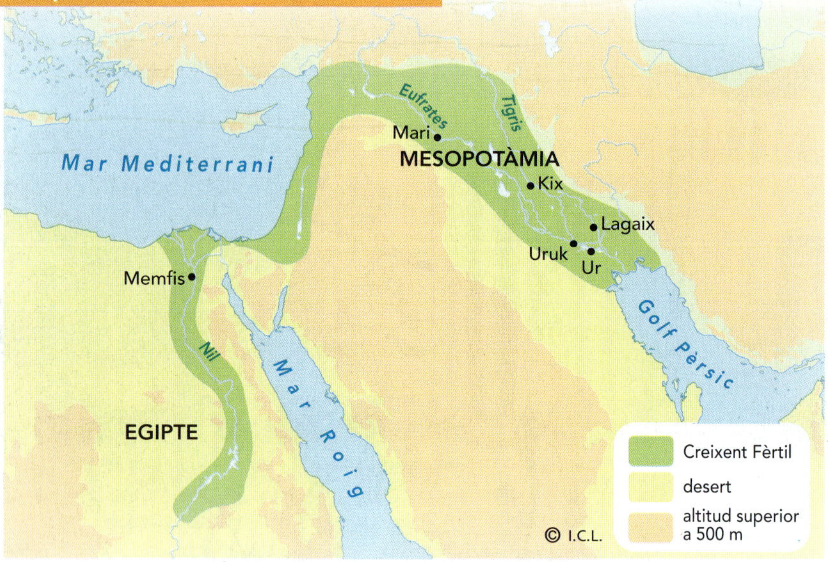

... va afavorir una societat agrícola

L'augment de la producció agrícola va estimular el creixement de la població, del comerç i de l'artesania a Egipte.

La majoria dels habitants de Mesopotàmia i d'Egipte eren **pagesos lliures** i vivien en llogarets a prop dels rius. Treballaven les terres que pertanyien als monarques, als nobles i als sacerdots, als quals estaven obligats a lliurar una part de la collita com a tribut.

Els **homes** llauraven, sembraven, collien la collita i construïen dics i canals. Els mesos en què no es feien treballs agrícoles, els egipcis estaven obligats a treballar en la construcció de les grans obres del faraó (tombes, temples...).

Les **dones** col·laboraven en la recol·lecció, feien el pa i la cervesa, confeccionaven els vestits i venien els productes sobrants (excedents) als mercats.

Paisatge del Nil actualment.

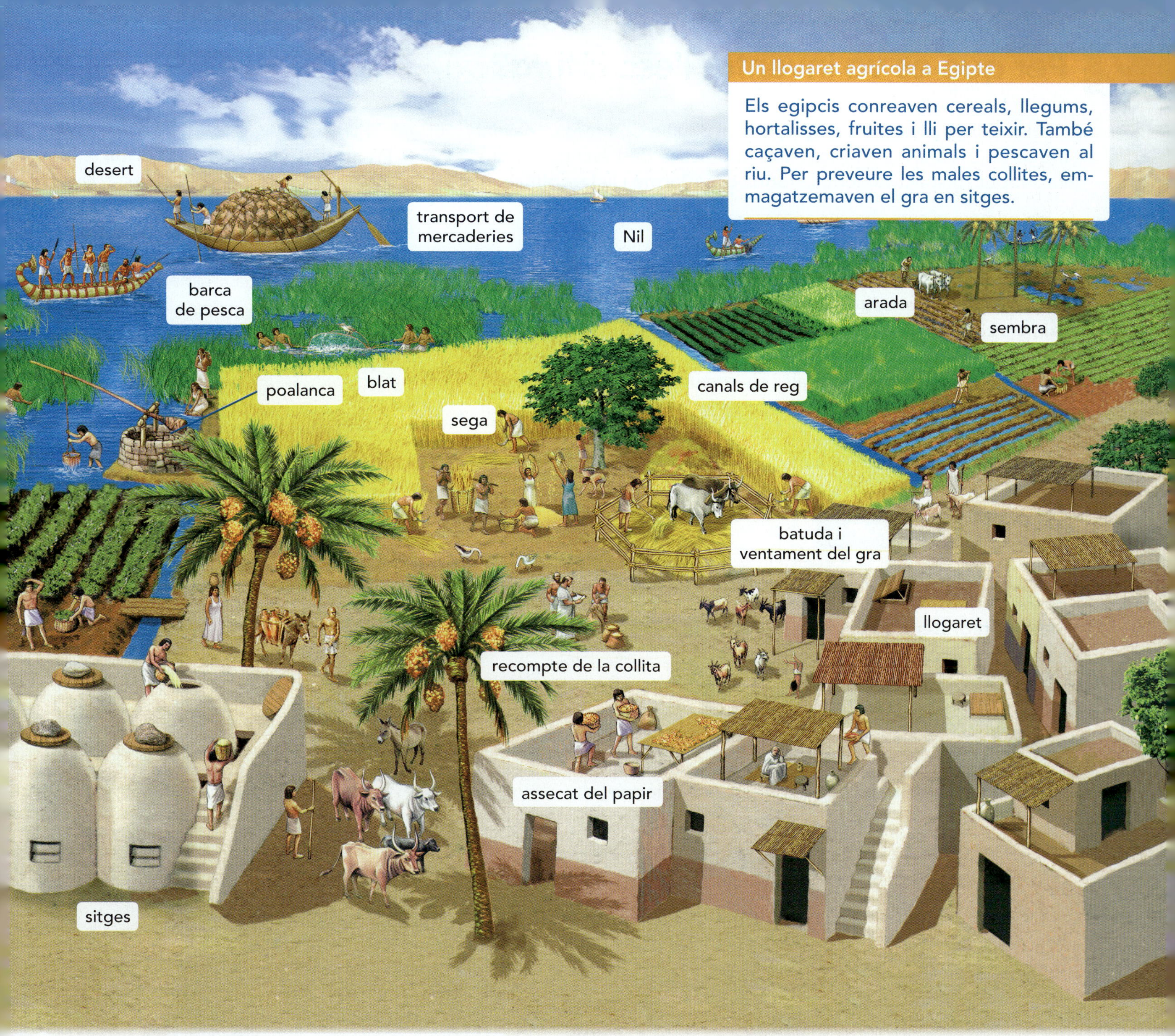

Un llogaret agrícola a Egipte

Els egipcis conreaven cereals, llegums, hortalisses, fruites i lli per teixir. També caçaven, criaven animals i pescaven al riu. Per preveure les males collites, emmagatzemaven el gra en sitges.

Observo i comprenc

1. Mira el mapa. On estan situats Mesopotàmia i Egipte? Quins rius els travessen?
2. Explica les fases del cicle agrícola egipci a través del dibuix de les crescudes del Nil. Per què un historiador de l'Antiguitat va afirmar que "Egipte és un do del Nil"?
3. Fixa't en el llogaret i identifica tots els treballs agrícoles i de transport que fan els pagesos, quina finalitat tenen i amb quins instruments els fan. Esbrina per a què serveix la poalanca o xaduf? Com funciona?

Analitzo i raono

4. Per què les primeres civilitzacions urbanes van sorgir a prop de grans rius? Va ser un fet casual?

Passat i present | Relaciono ahir i avui

5. Fixa't en la fotografia actual del Nil i identifica les zones senyalades amb un nombre.
6. Quines semblances pots establir entre el paisatge actual i els dibuixos de l'antic Egipte? Què ha canviat més? Cerqueu-ne fotografies actuals a Internet i poseu en comú les vostres respostes.

2 Per què es va inventar l'escriptura?

A les ciutats mesopotàmiques, cap al 3300 a.C., i més endavant a Egipte (3150 a.C.), s'hi va iniciar la pràctica de l'escriptura, que va adoptar, respectivament, la forma **cuneïforme** i la **jeroglífica**.

Els primers escrits van ser anotacions per fixar la propietat de la terra, comptar les collites i els caps de bestiar, comptabilitzar les transaccions comercials i supervisar la recaptació d'impostos.

Per consolidar el seu poder, els monarques van fer escriure els primers codis de lleis i les cròniques de les seves gestes. També es van redactar textos religiosos i literaris, que ens han permès conèixer les creences espirituals i els costums d'aquests pobles.

Els primers moments de la història

L'escriptura, és a dir, l'existència de documents escrits, va ajudar a preservar la memòria dels pobles, un coneixement que fins aleshores només es transmetia oralment.

Per això, tradicionalment s'ha considerat que a Mesopotàmia i a Egipte es va iniciar la història.

L'ESCRIPTURA CUNEÏFORME

Les primeres formes d'escriptura a Mesopotàmia eren pictogràfiques, és a dir, es dibuixava un símbol (**pictograma**) que representava un objecte o una idea.

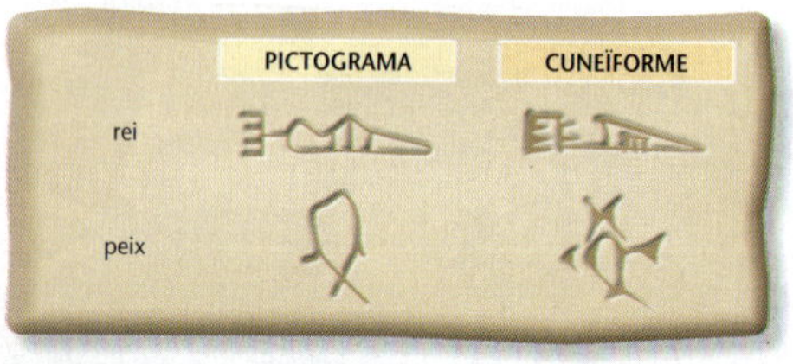

Per facilitar l'escriptura, els signes es van anar simplificant i van donar lloc a l'escriptura cuneïforme.

L'escriptura cuneïforme consistia en diferents signes amb el valor fonètic d'una síl·laba. N'hi havia uns 2000 de diferents, dels quals 600 s'utilitzaven assíduament.

S'escrivia fent incisions amb un punxó damunt una **tauleta d'argila** humida, que es deixava assecar al sol per endurir-la.

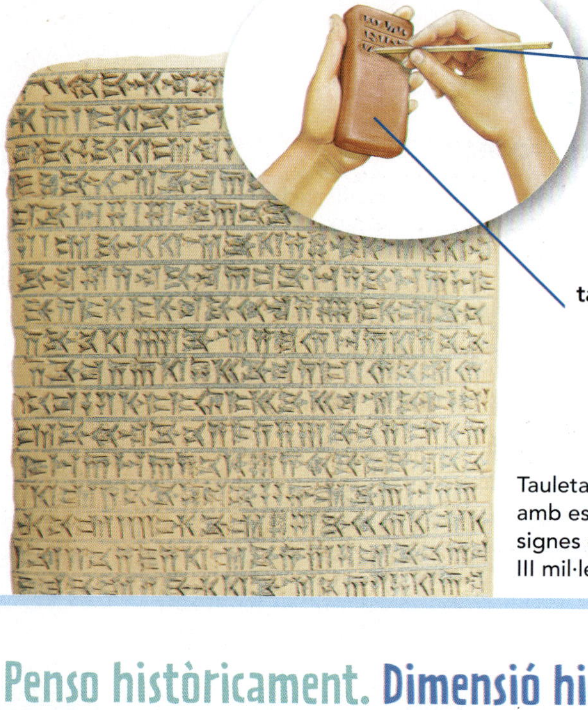

Tauleta mesopotàmica amb escriptura de signes cuneïformes, III mil·lenni a.C.

El primer codi de lleis

– Si un home n'acusa un altre d'homicidi sense tenir-ne proves, serà ajusticiat.

– Si un home ha comès un robatori, (...) serà ajusticiat.

– Si un fill pega al seu pare, se li tallarà la mà.

– Si un home arrenca un ull al fill d'un altre home, se li arrencarà un ull.

– Si un home decideix desheretar el seu fill i diu davant del jutge "deshereto el meu fill", el jutge examinarà la causa. Si el fill no ha comès una falta greu, el pare no podrà desheretar el fill.

Codi d'Hammurabi, cap a l'any 1750 a.C.

Estela d'Hammurabi, en la qual es va inscriure, amb caràcters cuneïformes, el primer codi de lleis.

L'ESCRIPTURA JEROGLÍFICA

Els egipcis van crear l'escriptura jeroglífica, en la qual els diferents dibuixos o pictogrames representaven idees i també sons.

Es feia servir per a textos oficials i religiosos, i s'esculpia en **pedra**, es pintava a les **parets** o s'escrivia en **papirs**.

La lectura era molt complicada: constava de més de 5 000 signes i es podia llegir de dreta a esquerra, de dalt a baix i al revés.

La complexitat de l'escriptura va comportar la creació d'uns funcionaris especialistes: els **escribes**.

Exemple d'escriptura jeroglífica.

La lectura dels jeroglífics

La direcció cap a la qual miren els éssers vius representats als jeroglífics indica el sentit de la lectura.

Quan escrivien el nom d'un faraó, l'emmarcaven en un cartutx per destacar-lo.

Els escribes eren els únics que dominaven la complexa escriptura jeroglífica. Pintura de la tomba de Menna, Tebes, 1420-1411 a.C.

Comprenc

7. Explica les diferències i les semblances que hi ha entre l'escriptura pictogràfica, la cuneïforme i la jeroglífica.
8. Què estipula el codi d'Hammurabi? Si en fem una lectura amb la visió del nostre temps, el trobes just?
9. Fixa't en les imatges de l'escriptura jeroglífica. En quina direcció es llegeixen? Quin element t'ha permès deduir-ho?
10. Què és el que avui anomenem jeroglífic? Quina relació hi pots establir amb l'antiga escriptura egípcia?

Analitzo i reflexiono

11. Creus que un escriba era una persona important a Egipte? Raona la resposta.
12. Quina importància ha tingut l'escriptura per a la història?

Causalitat | Identifico causes i conseqüències

13. Explica els avantatges de l'escriptura per a un monarca, un propietari de terres, un comerciant, un recaptador d'impostos i un pagès.
14. Argumenta per què va ser en aquestes civilitzacions que es va produir la invenció de l'escriptura.

3 Mesopotàmia: les primeres ciutats estat

Les primeres ciutats estat...

Entre els anys 3500 i 2000 a.C., a **Sumer** (Baixa Mesopotàmia) i també a **Egipte**, el desenvolupament de l'agricultura va estimular el sorgiment de ciutats.

A Mesopotàmia s'hi van organitzar com a **ciutats estat independents**. Cadascuna comprenia una ciutat principal (Ur, Uruk, Èridu o Lagaix), que era la seu del poder polític i religiós, i els camps circumdants.

A més de ser centres polítics i religiosos importants, a les ciutats s'hi desenvolupaven les activitats artesanes (orfebreria, cuir, vidre, fusta, ceràmica, metalls...) i la major part del comerç. Els mercats estaven situats, principalment, al voltant dels temples, que solien tenir els magatzems més rics de la ciutat.

Les ciutats estaven governades per **reis**, que reunien el poder polític, militar i religiós. Els sacerdots custodiaven el temple i els funcionaris administraven la ciutat estat, controlaven les collites i el comerç i imposaven tributs. També tenien exèrcit, perquè els conflictes entre ciutats eren freqüents.

Un habitatge mesopotàmic

Els habitatges s'estructuraven al voltant d'un espai central cobert o a l'aire lliure. Disposaven d'una o dues plantes. Els sostres eren plans, construïts amb palla i tova.

Una ciutat mesopotàmica

La ciutat d'**Ur** tenia **dues muralles**: l'una voltava el perímetre urbà i l'altra, el recinte sagrat, que, amb la grandiositat de les seves edificacions volia mostrar el poder reial.

Els **canals** unien la ciutat amb el port i el riu. Pels canals arribaven a la ciutat les mercaderies.

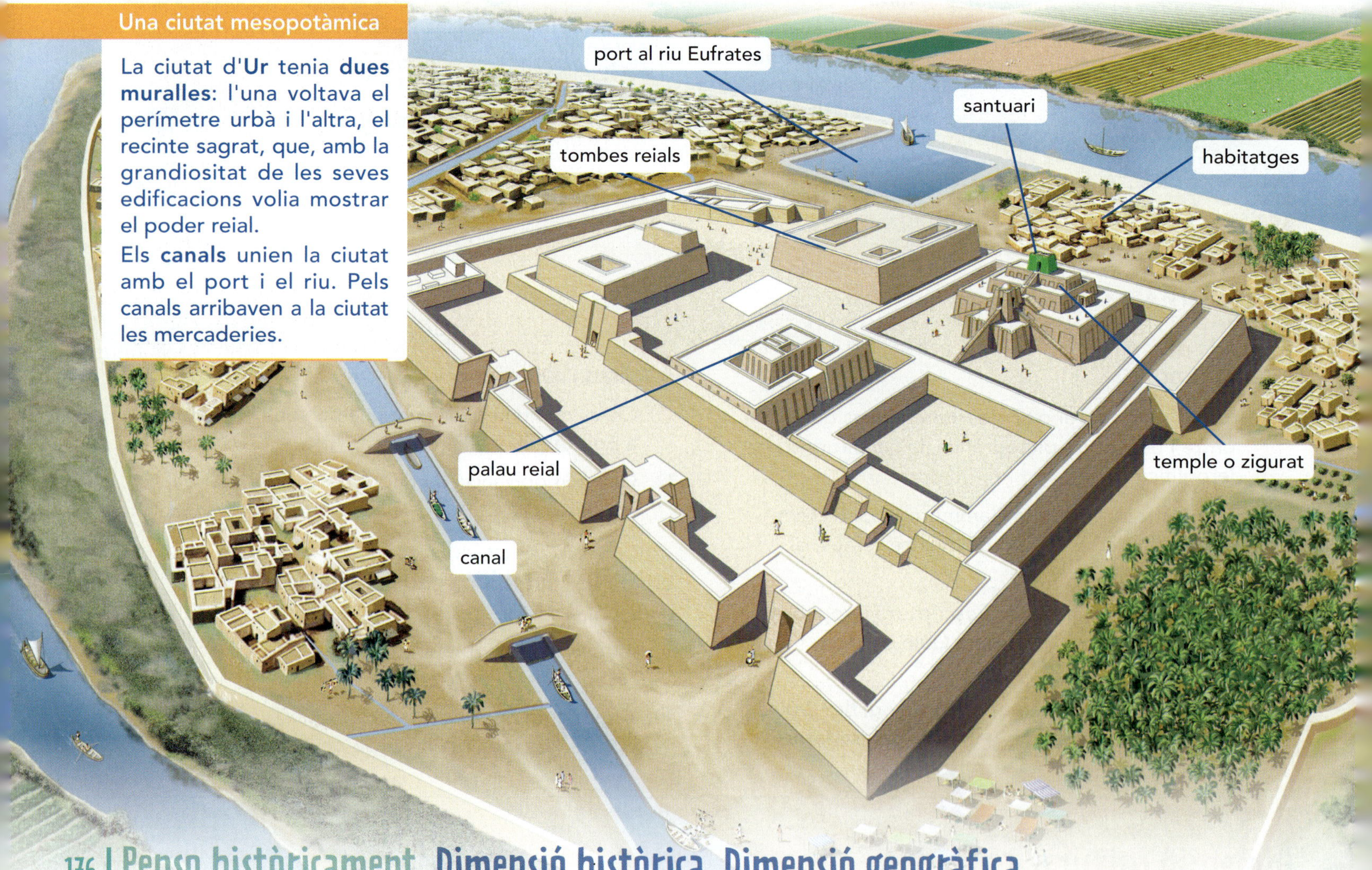

... van evolucionar cap a grans imperis

A les terres que voregen els rius Tigris i Eufrates, a partir del IV mil·lenni a.C., s'hi van desenvolupar quatre grans imperis: el **sumeri**, el **babilònic**, l'**assiri** i el **persa**.

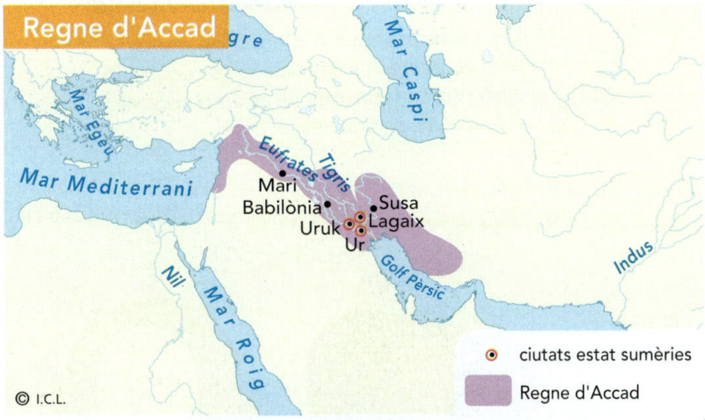

Cap al 3100 a.C., Mesopotàmia va ser dominada pels sumeris, que es van organitzar en ciutats estat.
Al III mil·lenni a.C., el rei **Sargon** va ocupar les ciutats de la Baixa Mesopotàmia i va crear el regne d'Accad.

Cap al 1800 a.C., la ciutat de Babilònia es va imposar sobre les altres ciutats i va formar l'Imperi babilònic, que va aconseguir la màxima prosperitat en temps del rei **Hammurabi** (1750 a.C.).

Cap al 1300 a.C., els assiris van crear un imperi que es va estendre des del golf Pèrsic fins al mar Mediterrani. La capital es va establir a la ciutat de **Nínive**.

Al segle VI a.C., en temps del rei **Cir**, els perses van conquerir Mesopotàmia i van crear un nou imperi que es va expandir fins al riu Indus. Les seves ciutats més importants van ser **Susa** i **Persèpolis**.

Comprenc i analitzo

15. Imagina que ets un escriba del monarca de la ciutat d'Ur, que espera la visita del rei d'una ciutat veïna. Fixa't en els dibuixos i redacta un text que descrigui com és la ciutat i els indrets que pot visitar.

16. Mira els mapes. Quins regnes i imperis es van succeir a Mesopotàmia? Quin imperi va dominar finalment tota la zona de l'Orient Mitjà i fins i tot Egipte?

Canvi i continuïtat | Comprenc l'evolució històrica

17. Els historiadors han qualificat el sorgiment de les ciutats com una "revolució urbana". Quins són els canvis econòmics, polítics i socials característics d'aquestes ciutats que justifiquen que els donem aquest qualificatiu?

18. Compara el poblat neolític de la pàgina 153 amb Ur i assenyala'n sis diferències fonamentals amb les ciutats mesopotàmiques.

4 Com era l'art mesopotàmic?

Sota el nom d'**art mesopotàmic** s'hi inclouen les manifestacions artístiques d'un període molt extens, que va des de les ciutats estat sumèries (III mil·lenni a.C.) fins als imperis babilònic i assiri (I mil·lenni a.C.).

Es tracta d'un art orientat a **enaltir els poderosos**, deixar constància de les seves gestes i retre homenatge als déus.

Les parets de maó o d'adob de molts palaus, portes i edificacions es recobrien amb representacions fetes amb ceràmica vidrada de colors vius.

L'ARQUITECTURA

En arquitectura es van fer grans construccions, però són poques les que ens n'han pervingut a causa de la pobresa dels materials.

Per cobrir l'espai comprès entre dos murs o dues columnes, es van crear l'**arc** i la **volta**, les grans aportacions de l'arquitectura mesopotàmica.

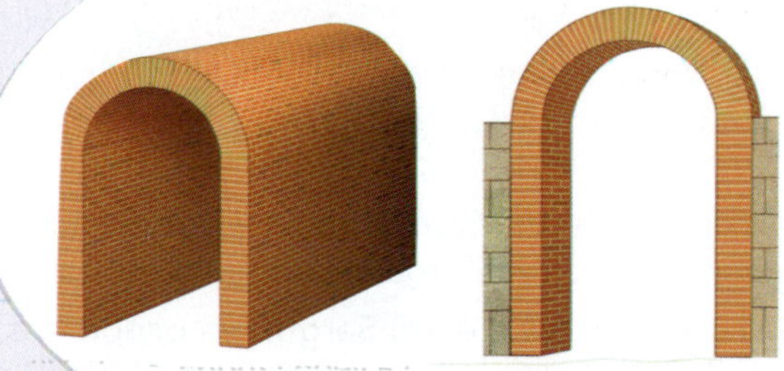

El temple

El temple o **zigurat** presentava un aspecte molt sòlid i amb poques obertures. La inexistència de pedreres va afavorir la construcció de grans edificacions amb tova i maons de fang cuit.

La construcció s'aixeca damunt grans plataformes o terrasses. S'hi accedia per mitjà de grans escales i al cim hi havia el santuari.

Tot al voltant hi havia patis oberts, on es congregaven els fidels per fer les seves cerimònies.

Un zigurat

El santuari era la residència dels déus quan baixaven a la terra.

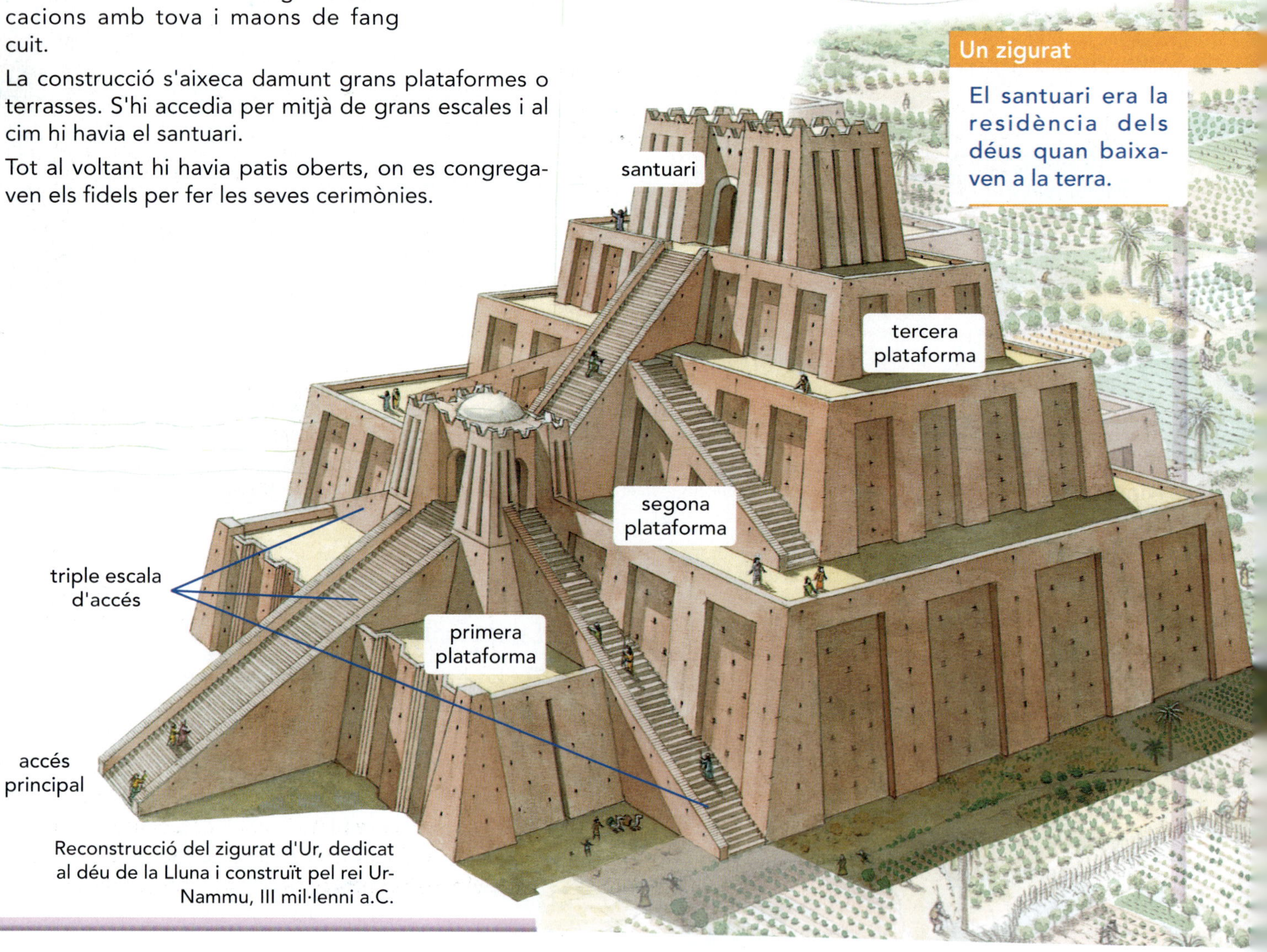

Reconstrucció del zigurat d'Ur, dedicat al déu de la Lluna i construït pel rei Ur-Nammu, III mil·lenni a.C.

L'ESCULTURA I EL RELLEU

En escultura, les figures estan idealitzades, són molt geomètriques i es van crear per ser contemplades frontalment.

Les estàtues orants

A l'interior dels temples mesopotàmics s'hi ha trobat una gran quantitat d'escultures que representen homes en actitud orant.

També hi són freqüents les representacions del **Gudea**, o governador de la ciutat.

Estàtua del Gudea de Lagaix, cap al 2140 a.C.

Figura orant que representa un intendent de la ciutat de Mari, 2340 a.C.

El relleu

Els relleus assiris són molt més **detallistes** i **realistes** i representen animals, éssers mitològics i escenes de caça i de guerra.

A diferència de l'escultura, que és inexpressiva, els relleus són plens de vida, de moviment i de sentiments.

La lleona ferida, segle VII a.C.

La imatge mostra el sofriment d'una lleona abans de morir.

La *Porta d'Ixtar*, a Babilònia, destaca per la riquesa dels relleus i la brillantor dels colors.

Observo i comprenc

19. Com era un zigurat? Amb quins materials es construïa? Quina finalitat tenia?

20. Explica què són un arc i una volta i quina funció arquitectònica acompleixen.

Analitzo

21. Creus que l'escultura mesopotàmica era realista o bé et sembla idealitzada? Justifica la resposta. Estableix les diferències entre les estàtues orants i el relleu assiri.

22. Fixa't en el relleu *La lleona ferida* i descriu quina escena representa. Quins elements mostren la tràgica situació de l'animal?

Patrimoni històric i artístic | Aprecio l'art

23. Cerca a Internet el *Panell de la pau* de l'Estendard d'Ur (2500 a.C.). Observa'l atentament i digues: Quines escenes representa? Quins personatges i animals s'hi veuen? Com identifiques el personatge principal? Què vol mostrar l'autor? Com ho aconsegueix?

5 Com es van unificar les terres d'Egipte?

La unificació de les terres del Nil...

Les terres d'Egipte estan formades per dues grans regions: el **Baix Egipte**, una vall extensa al delta, i l'**Alt Egipte**, una zona àrida on només és possible la vida en una estreta franja inundada pel Nil.

Al llarg del V mil·lenni a.C., les tribus que vivien disperses per tot el territori es van concentrar a les vores del riu.

Cap al 3000 a.C., el rei **Narmer** va unificar el Baix i l'Alt Egipte i es va coronar com a faraó dels dos regnes. Va crear així un Estat fort i unificat.

A partir d'aleshores, Egipte va estar governat per dinasties successives de faraons (famílies reials), que es van mantenir en el poder durant més de 2 500 anys.

Egipte i el Nil

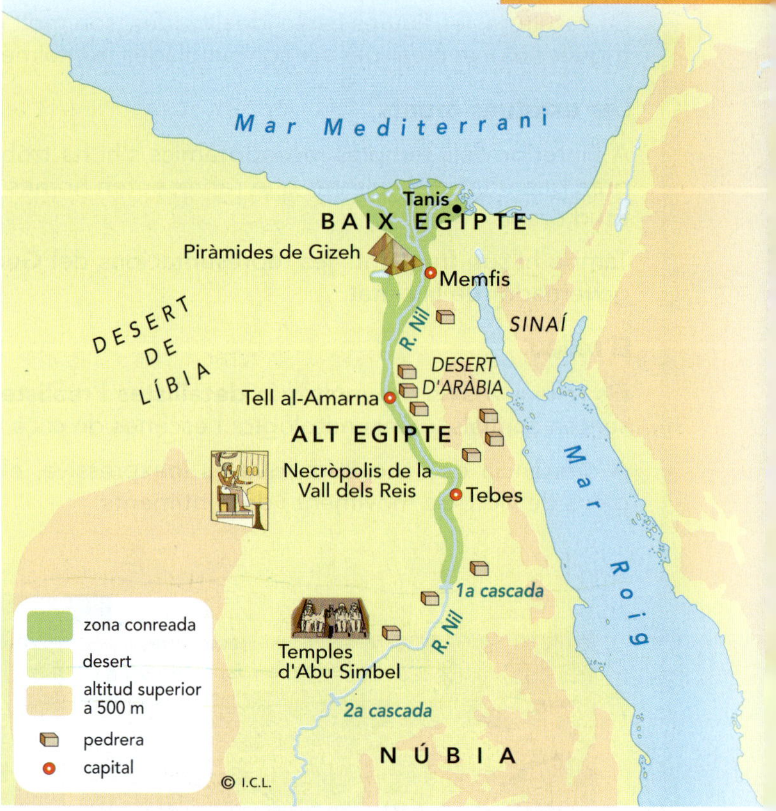

Les etapes de l'antic Egipte

PERÍODE INICIAL 3000-2686 a.C.	• Unificació de l'Alt i el Baix Egipte • Narmer, primer faraó
IMPERI ANTIC 2686-2160 a.C.	• Capital: Memfis • Construcció de les grans piràmides: Kheops, Kefren i Micerí • Expansió cap al sud, Núbia
Invasions	
IMPERI MEDI 2050-1650 a.C.	• Capital: Tebes • Reunificació d'Egipte • Expansió territorial a l'Orient Mitjà
Invasions	
IMPERI NOU 1550-1069 a.C.	• Capital: Tebes i Tall al-Amarna • Expansió territorial per l'Orient Mitjà. Ramsès II venç els hittites • Període de prosperitat • Fi de l'Egipte unificat
Invasions	
ÈPOCA TARDANA 684-30 a.C.	• Segle VI a.C.: Egipte esdevé província de l'Imperi persa • 332 a.C.: Egipte és conquerit per Alexandre el Gran • 305 a.C.: Egipte pertany al regne de Macedònia. Faraons grecs. Dinastia ptolemaica. • 69-30 a.C.: Egipte, província romana

Es molt important es de examen

... sota el poder del faraó...

El faraó tenia el poder absolut (polític, militar i religiós). Era considerat un déu (**teocràcia**) i tenia la missió de governar en nom de la divinitat, preservar l'ordre i dirigir l'exèrcit. També era l'amo de totes les terres i controlava les obres de reg.

Una sèrie de **funcionaris** i **sacerdots** s'encarregaven de fer complir escrupolosament les lleis dictades pel faraó i d'imposar la seva justícia.

Ells administraven el regne, supervisaven les collites, controlaven el comerç, imposaven els tributs i també custodiaven els temples.

El faraó solia dur el cap cobert amb el nemes o la doble corona, que simbolitzava la unió de l'Alt i el Baix Egipte.

... va culminar en un gran imperi

Les relacions d'Egipte amb els pobles veïns (**assiris, hittites**) van variar al llarg del temps: sovint en van ser aliats en les relacions comercials, però de vegades s'hi van enfrontar.

Els desigs d'expansió territorial i la rivalitat per posseir terres i riqueses van dur Egipte a la conquesta d'altres pobles i a la creació d'un imperi, que es va expandir cap a l'Orient Mitjà.

La possessió d'un imperi va aportar a Egipte matèries primeres i béns, li va permetre cobrar tributs i va imposar unes relacions comercials en benefici propi.

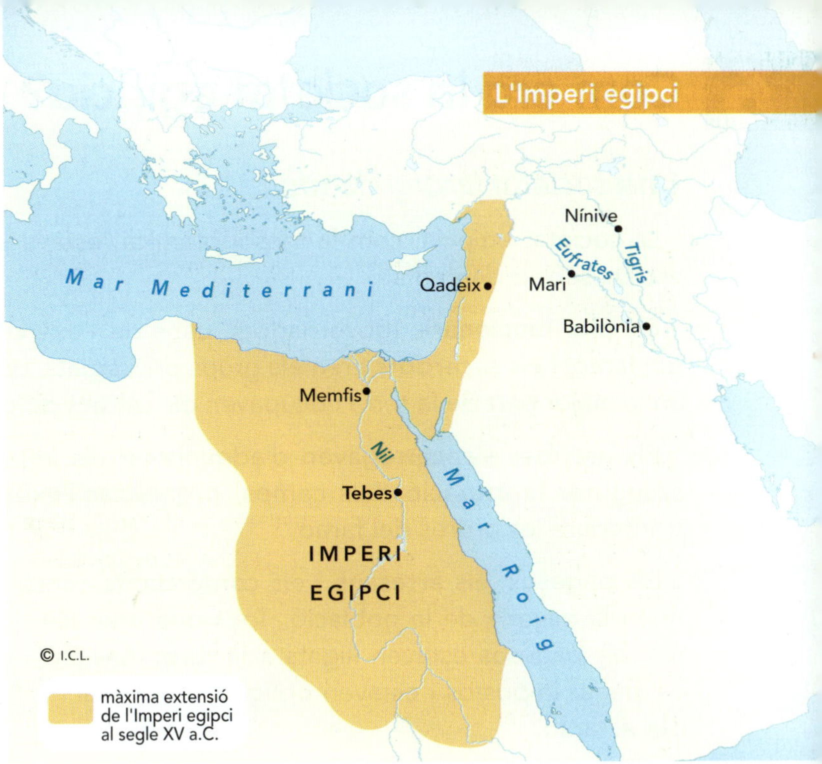

Ramsès II, dit el Gran, va ampliar l'imperi egipci i va vèncer els hittites a la **batalla de Qadeix** (l'actual Síria).
Per finalitzar el conflicte, va buscar una solució diplomàtica i va signar la pau amb el regne hittita (Tractat de Qadeix). Aquest tractat de pau es considera el més antic de la història (1258 a.C.) i va ser l'inici d'un llarg període de prosperitat per a Egipte.

Ramsès II a la batalla de Qadeix, pintura del temple de Beit al-Wali, 1285 a.C.

Comprenc

24. Explica com es van unificar les terres d'Egipte. Qui va ser el primer faraó d'Egipte?
25. Quins poders concentrava el faraó en la seva persona? Què significa que el poder del faraó era teocràtic, absolut i hereditari?
26. Mira el mapa de l'imperi egipci i explica com es va expansionar i cap a on.

Comparo

27. Quines semblances pots trobar entre les formes d'estat de Mesopotàmia i les d'Egipte? Explica quina és la diferència més important entre totes dues.

Raono

28. Quines causes o quins interessos porten els estats a voler expansionar-se cap a noves terres i a la creació d'imperis?

Pensament crític | Identifico fets i opinions

29. Llegeix les frases següents:

Narmer va unificar l'Alt i el Baix Egipte.	Egipte va ser conquerit per l'Imperi persa.
Ramsès II va ser el millor faraó d'Egipte.	Les lleis del faraó sempre eren justes per al seu poble.

– Quines són fets comprovats? Quines són una opinió? Com n'has fet la diferenciació?
– Escriu tres frases en relació amb els continguts d'aquest apartat que narrin fets i tres que mostrin una opinió.
– Per què creus que el faraó Ramsès II és anomenat "el Gran"? Segons el teu punt de vista, què valores més, que conquerís nous territoris o que signés una pau duradora amb els enemics. Raona la resposta.

6 Com era la societat egípcia?

L'organització social i política d'Egipte

Una societat jerarquitzada...

La societat egípcia, com la mesopotàmica, estava jerarquitzada en estrats socials diferents:

Els **alts funcionaris** (governadors, caps de l'exèrcit, escribes del faraó) i els **sacerdots** eren els grups privilegiats, que posseïen la major part de la terra i ocupaven els càrrecs de poder.

Els escribes s'encarregaven d'administrar els impostos, assegurar la irrigació dels camps, organitzar l'exèrcit i transcriure les ordres del faraó.

Els **pagesos**, els **artesans** i els **comerciants** constituïen la majoria de la població. Tot i que eren lliures, els pagesos estaven lligats a la terra, havien de pagar impostos i estaven obligats a treballar per al faraó.

També hi havia un nombre reduït d'**esclaus**; la majoria havien estat capturats en la guerra o eren persones endeutades.

La piràmide social

La societat egípcia

Les reines faraó

Les dones també podien exercir el càrrec de faraó. Cinc dones van tenir aquest càrrec. Són especialment remarcables **Hatxepsut** i **Nefertiti**, la qual, per voluntat del seu espòs, Amenofis IV, va ser reina en igualtat amb ell.

Bust de la reina Nefertiti, 1370-1330 a.C.

La piràmide egípcia

3. El trasllat a la tomba

Després dels funerals, es col·locava el sarcòfag en una **barca funerària** i era traslladat en processó fins a la tomba, que havia de quedar ben segellada per tal que perdurés intacta durant tota l'eternitat.

Al llarg de la història d'Egipte hi va haver tres grans tipus de tombes: la **mastaba**, la **piràmide** i l'**hipogeu**.

La mastaba

Les primeres tombes van ser unes construccions senzilles, que amagaven una cambra funerària colgada sota terra.

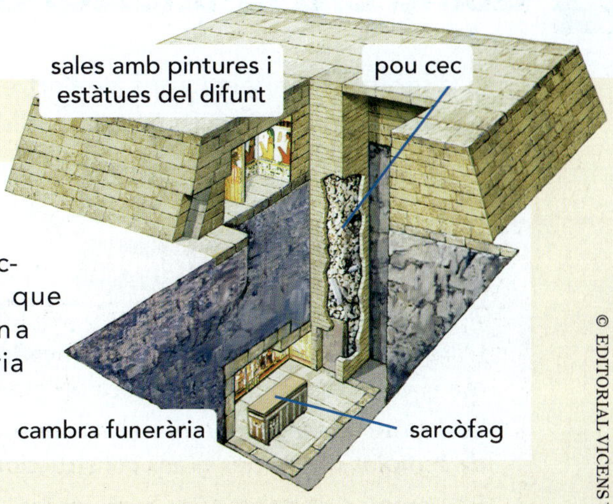

La piràmide

La piràmide era una construcció piramidal de grans dimensions.

Per impedir el robatori i el saqueig de la tomba, l'entrada estava amagada i a l'interior s'hi feien galeries que duien a cambres funeràries falses. Les veritables, plenes de tresors, estaven amagades i tapiades amb un mur.

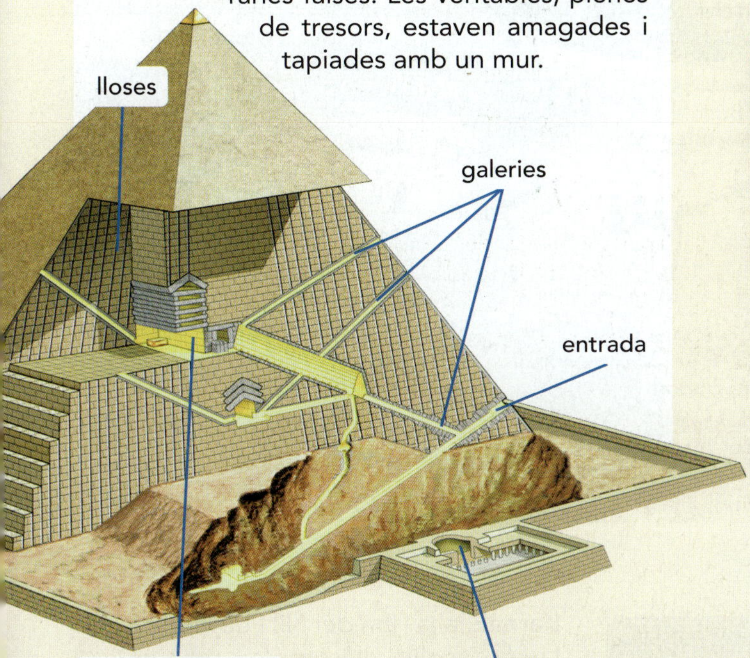

L'hipogeu

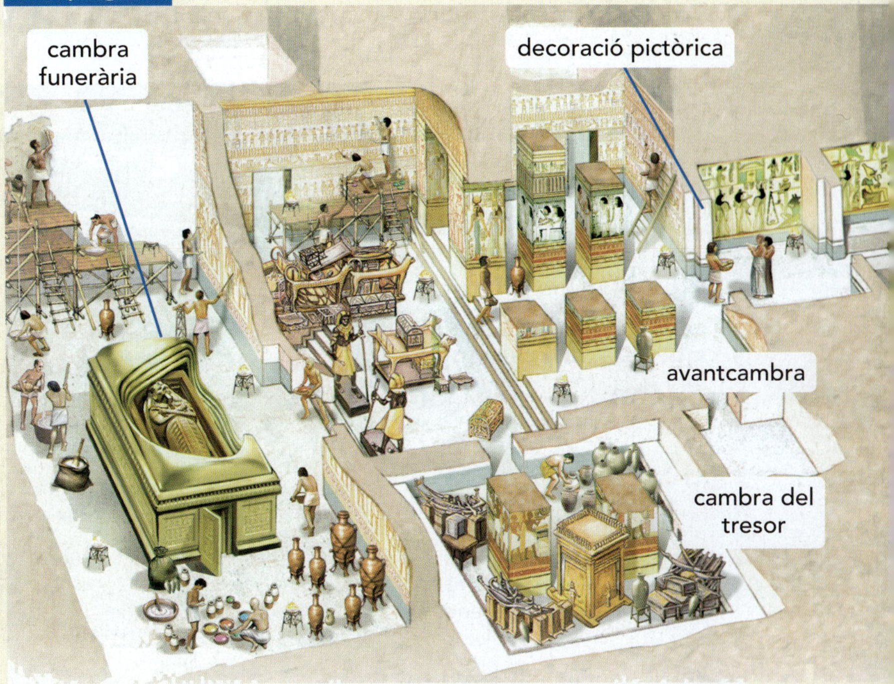

Per evitar el saqueig de les tombes, que era cosa freqüent, van construir hipogeus, unes grans cambres funeràries amagades sota terra i profusament decorades amb pintures.

4. El judici d'Osiris

Osiris sotmetia el difunt a un judici davant el tribunal dels morts. Si el superava, entrava al seu regne, però si fracassava, era devorat per un animal.

El *Llibre dels morts*, que es col·locava a la tomba, contenia les regles sobre com calia comportar-se davant el tribunal.

9 Quina era la finalitat de l'art egipci?

Les diferents manifestacions de l'art egipci (arquitectura, escultura i pintura) tenien una funció propagandística orientada a glorificar els déus i enaltir els faraons.

L'ARQUITECTURA: EL TEMPLE

L'arquitectura egípcia era arquitravada (o allindanada) i tendia al **colossalisme**, és a dir, era de grans dimensions.

Les construccions funeràries (mastabes, piràmides i hipogeus) i els temples van ser les grans construccions egípcies.

Els temples es construïen amb pedra. No s'hi feien servir ni l'arc ni la volta, i el pes de les cobertes planes es transmetia a les enormes **columnes** a través d'una **llinda** o arquitrau. A les parets dels murs s'hi gravaven relleus i s'hi pintaven escenes.

L'edificació seguia sempre una mateixa estructura: rere una porta emmarcada per dos grans pilons, hi havia un **pati porxat**, una **sala hipòstila** amb grans columnes i un **santuari**, que era la residència del déu.

El temple de Ramsès III a Medinet Habu, darreries del II mil·lenni a.C.

Sala hipòstila del temple d'Amon de Karnak, que conté 134 columnes, algunes de les quals fan fins a 23 m d'altura.

Karnak, a la riba del Nil i davant de Luxor, acollia el complex religiós més important d'Egipte.

El recinte, dedicat a Amon i d'altres divinitats, feia 2400 m de perímetre i estava voltat d'una muralla de 8 m de gruix.

L'ESCULTURA I LA PINTURA

L'escultura i la pintura representen també el poder i la glòria dels mandataris. Per això, els seus personatges mostren trets idealitzats i produeixen una gran sensació de **majestuositat**.

Igual com l'arquitectura, l'escultura egípcia és de grans dimensions. Presenta figures frontals, sense perspectiva i amb els braços enganxats al cos (**llei de la frontalitat**).

Les imatges no eren realistes, sinó que estaven idealitzades segons la categoria social del personatge. Hi predominen les estàtues exemptes que representen als reis i als déus.

Estàtua colossal de Ramsès II al temple de Luxor, segle XIII a.C.

Esfinx de Gizeh, 2500 a.C.

Només ens ha pervingut la pintura egípcia que decorava temples i tombes. Les figures es dibuixaven seguint unes normes molt peculiars:

- Uns trets es representen **de perfil** (els peus, els braços i la cara) i d'altres, **de cara**, (el cos i els ulls).
- Mostraven una actitud rígida i amb poc moviment.
- La grandària estava relacionada amb la categoria social.
- Es representaven amb aspecte idealitzat, poc realista.
- Els objectes es representaven frontalment, i els colors eren plans.

Pintures de la tomba de l'escriba Nebamun i la seva esposa a la necròpolis de Tebes, 1400-1350 a.C.

Fitxa ART

47. Fixa't en la pintura de la tomba de Nebamun i fes-ne la fitxa artística:

- **a. Descripció i iconografia.** On es situa l'escena? Quins personatges, animals i plantes s'hi veuen? Quina activitat fan? Quins instruments utilitzen?
- **b. Anàlisi artística.** Quines característiques de la pintura egípcia pots destacar en aquesta escena? Què significa la diferència de grandària dels personatges?
- **c. Relació entre art i societat.** Amb quina finalitat es feien les pintures que cobrien les parets de les tombes?

Observo i comprenc

48. Observa la figura del faraó Ramsès II i justifica per què utilitzem aquests adjectius per descriure-la: monumental, frontal, simètrica, hieràtica, estàtica, idealitzada, majestuosa.

Comparo

49. Assenyala diferències i semblances entre l'arquitectura egípcia i la mesopotàmica. Quina funció tenia la llinda? I la volta?

Elaboro

50. Dibuixa un autoretrat de cos sencer seguint els cànons de la pintura egípcia. Hi pots enganxar una fotografia de perfil del teu cos per fer-lo una mica més realista.

Patrimoni històric i artístic |

Relaciono art i societat

51. Pots explicar, utilitzant les imatges a tall d'exemple, per què es considera que l'art egipci estava al servei del poder dels faraons?

1. Resumeixo l'essencial

- Les primeres grans civilitzacions urbanes que van desenvolupar un sistema d'escriptura propi van néixer cap al IV mil·lenni a.C. a la vora dels rius Tigris i Eufrates (Mesopotàmia) i Nil (Egipte).

El desenvolupament de l'agricultura i les ciutats

- El control de l'aigua dels rius va permetre el creixement de la producció agrícola, que va propiciar els intercanvis comercials, el desenvolupament de l'artesania i el naixement de les primeres ciutats.
- La majoria dels habitants de Mesopotàmia i Egipte eren pagesos i conreaven petites parcel·les. Una part de la collita es lliurava al monarca, als nobles i als temples. A les ciutats hi vivien els artesans. El nombre d'esclaus era molt reduït.

L'organització dels primers estats

- A Mesopotàmia van sorgir ciutats estat independents i a Egipte, un estat centralitzat.
- Els primers monarques o faraons es consideraven representants de Déu a la Terra i gaudien d'un poder absolut (religiós, polític i militar). Per governar comptaven amb l'ajut dels sacerdots, els alts funcionaris i l'exèrcit.

La religió

- Les religions egípcia i mesopotàmica eren politeistes, és a dir, adoraven diversos déus.
- Per venerar els déus es van construir molts temples, que eren alhora centres religiosos, econòmics i científics. Els temples representaven la residència dels déus i els sacerdots havien de tenir-ne cura, retre'ls culte i obsequiar-los amb ofrenes.
- El zigurat era el temple mesopotàmic. Es construïa amb maons i incorporava l'arc i la volta. El temple egipci era de pedra, esculpida amb relleus o decorada amb pintures, i arquitravat.
- Els egipcis creien en l'existència d'una vida després de la mort. Per poder accedir a la vida d'ultratomba, calia complir un ritual molt estricte: la momificació del cos i el judici d'Osiris.

Un art per a l'eternitat

- L'arquitectura funerària va tenir un gran desenvolupament a Egipte, on van destacar les mastabes, les piràmides i els hipogeus. Les parets d'aquestes tombes eren plenes de relleus i pintures amb escenes de la vida quotidiana i representacions dels déus.

a. Completo el mapa conceptual

Copia i completa al quadern aquest mapa conceptual:

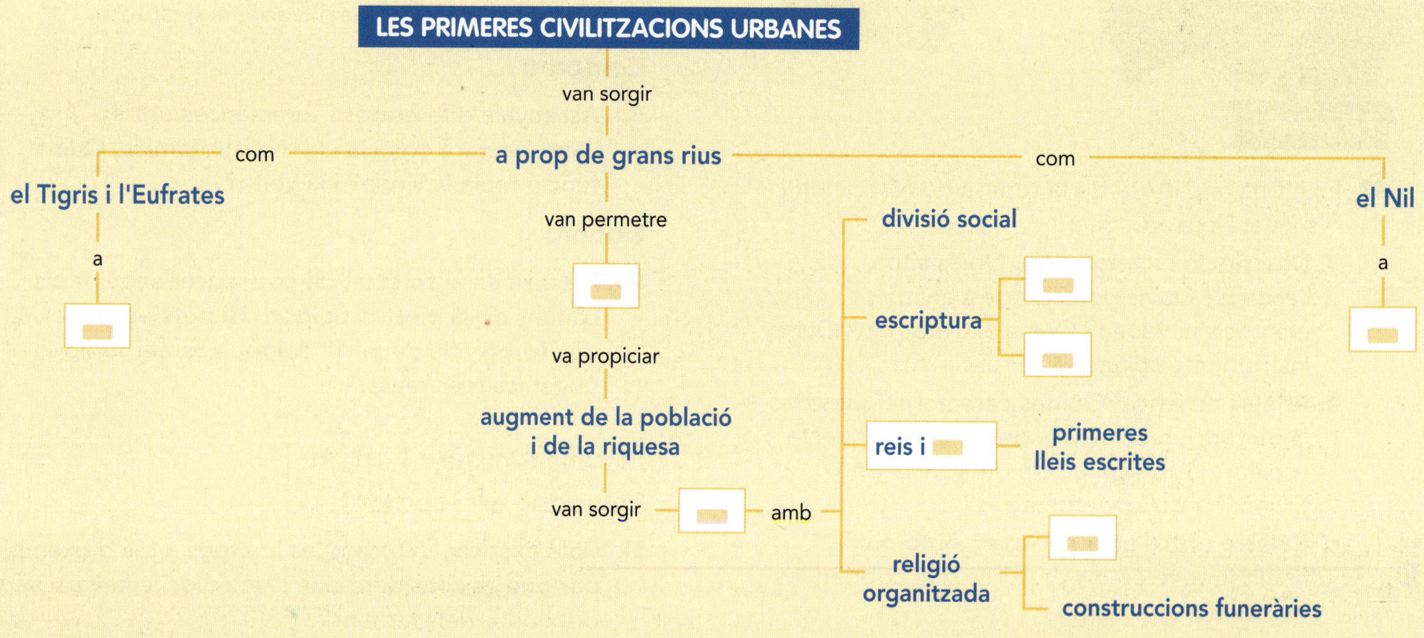

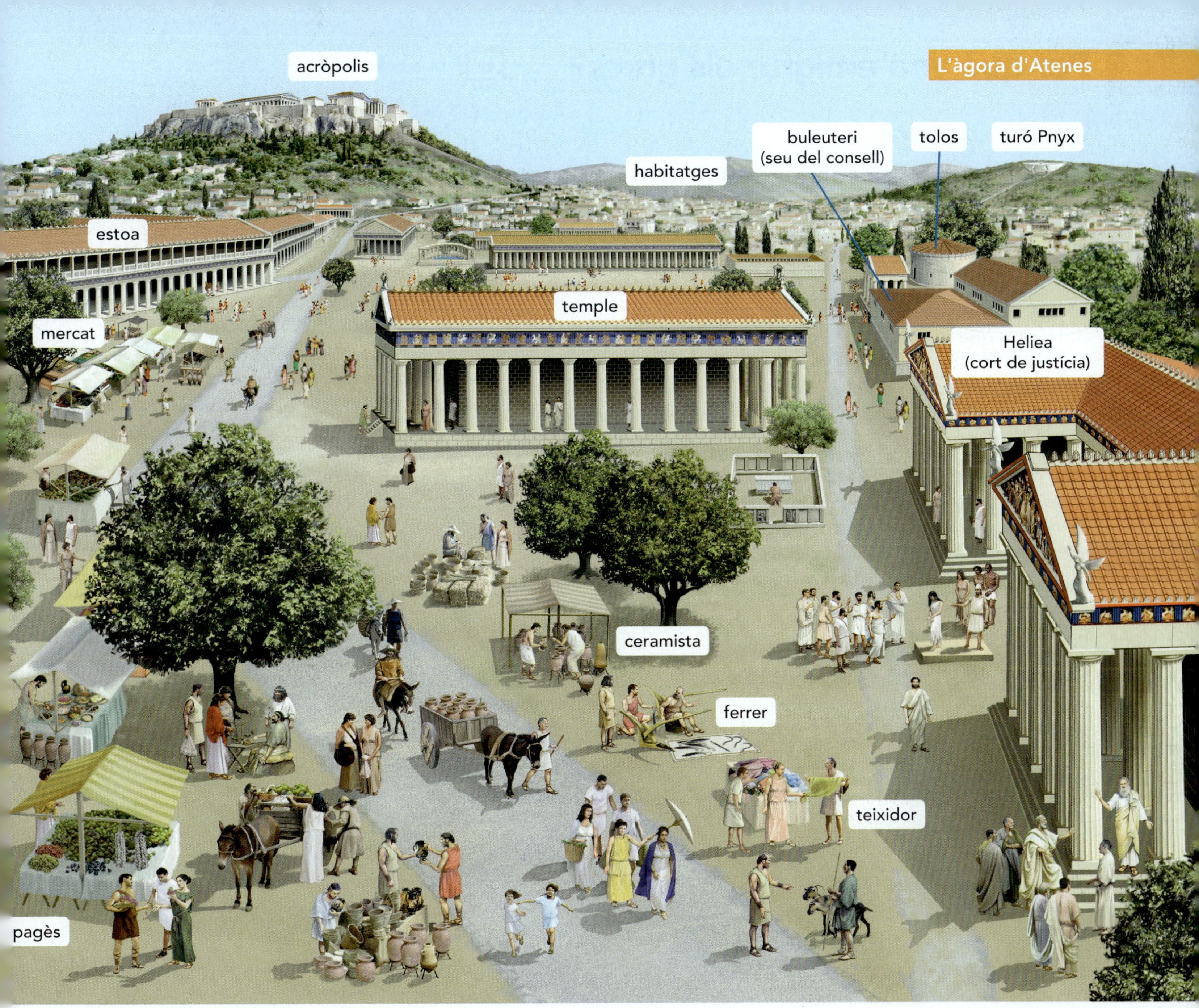

Observo i comprenc

7. Fixa't en el dibuix de la polis i observa'n atentament les diferents parts:

– Quines dues grans zones diferenciades hi havia en una polis? Quina funció tenia cadascuna?

8. Fixa't atentament en el dibuix de l'àgora de la polis d'Atenes:

– Quins edificis hi havia a l'àgora? Descriu-los i explica'n la funció.

– Enumera les activitats que es feien a l'àgora.

– Com es feia la venda de mercaderies? Quin mitjà s'utilitzava per transportar-les?

Analitzo

9. En què s'assemblaven i en què es diferenciaven les diverses polis?

10. Explica què caracteritza cada una de les diferents formes de govern que es mostren a l'esquema.

Passat i present | Relaciono ahir i avui

11. Creus que a les nostres ciutats i pobles actuals hi ha algun indret semblant a l'àgora grega? Justifica la resposta.

12. Digues quines formes de govern de l'esquema existeixen actualment. Justifica la resposta.

3 Per què van emigrar els grecs?

Una colònia grega

Les raons per partir...

L'extensa costa grega i el gran nombre d'illes van fer dels grecs uns **navegants experts**. La via marítima havia estat de sempre el seu eix principal de comunicació i de comerç, de manera que el fort vincle dels grecs amb el mar va facilitar-los l'**emigració** cap a terres llunyanes.

Pagesos sense propietats que aspiraven a trobar bones terres, ciutadans que temien caure en l'esclavatge perquè no podien pagar els deutes, persones que fugien de governs tirànics, comerciants que volien ampliar els seus mercats i mariners amb el delit de l'aventura formaven les expedicions que partien des dels seus llocs d'origen.

Els governs de les polis van fomentar les migracions perquè això feia minvar el nombre de desocupats, perquè la construcció de naus esdevenia una font d'ingressos molt important i perquè, a més, es reduïa la conflictivitat social.

L'emigració dels foceus

Contrariats per l'escassetat i la pobresa de les terres de conreu, els foceus havien de guanyar-se la vida amb la pesca, amb el comerç i, fins i tot, amb la pràctica de la pirateria.

Per això van gosar desafiar l'oceà i navegar fins a la riba més occidental.

JUSTÍ: *Històries filípiques*, segles II-III.

La colonització grega

La zona més important de la colonització grega al Mediterrani va ser el sud d'Itàlia i Sicília (**Magna Grècia**), però també van arribar fins a les costes de la **península Ibèrica**. Cap a Orient, els grecs es van expandir per les ribes del mar Negre.

Naus comercials

Els colonitzadors van utilitzar naus comercials, que tenien un buc molt gran per estibar-hi la càrrega. Solien tenir entre 13 i 15 m d'eslora, un únic pal i una vela quadrada; tenien poc calat i es podien avarar fàcilment a la platja.

Acostumaven a navegar entre els ports sense apartar-se de la costa (**navegació de cabotatge**) i només navegaven en mar obert quan era del tot imprescindible.

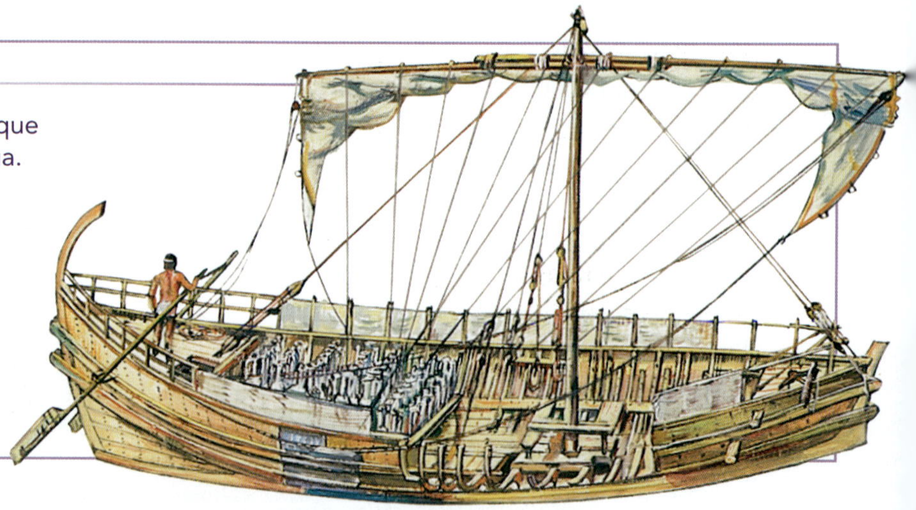

Les colonitzacions i les migracions indoeuropees

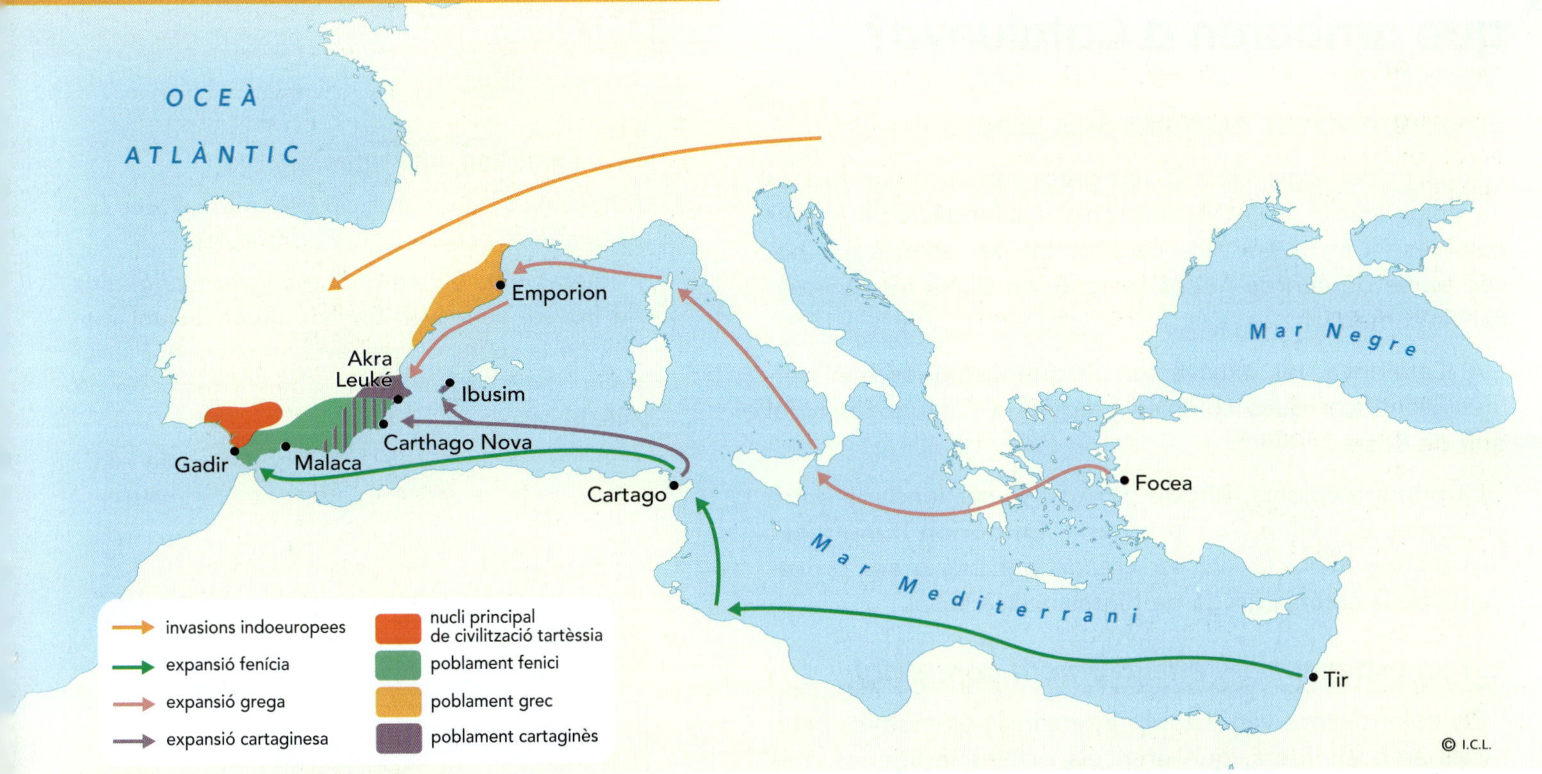

El regne de Tartessos

Des del primer mil·lenni a.C., el sud de la península Ibèrica va estar habitat pel regne de Tartessos, que ocupava les actuals províncies de Huelva, Sevilla i Cadis.

La seva **economia** estava basada en l'agricultura, la ramaderia i la pesca. Però la seva riquesa principal procedia dels **metalls**, sobretot or, plata i estany, que intercanviaven amb els pobles colonitzadors (fenicis i grecs).

La **societat** estava dominada per una aristocràcia que tenia les riqueses i el poder. A la cúspide social hi havia un monarca. Coneixien l'escriptura, i les seves ciutats van assolir un notable desenvolupament tecnològic i urbanístic.

En el segle VI a.C., Tartessos va desaparèixer, possiblement per l'exhauriment de les seves riqueses o vençut pels cartaginesos.

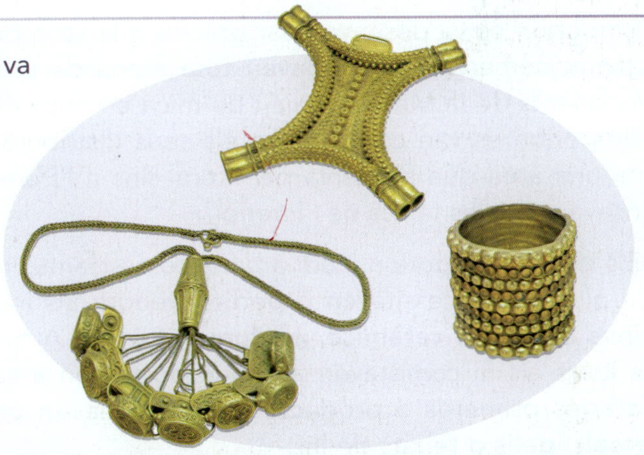

Joies del tresor tartessi d'El Carambolo (Sevilla), segle VII a.C.

Comprenc

40. Quins pobles van colonitzar la península Ibèrica? D'on provenien? On es van assentar?

41. Qui eren els indoeuropeus? Quan van arribar a la península Ibèrica? On es van instal·lar?

42. On estava situat el regne de Tartessos? Quina era la seva riquesa principal? Quines relacions va establir aquest poble amb els pobles colonitzadors?

Analitzo

43. Pots explicar la diferència entre establir una colònia en un territori i conquerir-lo militarment?

Canvi i continuïtat | Comprenc l'evolució històrica

44. Què va significar per als pobles autòctons de la península Ibèrica l'arribada de pobles colonitzadors?

45. Creus que van ser un element de canvi de les formes de vida autòctones? Justifica la resposta.

9 On es van establir els grecs que arribaren a Catalunya?

Emporion va ser fundada pels grecs...

A partir del segle VIII a.C., els grecs van iniciar un procés de colonització de la Mediterrània. La fundació de noves colònies va esdevenir una oportunitat per aconseguir noves terres de conreu i nous mercats on dur a terme intercanvis comercials.

A Catalunya, les excavacions arqueològiques han permès identificar dues colònies gregues a l'actual zona del golf de Roses.

La primera colònia, **Rhode** (Roses), va ser fundada entre els segles IX i VIII a.C., i la segona, **Emporion** (Empúries), cap a l'any 575 a.C., va ser creada per uns grecs procedents de la colònia grega de Massàlia (Marsella).

... i va esdevenir un enclavament comercial

Els colons grecs van establir intercanvis econòmics i culturals amb els ibers, que eren els pobles indígenes dels territoris colonitzats. Malgrat que els grecs d'Emporion i els ibers mai van conviure en els mateixos espais urbans, els **intercanvis** van ser molt freqüents.

Emporion es va desenvolupar gràcies a la seva pròspera activitat comercial. Hi arribaven tota mena de productes procedents de la Mediterrània i de mica en mica els grecs d'Emporion es van convertir en els seus distribuïdors per tota una àrea que s'estenia pel litoral fins a l'Ebre i s'endinsava cap a les terres de l'interior.

Els grecs d'Emporion, com a bons comerciants, importaven allò que necessitaven o podien vendre als indígenes (**eines de ferro, ceràmica, perfums, vi i oli**). Al seu torn, els ibers els hi compraven allò que no tenien a canvi de matèries primeres o productes que conreaven (**metalls, cereals, pells o teixits de lli**).

Vista aèria de les restes arqueològiques d'Emporion.

EMPORION

1 Emporion, una colònia grega

Emporion és una fundació dels massaliotes (...) és una terra tota feraç i té bons ports. (...)

Primerament, els emporitans [grecs originaris de Focea] ocupaven un illot situat davant mateix de la costa, el qual avui anomenem Palaiàpolis, però, actualment, viuen a terra ferma [Neàpolis].

ESTRABÓ: *Geografia*, segle I a.C.

2 La neàpolis d'Emporion

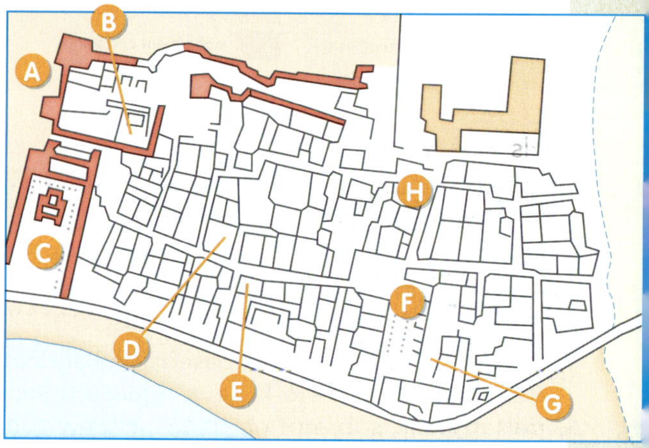

A: Muralla
B: Asklepieion
C: Serapieion
D: Factoria de salaons
E: Tabernae (botigues) i cisternes d'aigua
F: Àgora, plaça pública
G: Estoa, mercat públic
H: Habitatges

Comprenc

46. Quina va ser la primera colònia fundada pels grecs a Catalunya? Quan la van fundar?

47. D'on provenien els fundadors d'Emporion? En quantes fases es va constituir?

48. Quina era la principal activitat econòmica d'Emporion? Amb qui comerciava?

3 L'àgora i l'estoa

El centre de la polis era l'**àgora** (**F**), la plaça pública on confluïen els dos carrers principals. Al seu voltant hi havia l'**estoa** (**G**), un edifici porticat, on s'acordaven els intercanvis comercials.

5 Els habitatges

Els colons grecs vivien i treballaven dins de la polis, que estava envoltada per una **muralla** (**A**). L'única sortida sense barreres era el mar.

A la zona nord-oest de la ciutat hi havia la zona d'**habitatges** (**H**). Les excavacions arqueològiques han permès recuperar alguns dels mosaics d'aquestes cases.

4 El comerç emporità

Els grecs d'Emporion no sortien mai si no era en un gran nombre. La causa que sortissin era el comerç que feien amb els hispans, inhàbils en l'art de la navegació, i que volien adquirir les mercaderies estrangeres que els seus veïns importaven per mar i exportar els productes dels seus camps.

TIT LIVI: *Ab Urbe condita*, segle I a.C.

Vas de ceràmica per emmagatzemar i transportar líquids, segle IV a.C.

6 La factoria de salaons

A la **factoria de salaons** (**D**) es salava el peix perquè es conservés en bon estat i es pogués transportar i comercialitzar.

Un cop finalitzat el procés de conservació era envasat en àmfores per al seu comerç. Amb les parts excedentàries del peix (espines i vísceres) s'elaboraven salses per a condimentar, la més coneguda era el *garum*.

7 Asclepi d'Emporion (segle II a.C.)

A Emporion hi havia dos recintes:

- Un dedicat al déu de la medicina Asclepi (**B**: **Asklepieion**), on es va trobar una estàtua d'aquest déu, que va ser feta a Grècia i traslladada per mar.
- Un altre dedicat a Isis i Zeus Serapis (**C**: **Serapieion**).

tiching.com/778704
Per saber més d'Emporion.

Empatia | Em poso en la seva mentalitat

49. Imagina't que ets un grec d'Emporion que rep un encàrrec d'un comerciant de Focea. Et demana que carreguis la seva nau amb productes de la zona.

Escriu una carta al comerciant detallant els aspectes següents:

- Com és la colònia d'Emporion i quines similituds amb la seva polis grega trobarà quan la visiti.
- Quins carregaments posaràs al vaixell i com aconseguiràs els productes.
- A quin lloc de la colònia l'esperaràs per fer els tractes comercials.

1. Resumeixo l'essencial

L'Hèl·lade

- Cap al segle IX a.C., la cultura grega es va estendre per totes les illes i les terres que envoltaven el mar Egeu i hi van conformar l'Hèl·lade. Els seus habitants compartien la llengua i el sistema d'escriptura, la literatura, el territori, la història i la religió.
- Els habitants de l'Hèl·lade també tenien uns orígens comuns, tant mitològics com històrics. Dels pobles que es van anar instal·lant a la península Balcànica i les seves illes, en van sorgir dues civilitzacions, la minoica i la micènica, que són base de la grega.
- L'Hèl·lade no tenia unitat política. Els hel·lens vivien en ciutats estat (polis) amb formes de govern diverses (tirania, oligarquia, democràcia, monarquia).

Les colonitzacions

- Alguns ciutadans van viatjar a terres llunyanes i hi van fundar colònies. La cultura grega es va estendre pel Mediterrani i, també, l'activitat comercial.
- A les colònies, s'hi reproduïa l'estructura de les ciutats gregues i s'hi construïen els mateixos tipus d'edificis. Els seus habitants es dedicaven als treballs agrícoles i comerciaven amb els indígenes i la ciutat d'origen.
- Al territori de l'actual Catalunya els grecs van fundar Emporion, un important enclavament comercial.

Atenes contra Esparta

- Després de derrotar els perses a les guerres mèdiques (499-449 a.C.), Atenes va iniciar el seu període d'esplendor màxima. S'hi van desenvolupar les institucions democràtiques, elegides pels ciutadans.
- Atenes va créixer i va esdevenir la ciutat hegemònica de l'Hèl·lade i va fundar la Lliga de Delos, que va unir diverses ciutats sota el seu comandament.
- Esparta, una ciutat governada per l'oligarquia i molt militarista, va recelar del poder d'Atenes i va propiciar la unió de diverses ciutats per enfrontar-s'hi. Les guerres del Peloponès van posar fi a l'època d'esplendor de les polis.

L'imperi d'Alexandre

- Macedònia, un regne situat al nord de la península Balcànica, va aprofitar la feblesa de les polis i va conquerir l'Hèl·lade.
- Més endavant, Alexandre el Gran va construir l'imperi més gran de l'Antiguitat, que arribava fins als confins del món conegut (l'Índia). En aquest imperi s'hi va estendre la cultura hel·lenística.
- Amb la mort d'Alexandre el Gran, el seu imperi es va dividir en regnes independents: els regnes hel·lenístics.

ACTIVITAT COL·LABORATIVA pàg. 287
Debatem a classe

a. Completo el mapa conceptual

Copia al quadern aquest mapa conceptual i completa'l:

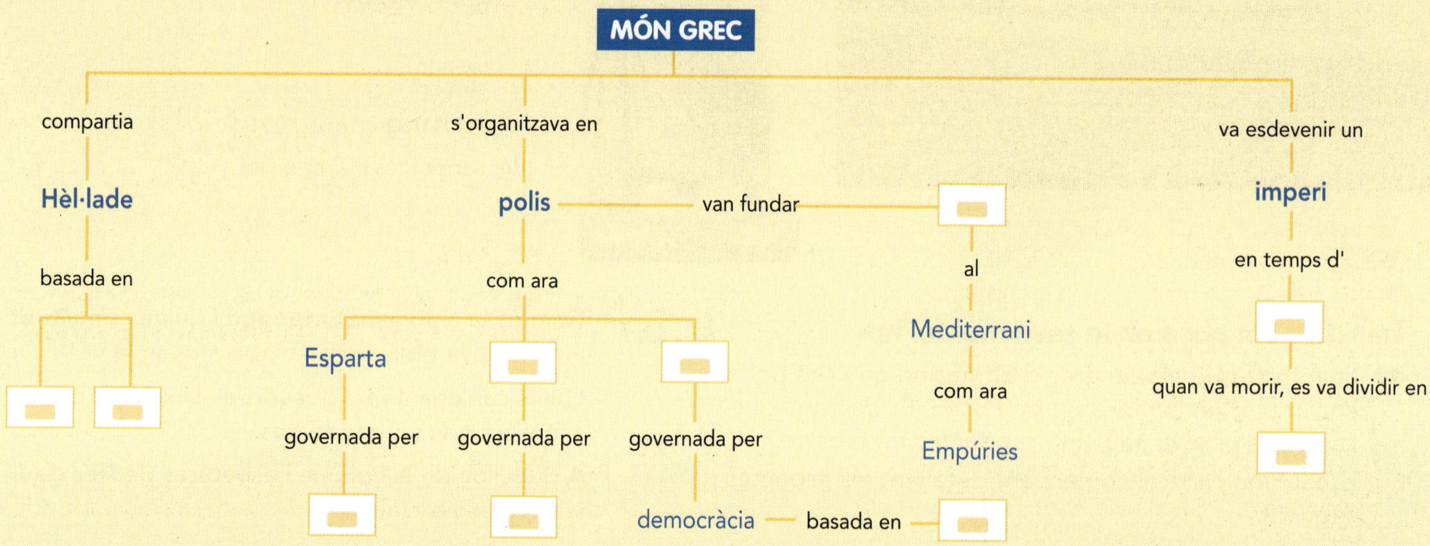

2. Repasso el que he après

a. Sintetitzo

- Què era l'Hèl·lade? Què unia els seus habitants?
- Com es governava Atenes al segle V a.C.? I Esparta? Quin imperi va crear Alexandre el Gran? Què van ser els regnes hel·lenístics?

b. Defineixo conceptes

- oligarquia
- democràcia
- ostracisme
- Hèl·lade
- polis
- demagog
- metròpolis
- tirania

c. Situo la cronologia

Copia aquests fets de la civilització grega, posa-hi la data i ordena'ls cronològicament:

- Guerra del Peloponès.
- Fundació d'Empúries.
- Cultura micènica.
- Regnes hel·lenístics.
- Hegemonia de Macedònia.
- Hegemonia d'Atenes.

d. Explico l'esquema

Explica els elements que van configurar la civilització grega:

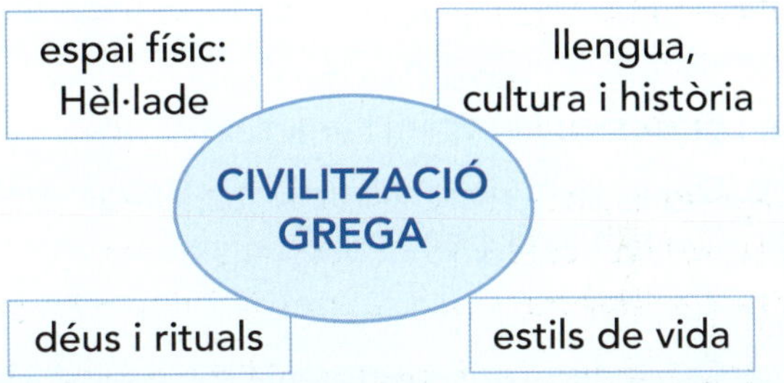

e. Identifico causes i conseqüències

Llegeix aquests conceptes i indica si són causa o conseqüència de les colonitzacions:

- Augment del comerç.
- Relleu muntanyós i terres poc productives.
- Encunyació de monedes (dracmes).
- Excés de població i escassetat de recursos.
- Difusió de la cultura grega.
- Avenços tecnològics en la navegació.
- Necessitat de recursos i matèries primeres.
- Generalització del conreu de la vinya i l'olivera al Mediterrani.
- Enriquiment dels artesans.

f. Completo un quadre resum

Copia aquest quadre resum sobre la civilització grega al quadern i completa'l:

	Esparta	Atenes	Imperi d'Alexandre
Quina extensió té l'Estat?	la ciutat i el seu territori		
Quina és la seva forma de govern?	oligarquia		
Qui deté el poder?		ekklesia / assemblea	
Qui vota les lleis?			les decideix el rei

3. Aprenc a fer. Analitzar un mapa històric

1. Presentació

a. Identifica l'espai físic del mapa i els accidents geogràfics que el limiten (mars, rius...).

b. Quina part de la història de Grècia ens mostra? Quina n'és la cronologia?

2. Descripció

a. Quins territoris comprenia l'imperi d'Alexandre? Utilitza l'escala per calcular-ne l'extensió en línia recta, des de la ciutat de Pel·la, a Macedònia, fins al riu Indus.

b. Localitza en un atles els països actuals que van formar part de l'imperi d'Alexandre.

c. Què va passar amb l'imperi quan va morir Alexandre? Quins regnes en van sorgir i quins territoris comprenia cadascun? A quins regnes pertanyien les ciutats de Pèrgam, Alexandria, Antioquia i Selèucia?

3. Context històric

a. Per què Alexandre es va llançar a la conquesta d'un imperi oriental?

b. Quin tipus de govern tenien els regnes hel·lenístics? A quin tipus de govern s'assemblava més, al de Macedònia o al d'Atenes al segle V a.C.? Per què?

4. Valoració

a. Quines conseqüències culturals creus que va tenir la conquesta grega en aquests territoris? Comenteu aquesta valoració a classe.

4. Situo en l'espai i el temps. La civilització grega

a. Identifica a quins continents corresponen les lletres A, B i C.

b. Quins mars i oceans es corresponen amb les xifres romanes de l'I al VI?

c. Completa la llegenda al quadern segons el significat dels colors groc i verd.

d. Relaciona cada nombre amb una d'aquestes ciutats gregues: Atenes, Emporion, Delfos, Esparta, Focea, Siracusa i Cirene.

e. Digues el nom de la península on es va ubicar la civilització grega i el de la península on hi ha Esparta.

f. Digues el nom de les illes indicades amb les lletres a, b i c.

5. Interpreto fonts materials. L'*Odissea*

1

2

Les imatges pertanyen a dues ceràmiques gregues i il·lustren dos episodis de l'*Odissea*, escrita per Homer. Per resoldre les activitats següents, has de cercar informació a Internet:

a. Explica breument l'argument de l'*Odissea*.

b. A la imatge 1, hi podem veure Ulisses, l'heroi de l'*Odissea*, lligat al pal d'una nau en el viatge de retorn a Ítaca. A la imatge 2, hi veiem la seva esposa, Penèlope, teixint. Descriu les pintures, identifica quin episodi de les aventures d'Ulisses mostren i explica què va passar a cadascuna.

c. Què és per a tu una odissea? Descriu una situació que mereixeria aquest nom. Quina relació pots establir entre el concepte actual d'odissea i el títol de l'obra d'Homer?

d. L'*Odissea* ha donat lloc a algunes expressions que utilitzem actualment. Què entendries si algú et digués "no facis cas dels cants de sirena"? I si et digués "aquest treball és com el teixit de Penèlope"?

6. Analitzo el vídeo

Una colònia grega

Mira atentament el vídeo sobre una colònia grega que et presentem a l'apartat 3: *Per què van emigrar els grecs?* Després, fes aquestes activitats:

a. Comprenc. Explica qui són els dos protagonistes del vídeo.

- D'on surten? A on han viatjat?
- A què es dediquen? Quina és la finalitat principal del seu viatge?
- És la primera vegada que visiten la colònia?

b. Contextualitzo. Situa el vídeo en el temps i en l'espai:

- En quin moment aproximat de la història de Grècia creus que té lloc aquesta escena?
- Què va ser la Magna Grècia?
- Per què es van fundar nombroses colònies gregues a les costes del mar Mediterrani?

c. Analitzo. A més de vendre els seus atuells, quines altres activitats fan Iassos i Nícies a la colònia?

- Quines són les activitats principals dels habitants de la colònia?
- Quines diferències hi ha entre les monedes de la polis i les de la colònia?
- Quins déus s'esmenten al llarg de tot el vídeo?
- Quines creus que són les raons per les quals s'esmenten?

d. Elaboro. Iassos i Nícies volen tornar a la colònia la primavera que ve.

Imagina com serà aquest viatge i escriu un relat sobre les activitats que faran.

10 Com va esdevenir Roma un gran imperi?

En aquest tema aprendràs:

- Quins són els orígens mitològics i històrics de Roma.
- Com es va organitzar la República romana.
- Com es va crear un gran imperi, com es governava i s'administrava i per què va caure.
- De quina manera vivien els romans i les romanes.
- Com es fa un esquema.

Començo

Observo...

- Com és aquest carrer del dibuix central i quines activitats s'hi fan?
- Compara'l amb un carrer comercial actual.
- Durant quants segles es va expandir la civilització romana? Quina extensió va assolir l'Imperi romà?

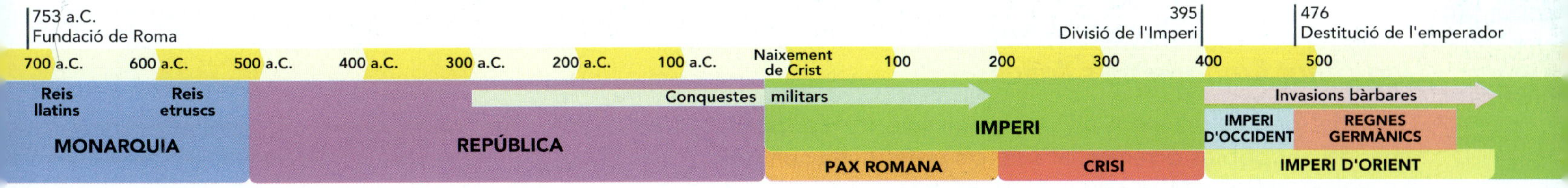

Recreació d'un carrer comercial de la Roma imperial.

... penso...

- Has vist alguna pel·lícula de romans? Quins aspectes te'n van interessar més? En recordes l'argument? I el nom d'algun personatge?
- Saps d'on prové el mot "bàrbar"? Quin significat tenia originàriament?

... i em pregunto

Després de veure el vídeo, planteja't dues preguntes que et semblin interessants sobre com va aconseguir la ciutat de Roma dominar la Mediterrània i posa-les en comú amb la resta de la classe.

1 Van fundar Ròmul i Rem la ciutat de Roma?

Una ciutat fundada pels llatins...

Des del primer mil·lenni a.C., la península Itàlica estava habitada per pobles diversos: al sud, els grecs hi havien fundat moltes colònies, i al centre hi vivien tres pobles, al voltant del riu Tíber: els **llatins**, els **sabins** i els **etruscos**.

A mitjan segle VIII a.C., els llatins i els sabins es van reagrupar per crear una vila al cim del turó Palatí: la van voltar amb un mur i es van organitzar i governar en forma de **monarquia**.

S'han trobat restes arqueològiques d'aquest poblat, que es va crear probablement en l'època en què la llegenda situa la fundació de Roma per Ròmul.

... consolidada pels reis etruscos...

Cap a l'any 600 a.C., els etruscos van envair el Laci i van convertir Roma en una autèntica ciutat. Dels **set reis** que va tenir la Roma primitiva, quatre van ser etruscos.

Aquests reis van encerclar els set turons amb una muralla, van aixecar un circ i un temple al cim del Capitoli, i van construir la Cloaca Maxima.

Els reis de Roma acumulaven tots els poders: administraven justícia, dirigien l'exèrcit i eren grans sacerdots.

Governaven amb l'ajuda d'un **Senat**, format pels membres de les grans famílies aristocràtiques.

La península Itàlica al segle VIII a.C.

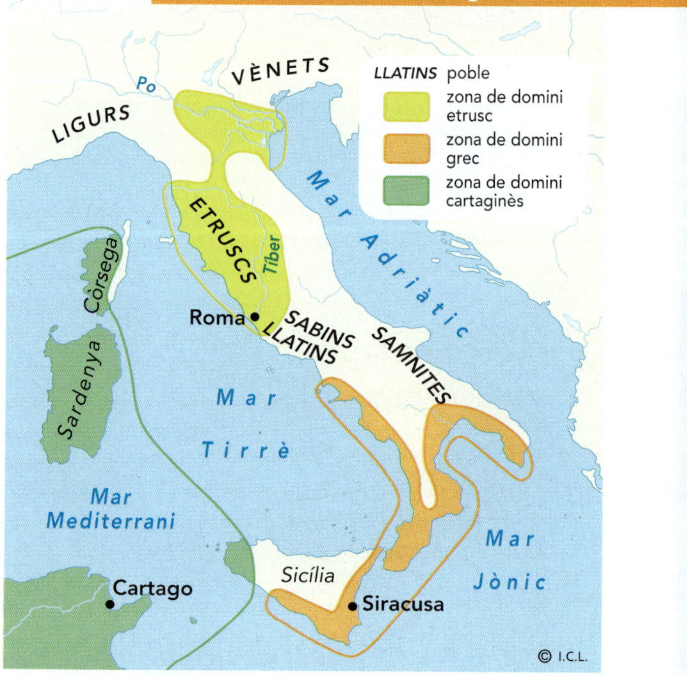

LA HISTÒRIA

Plànol de la Roma primitiva

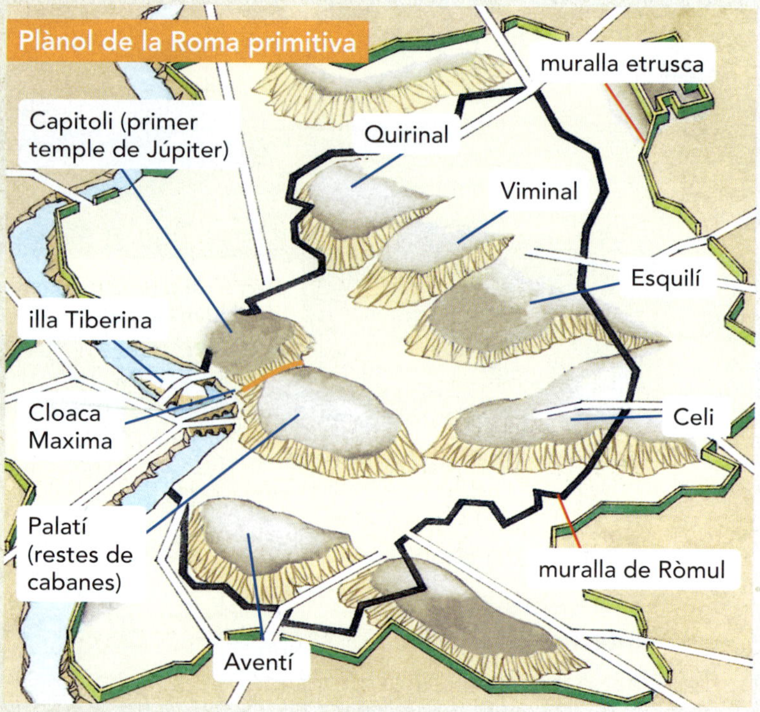

Les troballes arqueològiques

La ciutat de Roma es va crear en un indret delimitat per set turons, on el riu Tíber descriu una corba.

Es conserven una sèrie de vestigis arqueològics de la Roma primitiva:

- Poblats anteriors al segle VIII a.C.
- Muralla de Ròmul (segle VIII a.C.).
- Muralla del rei etrusc Servi Tuli (segle VII a.C.).
- Restes de cabanes (segle VIII a.C.).
- Temple de Júpiter.
- Cloaca Maxima, segle VI a.C. (va dessecar la zona del fòrum i va portar les aigües al Tíber).

Restes de la Cloaca Maxima de la Roma primitiva.

... i amb uns suposats orígens mitològics

Tots hem sentit parlar dels bessons Ròmul i Rem, a qui s'atribueix la fundació de la ciutat de Roma. Saps què hi ha de cert i de llegendari en aquesta història?

El poeta llatí **Virgili** i l'historiador **Tit Livi** (tots dos van viure al segle I a.C.) van voler donar a la ciutat de Roma un origen prestigiós. Per això van vincular la fundació de Roma al grec **Enees**, un semideu, fill de la deessa Venus i heroi de la guerra de Troia, que es va establir a la regió del Laci.

Pintura ceràmica que mostra Enees abandonant Troia amb el seu pare Anquises a l'espatlla.

Segons que van dir, una de les seves descendents, Rea Sílvia, va engendrar amb el déu Mart dos bessons, **Ròmul i Rem**, un dels quals va fundar la ciutat de Roma l'any 753 a.C.

Comprenc

1. Quins pobles habitaven la península Itàlica al segle VII a.C.? Quins van fundar Roma? On van crear la primera vila?

Fonts històriques | Interpreto fonts

2. Basant-te en tots els vestigis arqueològics que s'han trobat de la Roma primitiva, explica quins van ser els orígens històrics d'aquesta ciutat. Com van governar els reis etruscos?
3. Amb la informació del text de Virgili, explica amb paraules teves els orígens mitològics de Roma. Qui fou Enees?
4. Cerca informació a Internet sobre la història dels bessons Ròmul i Rem i explica-la detalladament. Creus que va ocórrer realment? Justifica la resposta.

LA LLEGENDA

Enees i Ròmul, antecessors dels romans

El déu Júpiter es va adreçar a Venus, filla seva, i li va dir:

–El teu fill Enees dirigirà a Itàlia una gran guerra i vencerà els pobles ferotges, establirà per al seu poble lleis i muralles i regnarà durant tres anys.

El seu fill Ascani regnarà durant trenta anys més (...) i, durant 300 anys més, la reialesa serà a les mans dels descendents d'Enees, fins al dia que Ília (Rea Sílvia), sacerdotessa de Mart, engendrarà dos bessons: Ròmul i Rem.

Alimentats i protegits per una lloba, un dels dos prendrà a càrrec seu el poble, aixecarà les muralles de Mart i els donarà el seu nom: *romans*. A partir d'aquest moment, jo li oferiré un imperi sense fi.

VIRGILI: *Eneida*, segle I a.C.

tiching.com/778715

Per saber més sobre Ròmul i Rem.

Relleu que mostra Ròmul i Rem alimentats per la lloba.

2 Com es va organitzar la República de Roma?

L'any 509 a.C., les famílies aristocràtiques de Roma, amb el suport del poble, van acabar amb l'últim rei etrusc: Tarquini el Superb, que governava com un tirà. Roma es va convertir en una **república**.

Una república oligàrquica...

La nova república es va organitzar a la manera d'una oligarquia controlada pels **patricis**. Eren una minoria de famílies aristocràtiques descendents dels fundadors de Roma i propietaris de les terres i els ramats. Només ells elaboraven i coneixien les lleis, exercien la justícia i monopolitzaven els càrrecs públics.

Els **plebeus**, el grup més nombrós, estava format per pagesos, artesans i comerciants que havien anat arribant a la ciutat. No tenien drets polítics, tot i que havien de pagar impostos i formar part de l'exèrcit.

... en lluita per la igualtat de drets...

Entre els segles V i IV a.C., els plebeus van lluitar per aconseguir la igualtat política amb els patricis. Primerament, van obtenir el dret a elegir un representant, el **tribú de la plebs**, que defensava els seus interessos.

Posteriorment, sota l'amenaça d'incomplir l'obligació del servei militar, van aconseguir el dret a votar i a ser elegits magistrats.

A partir d'aquest moment, tots els ciutadans de Roma van tenir els mateixos drets polítics, però el funcionament dels comicis va deixar el poder a les mans dels ciutadans més rics.

... i fonamentada en tres pilars

La República romana descansava damunt tres elements principals:

- Els ciutadans es reunien en assemblees anomenades **comicis** per votar les lleis i elegir els magistrats.

  Els comicis estaven dividits en centúries o classes i només tenien dret a participar-hi els homes que tenien la ciutadania romana. Els estrangers, les dones i els esclaus no tenien dret a vot.
- Els **magistrats** eren elegits per exercir uns càrrecs i havien de seguir el *cursus honorum* ("la cursa dels honors"). El *cursus honorum* consistia en el fet que, per ser elegit per una magistratura, un ciutadà havia d'haver exercit la magistratura immediatament inferior.

  Els magistrats més importants eren els **cònsols**, que dirigien els afers d'Estat i comandaven l'exèrcit.
- El **Senat** estava format per ancians magistrats i tenia una gran autoritat.

El Senat i el poble de Roma

El terme *república* prové dels mots llatins *res publica* ("afers públics").

Significa que la política ja no pertanyia a un rei sinó al poble i al Senat de Roma.

Les sigles *SPQR* (el Senat i el poble romà) eren el lema de la República.

Estendard amb les sigles SPQR que es conserva en un carrer de Roma.

La revolta dels plebeus

Una petita minoria de famílies riques decidien les qüestions de la pau i la guerra. Disposaven de tot el tresor públic, de les magistratures, dels honors i dels triomfs. Els generals acaparaven tots els botins de guerra.

El poble només tenia la seva pròpia misèria i l'obligació del servei militar.

SAL·LUSTI: *Guerra de Jugurta*, segle I a.C.

Cònsols, el poble està disposat a seguir-vos en aquesta guerra només a condició que als homes actius i valents ens sigui permès d'accedir als honors, i que puguem, mitjançant l'exercici de les magistratures anuals i successivament, manar i obeir. Si us hi oposeu, ningú no prendrà les armes.

TIT LIVI: *Història de Roma*, segle I a.C.

Els germans Tiberi i Gai Semproni Grac (segle II a.C.) van ser els dos tribuns que més bé van defensar els drets de la plebs.

ERA DEMOCRÀTICA LA REPÚBLICA ROMANA?

Les institucions

EL SENAT
300 antics magistrats

- Dirigien la política exterior i les finances
- Aconsellaven els magistrats
- Ratificaven les lleis aprovades en els comicis

nomenen i convoquen

controla

ELS MAGISTRATS
magistrats superiors (censors, cònsols, pretors)
magistrats inferiors

- Administraven la República
- Proposaven les lleis als comicis assessorats pel Senat

elegeixen

els ciutadans rics elegeixen

ELS COMICIS
(assemblea de ciutadans)

- Votaven les lleis

CURIALS

- Segons l'origen familiar
- No tenien funció política

TRIBUNS

- Segons residència
- Escollien els magistrats inferiors i els tribuns

CENTURIATS

- Segons la riquesa
- Escollien els magistrats superiors

Les magistratures

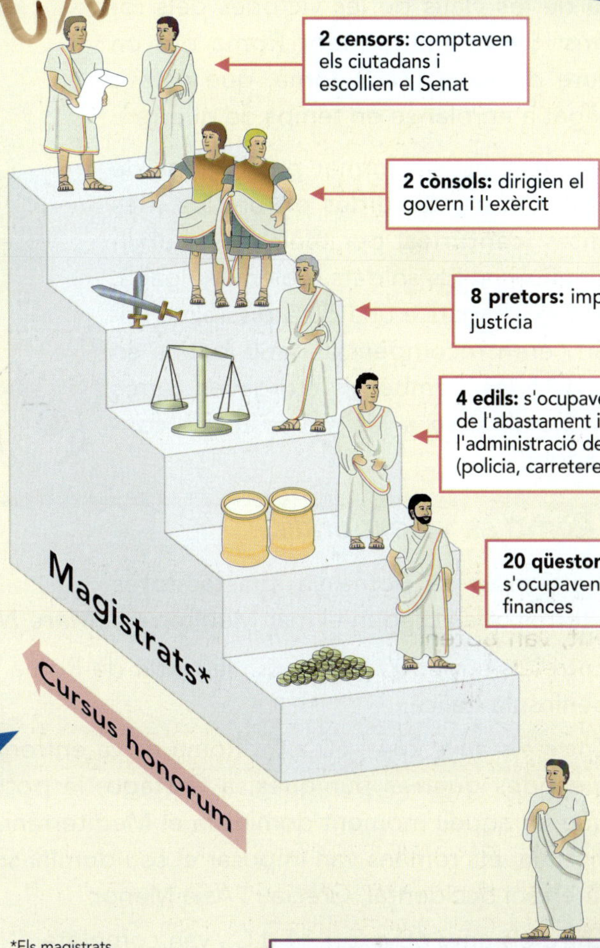

2 censors: comptaven els ciutadans i escollien el Senat

2 cònsols: dirigien el govern i l'exèrcit

8 pretors: impartien justícia

4 edils: s'ocupaven de l'abastament i l'administració de Roma (policia, carreteres...)

20 qüestors: s'ocupaven de les finances

10 tribuns de la plebs: es podien oposar a les decisions d'altres magistrats

*Els magistrats s'escollien per un any, a excepció dels censors, escollits per cinc anys.

Com funcionaven els comicis?

Els comicis centuriats reunien els ciutadans en centúries segons la riquesa. La majoria de les centúries reunien els ciutadans més rics i només amb el seu vot aconseguien la majoria.

Els més pobres sovint no arribaven ni a votar.

Moneda que mostra una votació en els comicis.

Comprenc i analitzo

5. Què significa el mot *república*? Per què creus que els romans van donar aquest nom a la nova forma de govern? Relaciona-ho amb les sigles *SPQR*.

6. Quins grups socials formaven la República? Llegeix els textos i explica per què es van revoltar els plebeus i com van aconseguir la igualtat.

7. Quines institucions governaven la República? Com s'elegien?

8. Què eren les magistratures? Eren totes iguals? Què era el *cursus honorum*?

Pensament crític | Argumento la meva opinió

9. Creus que la República romana era més una oligarquia que no pas una veritable democràcia? Raona la resposta.

3 Com es va conquerir un gran imperi?

Gràcies a l'organització d'un exèrcit potent...

La gran disponibilitat de soldats va ser una de les claus de les victòries dels romans. Servir militarment Roma era un deure de tot ciutadà romà, que estava obligat a enrolar-se en temps de guerra.

L'exèrcit estava format per **legions** de 5 500 homes, dividides en unitats més petites (**centúries**) per tenir més mobilitat i eficàcia. Els soldats rebien una paga, estaven obligats a una dura disciplina militar i eren recompensats amb botins en les victòries. També els atorgaven terres per instal·lar-se a les noves zones conquerides.

... Roma es va expandir...

L'expansió de Roma va abastar totes les terres que voregen el mar Mediterrani (***Mare Nostrum***).

- Entre els anys 500 i 264 a.C., la ciutat de Roma va conquerir la península Itàlica.
- Entre els anys 264 i 60 a.C., Roma es va enfrontar, en les anomenades guerres púniques, a Cartago, la potència marítima que en aquell moment dominava el Mediterrani. Després de la victòria, els romans van imposar el seu domini sobre tot el Mediterrani occidental, Grècia i l'Àsia Menor.
- Entre els anys 60 a.C. i 14 d.C., van completar l'ocupació d'Hispània, la Gàl·lia, el nord d'Àfrica i l'Àsia Menor.
- Entre els anys 14 i 127, es van fer les últimes conquestes.

Les conquestes van enriquir Roma amb els botins de guerra i els impostos dels pobles vençuts, i van convertir la República en un gran imperi.

Els soldats romans havien de pagar-se l'armament.

... però va fer que la República entrés en crisi

Les conquestes van originar enormes **desigualtats socials** i van generar **enfrontaments polítics**:

- Mentre que una minoria es va enriquir amb els botins de guerra, el cobrament d'impostos, la compra d'esclaus (presoners de guerra) i l'explotació de grans finques (latifundis), molts pagesos es van arruïnar en haver d'abandonar les terres per servir a l'exèrcit. Això va originar conflictes socials.
- L'ambició política dels generals victoriosos, que van acabar enfrontats entre ells en guerres civils.

L'any 47 a.C., després d'una guerra civil, **Juli Cèsar** es va fer amb tot el poder sota el títol de **dictador**. Va ser la fi de la República romana.

La disciplina

Si durant la batalla els soldats retrocedeixen davant l'enemic, l'oficial reuneix els legionaris i fa sortir de la fila els qui han abandonat el seu lloc.

Després, ordena que siguin assotats severament davant els companys (...) i més tard decapitats.

TIT LIVI: *Història de Roma*, segle I a.C.

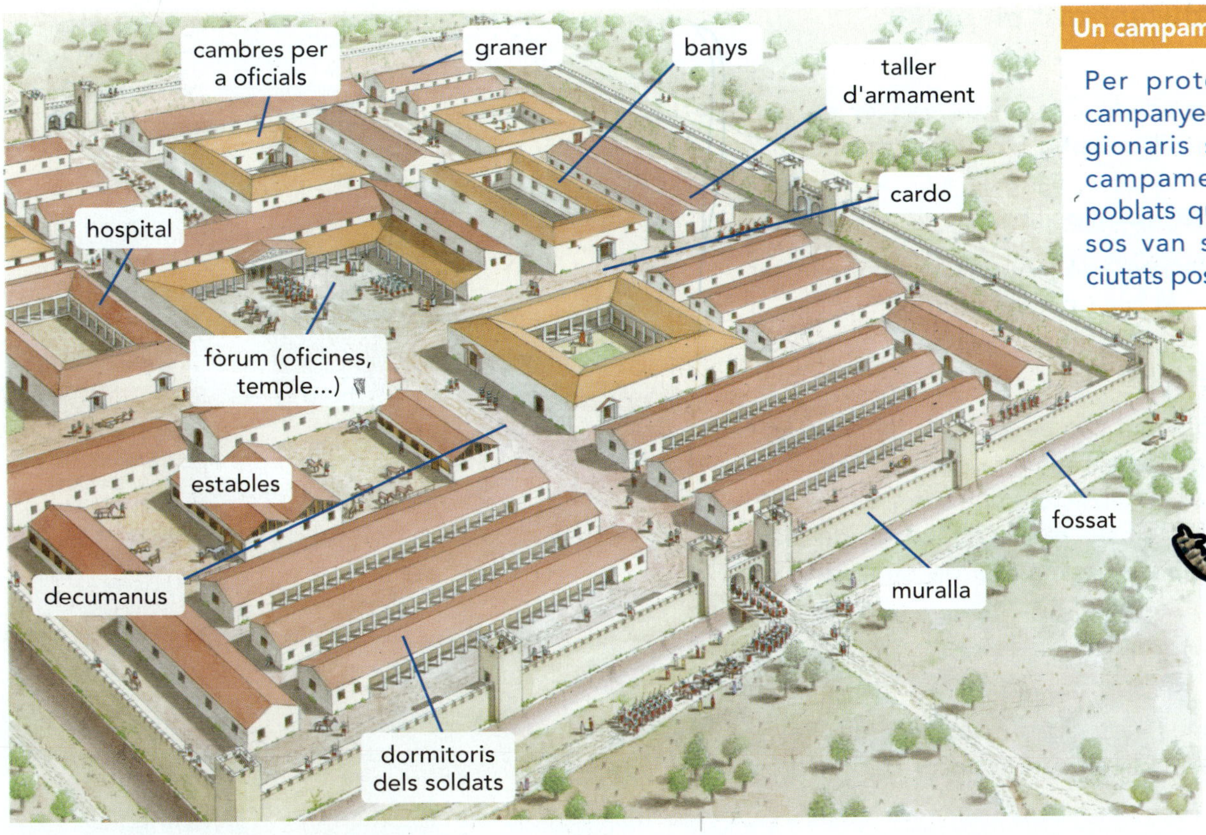

Un campament romà

Per protegir-se en les campanyes militars, els legionaris s'allotjaven en campaments, autèntics poblats que en molts casos van ser l'origen de ciutats posteriors.

Estàtua de Juli Cèsar, segle I a.C.

En la formació en falca, els legionaris formaven un angle agut per introduir-se en les files enemigues.

La formació en tortuga permetia als legionaris protegir-se amb l'escut i avançar per assaltar les muralles.

Comprenc

10. Escriu un informe sobre com eren i com s'organitzaven les legions romanes. Inclou-hi un dibuix d'un soldat amb tot el seu equipament militar.

11. Fixa't en el mapa i fes un esquema de les fases de la conquesta i dels territoris ocupats a cadascuna. Per què el Mediterrani es va convertir en el *Mare Nostrum* romà?

Reflexiono

12. Quins factors van fer de les legions romanes l'exèrcit més eficaç de l'Antiguitat?

Causalitat | Identifico causes i conseqüències

13. Per què les conquestes romanes van provocar una crisi social i política que va posar fi a la República romana? Per què es van produir guerres civils?

4 Com es governava i s'administrava l'Imperi?

L'emperador concentrava un poder absolut...

Després de la mort de Cèsar i de vèncer en una guerra civil, el seu fill adoptiu **Octavi** va transformar la República en un imperi. L'any 27 a.C., el Senat el va nomenar **August**, que significa "elegit pels déus".

Amb el títol d'emperador, August va concentrar tots els poders en la seva persona. Ell convocava el Senat, reunia els comicis, nomenava els magistrats i dictava totes les lleis (**edictes**).

També va ser nomenat cap de l'exèrcit (*Imperator*) i designat gran pontífex, de manera que va esdevenir la primera autoritat religiosa. L'emperador es va convertir en un déu a qui calia retre culte arreu de l'Imperi (**culte imperial**). Era la manera de demostrar fidelitat i obediència a Roma.

Malgrat que el títol d'emperador no era hereditari, es van crear unes dinasties imperials, en les quals el títol d'emperador es va succeir de pare a fill. Però, moltes vegades els militars van imposar per la força nous emperadors.

Els successors d'Octavi August (Tiberi, Calígula, Claudi, Neró...) van consolidar aquesta forma de poder absolut que es va mantenir fins a la fi de l'Imperi romà.

El govern de l'Imperi

PODER MILITAR
- té el títol d'*imperator*
- nomena els caps militars

PODER JUDICIAL
- pot jutjar o revisar tots els processos

EMPERADOR

PODER RELIGIÓS
- és gran pontífex (primera autoritat religiosa)
- organitza el culte imperial

PODER POLÍTIC
- té el títol de cònsol (magistrat de rang més alt)
- proposa les lleis
- nomena els governadors de províncies

nomena → **ELS MAGISTRATS**
- fan aplicar les decisions de l'emperador

nomena → **EL SENAT**
- vota les lleis
- escull els magistrats proposats per l'emperador

proposa → **ELS ALTS FUNCIONARIS O PREFECTES**
- agents de l'emperador per exercir diferents càrrecs

ELS CIUTADANS ROMANS
- ja no juguen un paper polític; es reuneixen en assemblea (comicis) per aclamar cada nou emperador

AUGUST EMPERADOR

En aquest camafeu, August, divinitzat i entre els déus, rep l'emperador Tiberi, segle I a.C.

De la República a l'Imperi

August es va guanyar la devoció de l'exèrcit per la seva generositat amb els legionaris; després, la del poble per l'abundància dels repartiments de queviures, i després la de tothom pels beneficis de la pau.

Més endavant es va anar apropiant dels poders del Senat, dels magistrats i de les lleis. Ningú no se li va resistir. Tot semblava igual i tranquil (...).

Però el sistema de govern s'havia transformat completament i res va subsistir realment de l'antic sistema (...). Tothom renunciava a la igualtat i, amb els ulls posats en el príncep, n'esperaven les ordres.

TÀCIT: *Annals*, segle I.

... i governava un extens Imperi...

Els territoris de l'Imperi es van organitzar en **províncies**, sota el comandament d'un **governador**, nomenat pel Senat o per l'emperador.

Una administració de funcionaris feia complir les ordres de l'emperador, recaptava els impostos i assegurava l'ordre. Les ciutats es governaven per mitjà de **magistrats** elegits pels seus habitants.

L'Imperi estava protegit de les incursions dels bàrbars (estrangers) per les poderoses legions romanes, que van aixecar muralles i fortificacions a les fronteres (*limes*).

... que va viure 200 anys de Pax romana

A totes les províncies s'hi van construir ciutats noves que es van unir per mitjà de calçades. La producció agrícola va augmentar i els tallers artesans hi van proliferar. El **comerç** va conèixer una gran expansió gràcies als intercanvis per via marítima o fluvial.

Roma es va convertir en una ciutat de més d'un milió d'habitants, on convergien productes i mercaderies de tots els extrems de l'Imperi.

La pau i l'estabilitat van permetre una gran prosperitat arreu de l'Imperi. D'aquest període, en diem ***Pax romana*** (segles I i II).

Comprenc

14. Com es va convertir August en emperador? Quins poders va reunir en la seva persona?

15. Com es governaven, es controlaven i es defensaven les províncies de l'Imperi?

16. Què va ser la *Pax romana*?

Analitzo

17. Com mostra la imatge a August? Quins aspectes de l'emperador s'hi han volgut remarcar?

Canvi i continuïtat |

Comparo situacions històriques

18. Compara l'esquema del govern imperial i el del govern republicà. Quins elements de la República van perviure durant l'Imperi? On es troben els canvis principals?

19. Com explica l'historiador Tàcit el pas de la República a l'Imperi? Per què, si es van mantenir les institucions republicanes, afirma que "res va subsistir realment de l'antic sistema"?

5 Un imperi de ciutats?

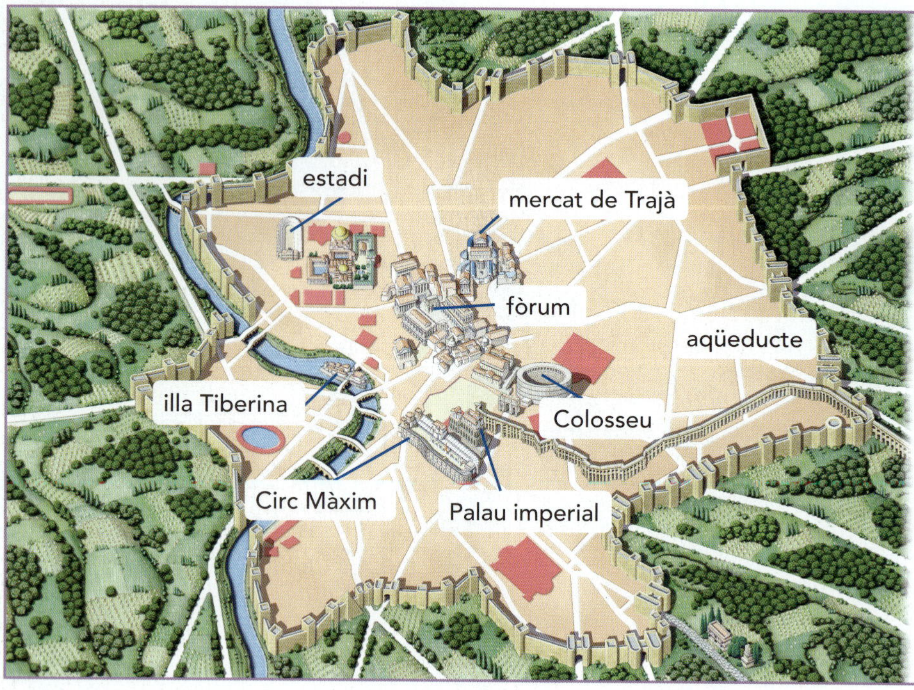

La ciutat de Roma

Al segle II, l'Imperi havia convertit Roma en una gran ciutat, amb més d'un milió d'habitants. Roma era la capital del món.

Les riqueses que arribaven a la ciutat des de tots els extrems de l'Imperi en van permetre l'embelliment amb grans palaus i edificacions públiques, així com la construcció de grans infraestructures.

El fòrum acollia les institucions de govern, justícia, religió i mercat.

tiching.com/778716
Per saber més sobre l'antiga Roma.

Una societat urbana

La societat romana va ser profundament urbana. Les ciutats (*urbs*) eren el lloc de residència de les autoritats i de l'**administració**, i el **centre econòmic** on es feien les activitats artesanes i comercials.

Al llarg de tot l'Imperi es van fundar centenars de ciutats amb una estructura molt semblant. Sobre una planta quadrangular hi destacaven dos carrers en direcció nord-sud (**cardo**) i est-oest (**decumanus**). Aquestes dues artèries principals s'encreuaven en una plaça, el **fòrum**, que era el centre de la vida pública i social.

Totes les ciutats estaven protegides per muralles, i tenien un fòrum i un gran nombre d'**edificis públics** (basílica, cúria...), religiosos (temples), destinats a l'oci (termes, teatres, amfiteatres...) i commemoratius (arcs de triomf, columnes...).

Els carrers de les ciutats estaven empedrats, però bruts, amb molt renou durant el dia i perillosos durant la nit.

Els funcionaris imperials s'ocupaven de les necessitats de la ciutat: el subministrament d'aigua, el clavegueram, la vigilància contra incendis, l'ordre públic, el proveïment d'aliments, etc.

El fòrum romà

Tots els grans esdeveniments es celebraven al fòrum: les desfilades militars, les processons, els oficis religiosos i les reunions de caràcter polític.

Al fòrum hi acudien senadors per anar a la cúria, ciutadans per discutir sobre afers privats i públics, banquers i homes de negocis, estudiants per escoltar els professors, i nens i nenes per jugar-hi.

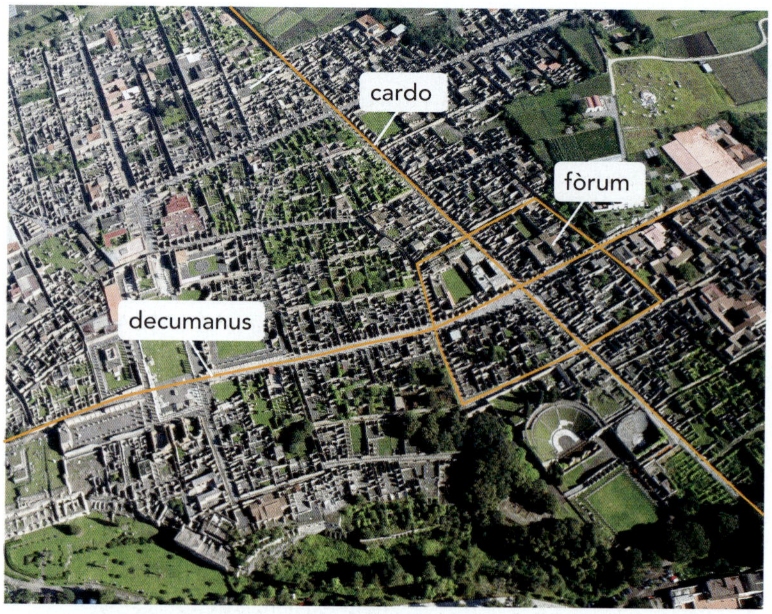

Vista de la ciutat de Pompeia al segle I.

La **basílica** era una gran sala que acollia la multitud. Allí era on es votaven els decrets, es proclamaven les notícies importants, s'impartia justícia, es negociava i es comerciava.

La **cúria** era la seu del Senat i custodiava els arxius de la ciutat. Els comicis es reunien en una plaça, el ***Comitium***, que contenia una tribuna des de la qual els oradors s'adreçaven al poble (***rostra***).

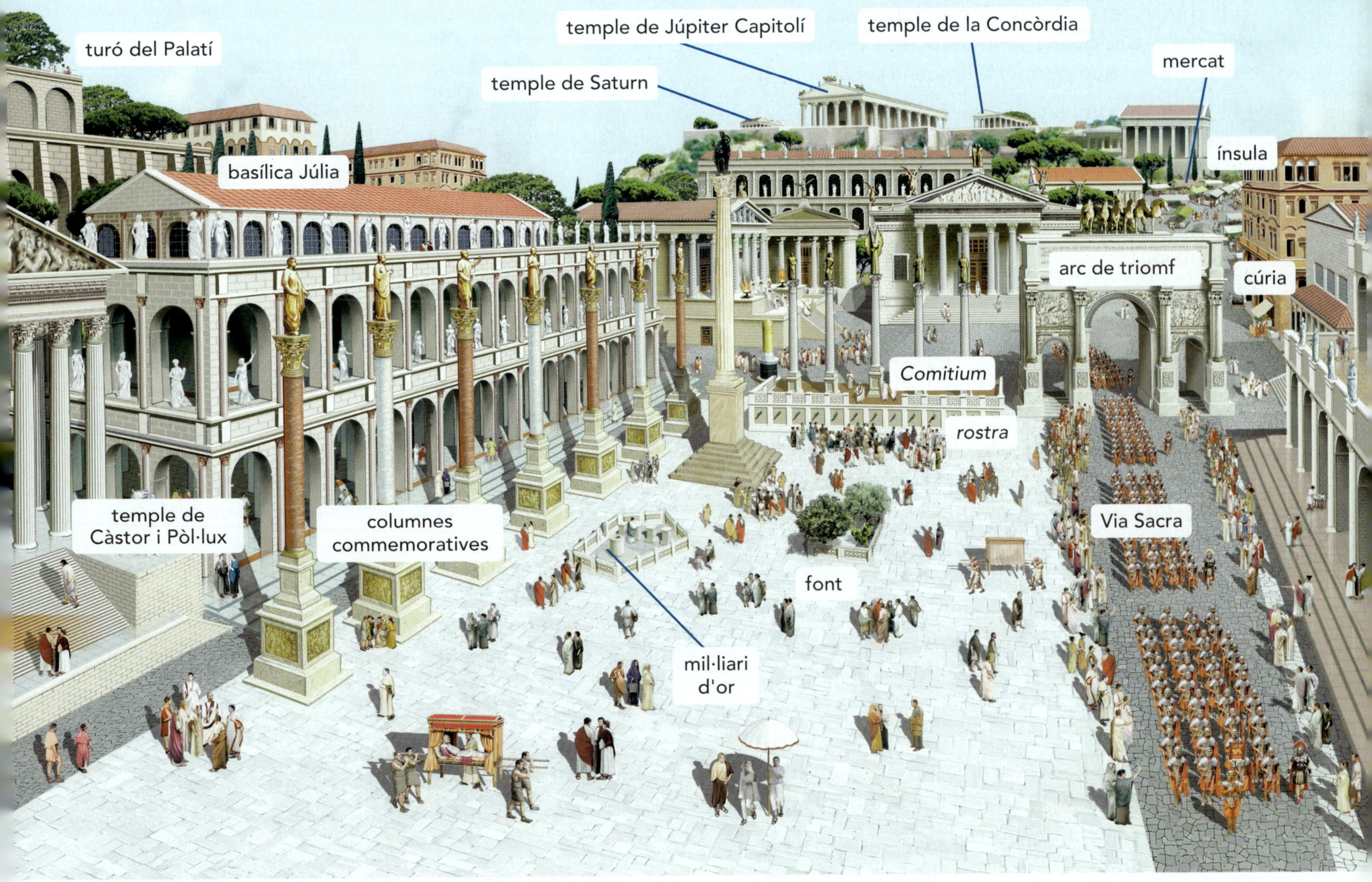

Observo i comprenc

20. Fixa't en el fòrum romà i contesta:
- Com n'era l'estructura? Quines edificacions acollia? Classifica-les segons la funció que tenien: política, judicial, religiosa, comercial, commemorativa...
- Fixa't en les activitats dels diferents personatges i utilitza-les com a exemple per explicar per què el fòrum era el centre de la vida urbana.

21. Esbrina què era i quina funció tenia el bloc de pedra anomenat mil·liari.

Comparo

22. Compara aquest fòrum amb l'àgora d'Atenes. Quines semblances i diferències hi pots establir?

Empatia | Em poso en la seva mentalitat

23. Imagina que ets Caius, un ciutadà d'Hispània que visita Roma per primera vegada:
- Elabora un calendari i un itinerari del que faràs cada dia i explica què esperes veure a cada lloc que visitis.
- Imagina que passeges una tarda pel fòrum romà. Quins tipus de persones hi trobaries? Quines activitats estarien fent? Posa'n com a mínim cinc exemples.
- Què creus que és el que més t'impressionaria del fòrum?
- On preferiries estar allotjat, a prop o lluny del fòrum? Per què?

6 Com vivien els romans i les romanes?

Una *domus* romana

Una societat estructurada però oberta

Els romans estaven dividits en grups socials amb drets desiguals. Tanmateix, era una societat oberta que permetia l'ascens social.

- El grup de privilegiats, la ***nobilitas*** o ***honestitores***, estava integrat pels senadors, els magistrats i els alts càrrecs de l'Imperi, els plebeus molt rics, dedicats als negocis, i els càrrecs intermedis de l'administració (cavallers).
- La **plebs** o ***humiliores*** estava constituïda per una gran massa de pagesos i assalariats urbans. Alguns plebeus sense recursos es posaven al servei d'un patrici i es convertien en clients.
- Els **lliberts** eren esclaus alliberats, els fills dels quals podien accedir a la ciutadania.
- Els **esclaus** eren molt nombrosos i feien els treballs més durs, però també s'ocupaven de l'ensenyament i de les tasques administratives.

Aquesta estratificació social es feia evident en els diferents tipus d'habitatge que ocupaven els grups socials.

La societat romana

Eren tots ciutadans?

- En els primers segles de Roma, només s'hi consideraven ciutadans els originaris de Roma i els conquerits originàriament per Roma. La resta eren considerats *peregrini* ("estrangers").
- Durant l'Imperi es va atorgar la ciutadania a alguns habitants de les províncies, principalment com a reconeixement dels seus mèrits.
- L'any 212 d.C., l'emperador Caracal·la va estendre la ciutadania a tots els homes lliures de l'Imperi.

Una ínsula romana

Les ínsules eren construccions amb diversos pisos on vivien atapeïdes, sobretot als més alts, els membres de la plebs. L'ambient era insà i molt propens als incendis.

Criteri D

La *domus*

La població més benestant vivia en cases individuals i luxoses anomenades *domus*, que s'organitzaven al voltant d'un pati central o atri. Les *domus* més grans tenien un peristil posterior.

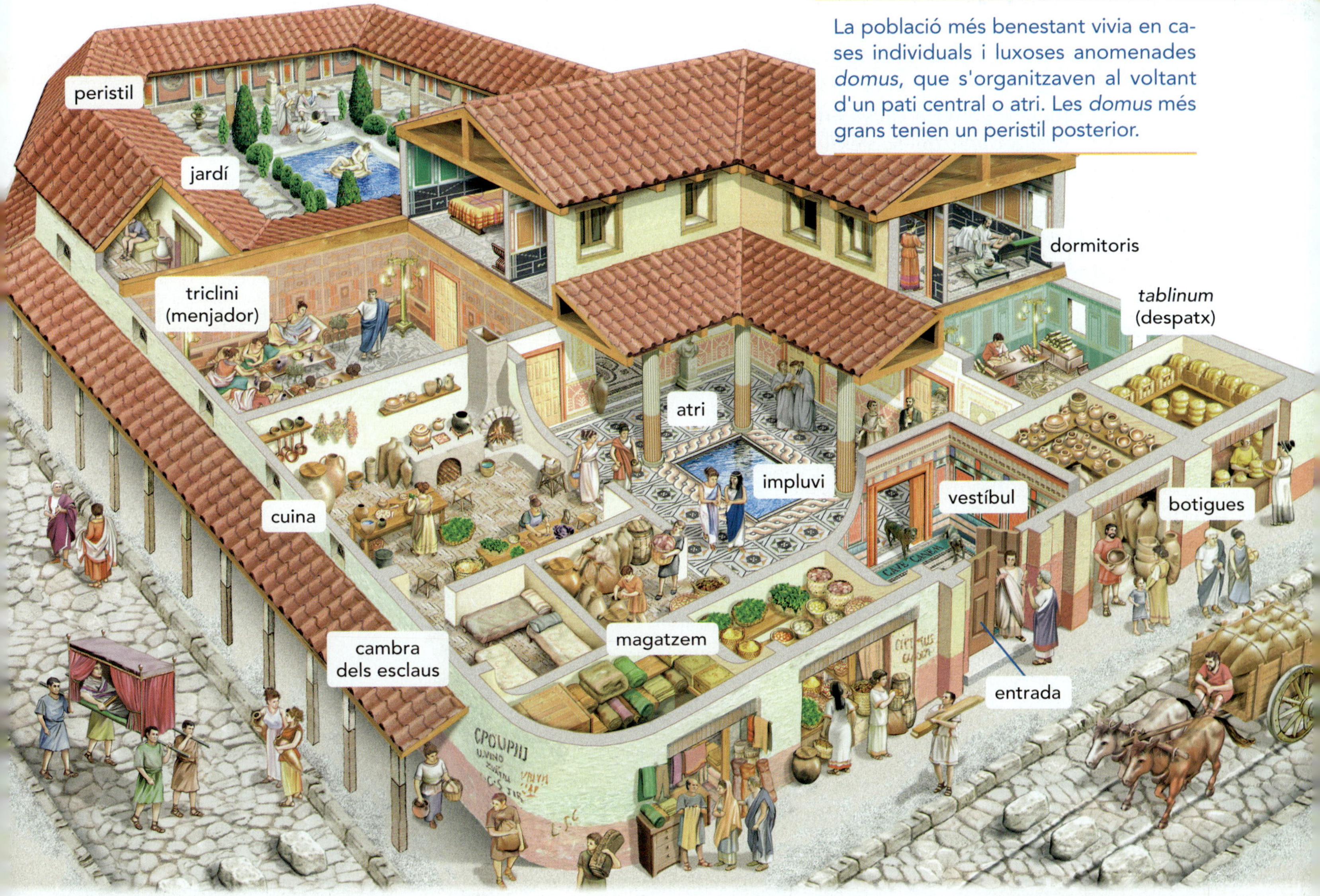

La dona a Roma

La família a Roma era patriarcal. El *pater familias* tenia autoritat damunt l'esposa, els fills, els clients i els esclaus.

El paper essencial de la dona era la cura dels fills i de la casa. Els seus drets eren limitats, i no podia participar en política. Malgrat això, les dones podien divorciar-se, eren molt respectades en la família i participaven en la vida social.

Les dones de classe alta solien tenir una fortuna pròpia i podien administrar propietats i negocis.

Les dones de classe social més pobra, tant lliures com esclaves, treballaven al camp, als tallers artesans i en el servei domèstic.

Dones romanes representades als frescos de la paret d'una casa de Pompeia.

Observo i comprenc

24. Quins grups socials hi havia a l'antiga Roma? Per què diem que era una societat oberta?

25. Com va canviar el concepte de ciutadania romana al llarg de tot l'Imperi?

26. En què es diferenciava una ínsula d'una *domus*? Fes el dibuix de la planta d'una *domus* i escriu-ne el nom de les dependències.

Canvi i continuïtat |
Comparo situacions històriques

27. El món romà va ser en gran part hereu del grec. Compara aquestes dues civilitzacions pel que fa a sistema de govern, grups socials, paper de la dona i tipus d'habitatge.

7 Per què va caure l'Imperi romà?

La decadència de l'Imperi romà

Roma, una civilització que havia durat més de mil anys i que havia difós la seva cultura per tota la Mediterrània, va entrar en una greu crisi a partir del segle III i finalment va desaparèixer al segle V.

Quines causes en van provocar la decadència i posterior caiguda? Què van fer els emperadors per intentar frenar-ne l'ensorrament? Quin paper hi van fer les invasions bàrbares?

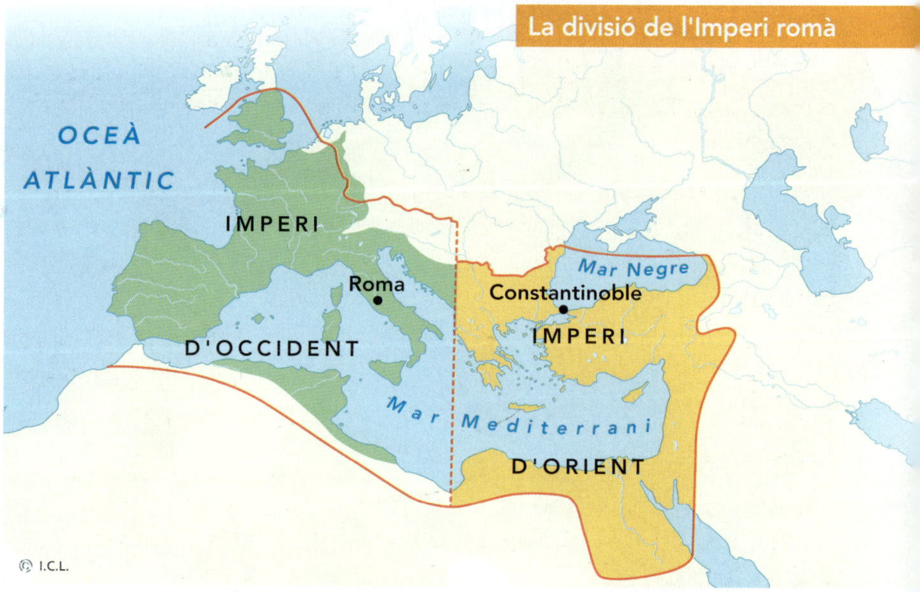

La crisi de l'Imperi...

A partir del segle II van cessar les conquestes i l'Imperi va haver d'enfrontar-se a una sèrie de problemes militars, polítics, econòmics i socials:

- Militars:
  - Les fronteres es van tornar insegures pels atacs dels **pobles germànics** que vivien més enllà del limes (bàrbars).
  - Per protegir-se, les ciutats van començar a aixecar grans **muralles**.
- Polítics:
  - L'autoritat de l'emperador es va afeblir i van sovintejar els **cops d'Estat** militars. L'exèrcit es va convertir en l'única autoritat per garantir l'ordre a les províncies.
  - L'emperador va canviar molt sovint: entre els anys 235 i 268 s'hi van succeir fins a 30 emperadors legítims i més de 70 d'il·legítims.
- Econòmics i socials:
  - La falta d'**esclaus**, un cop acabades les conquestes, va provocar una davallada de la producció agrícola i minera.
  - Els atacs bàrbars van tallar les vies de comunicació. El comerç i l'artesania es van estancar, la població es va empobrir i va augmentar el **descontentament social**.

Muralles de Roma construïdes per l'emperador Aurelià al segle III per defensar-se dels atacs dels pobles germànics.

... els intents de solució

Per governar més bé l'Imperi davant les incursions germàniques, alguns emperadors van proposar reformes importants:

- **Dioclecià** (284-305) es va auxiliar amb un segon emperador i amb dos possibles hereus del tron. Va ser la **tetrarquia**.
- **Constantí** (312-237) va fundar una nova capital a Orient, **Constantinoble**, més allunyada dels perills. També va reforçar l'exèrcit i va reordenar l'administració de l'Imperi.
- **Teodosi**, amb l'objectiu de defensar l'Imperi, el va dividir entre els seus fills: **Arcadi** i **Honori**. A partir de l'any 395, doncs, van restar separats l'Imperi romà d'Occident i l'Imperi romà d'Orient.

Els tetrarques que es van repartir el govern de l'Imperi. Escultura dels primers anys del segle IV.

... i les invasions bàrbares

A l'inici del segle V, els pobles germànics van entrar a l'Imperi romà d'Occident, empesos per un poble arribat de l'Àsia central: els huns.

A l'Imperi d'Orient, també anomenat Bizanci, més ric i més poblat, els emperadors van poder-hi mantenir l'autoritat, defensar les fronteres contra els bàrbars i preservar l'Imperi uns quants segles més.

A l'Imperi d'Occident, molt més empobrit, els emperadors van ser incapaços de salvaguardar-lo. Els pobles germànics (sueus, vàndals, alans, visigots, etc.) van ocupar el territori i hi van crear regnes independents.

L'any 476, Odoacre, un cap bàrbar, va destituir Ròmul Augústul, un infant de 10 anys, que va ser l'últim emperador romà d'Occident.

A Europa va començar una nova època: els historiadors parlen de la fi de l'Antiguitat i de l'inici de l'Edat Mitjana.

Els pobles germànics

Les formes de vida dels germànics eren molt diferents de les dels romans. No tenien escriptura; tampoc no edificaven ciutats, ni utilitzaven moneda.

Eren **seminòmades**, vivien de la ramaderia i d'una agricultura molt primitiva. Coneixien, però, la metal·lúrgia del ferro i fabricaven armes de bona qualitat.

Estaven organitzats en **famílies**, i un cert nombre de famílies formava un **clan**. Els caps de les famílies elegien un capitost militar, que ostentava el títol de **monarca**.

Relleu d'un guerrer germànic.

La caiguda de Roma

Ens arriba un rumor esfereïdor. Roma està assetjada. Els ciutadans compren la seva vida a preu d'or. La ciutat està presa. Els seus habitants van perdre primerament la fortuna i ara perden la vida (...).

Roma és conquerida. Aquesta ciutat que antany va conquerir l'univers. Quina pena sento en veure com s'esfondra aquesta antiga potència que va ser la senyora del món.

Cartes de sant Jeroni, segle V.

Els primers regnes germànics

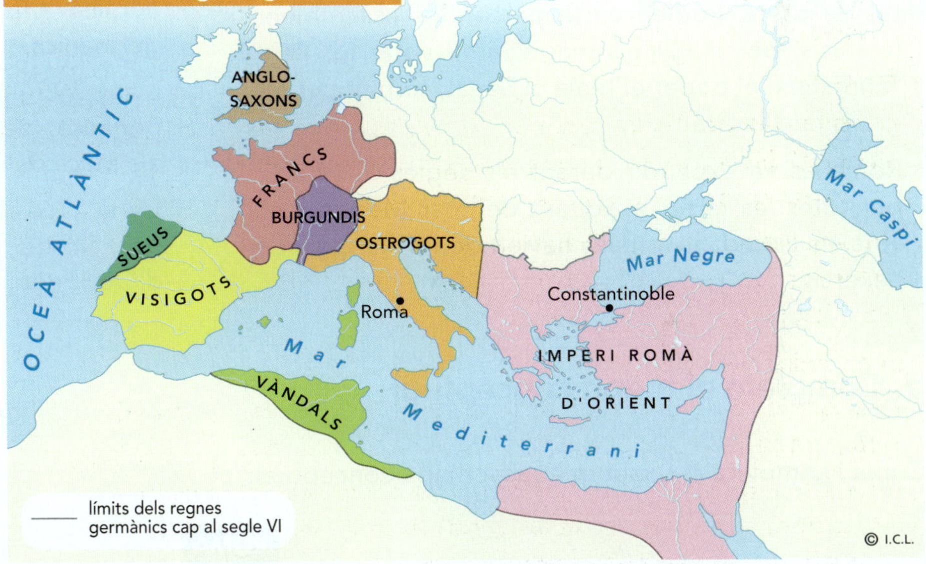

Comprenc

28. Quines mesures van prendre alguns emperadors romans per fer cara al perill de les invasions germàniques? Quina en va ser la més transcendent?

29. Quines diferències hi havia entre la forma de vida dels pobles germànics i la dels romans?

30. Fixa't en el mapa dels regnes germànics. Quins pobles el van envair? On es van instal·lar? Quin paper hi van tenir els huns?

31. Com descriu sant Jeroni la caiguda de Roma?

Causalitat | Identifico causes i conseqüències

32. Escriu un text de deu línies que expliqui les causes de la crisi de l'Imperi romà a partir del segle III i la seva caiguda. Has de distingir entre causes profundes a llarg termini i causes immediates.

33. Per què creus que els pobles bàrbars van envair l'Imperi romà?

34. Quines conseqüències va tenir per a Europa la caiguda de l'Imperi romà d'Occident? Què va passar a l'Imperi romà d'Orient?

1. Resumeixo l'essencial

Els orígens de Roma

- Els historiadors situen l'origen de la ciutat de Roma cap a mitjan segle VIII a.C. Segons les llegendes, la ciutat va ser fundada per Ròmul, descendent d'Enees, un heroi troià.
- La ciutat, a la vora del riu Tíber, va créixer ràpidament. Era governada per una monarquia, de primer llatina i després etrusca.

L'etapa republicana

- L'any 509 a.C., els romans van expulsar l'últim rei etrusc de Roma, Tarquini el Superb, i es van organitzar com a república.
- La República era governada pels patricis, descendents dels fundadors de Roma. La resta dels habitants, els plebeus, que formaven el grup més nombrós, no tenien drets polítics.
- Posteriorment, els plebeus van aconseguir la igualtat de drets. Podien participar en les assemblees (comicis) per elegir els magistrats i votar les lleis. Tanmateix, el poder el tenia el Senat, format per les grans famílies patrícies.
- Roma es va expandir durant els segles III i I a.C. per totes les terres al voltant del mar Mediterrani. Tots els ciutadans romans havien de formar part de l'exèrcit.

L'Imperi romà

- L'expansió territorial va provocar problemes econòmics i polítics. Després de l'assassinat de Cèsar, es va produir el pas de la República a l'Imperi.
- El primer emperador va ser August. L'emperador concentrava tots els poders i es va convertir en un déu al qual s'havia de retre culte.
- Durant dos-cents anys (*Pax romana*), l'Imperi va gaudir de prosperitat. Van créixer les ciutats i el comerç, i gairebé tots els habitants van esdevenir ciutadans romans.
- La societat romana era oberta i la integraven el grup privilegiat dels *nobilitas*, els pagesos i els assalariats urbans que formaven la plebs, els esclaus i els lliberts.

La caiguda de l'Imperi

- A partir del segle III es va iniciar una dura crisi econòmica, a la qual es van afegir els atacs dels pobles germànics.
- L'any 395, l'Imperi es va dividir. Orient (Bizanci) va perviure, però Occident va ser incapaç de resistir els atacs dels pobles germànics.
- L'any 476, els bàrbars van destituir l'últim emperador, Ròmul Augústul, i va finalitzar així l'Imperi d'Occident.

a. Completo el mapa conceptual

Copia i completa al quadern aquest mapa conceptual:

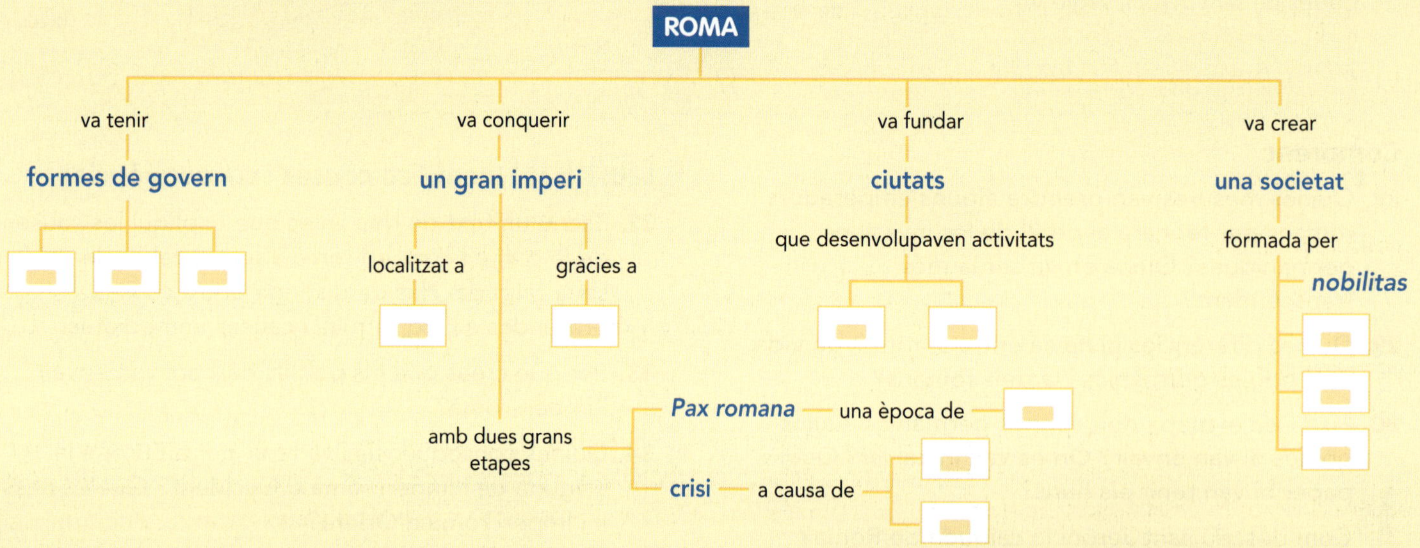

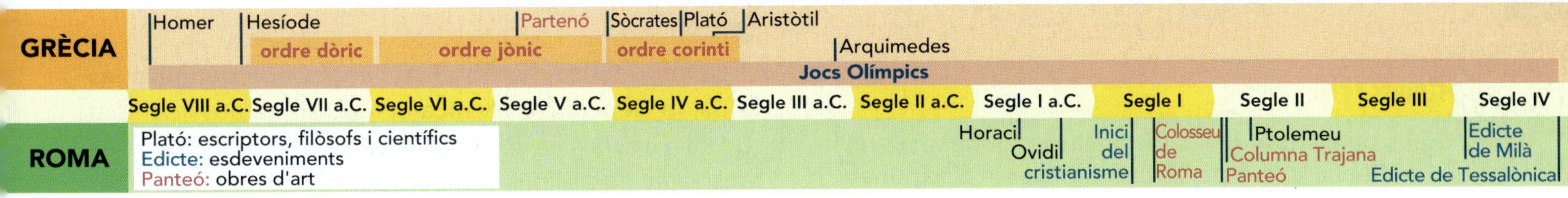

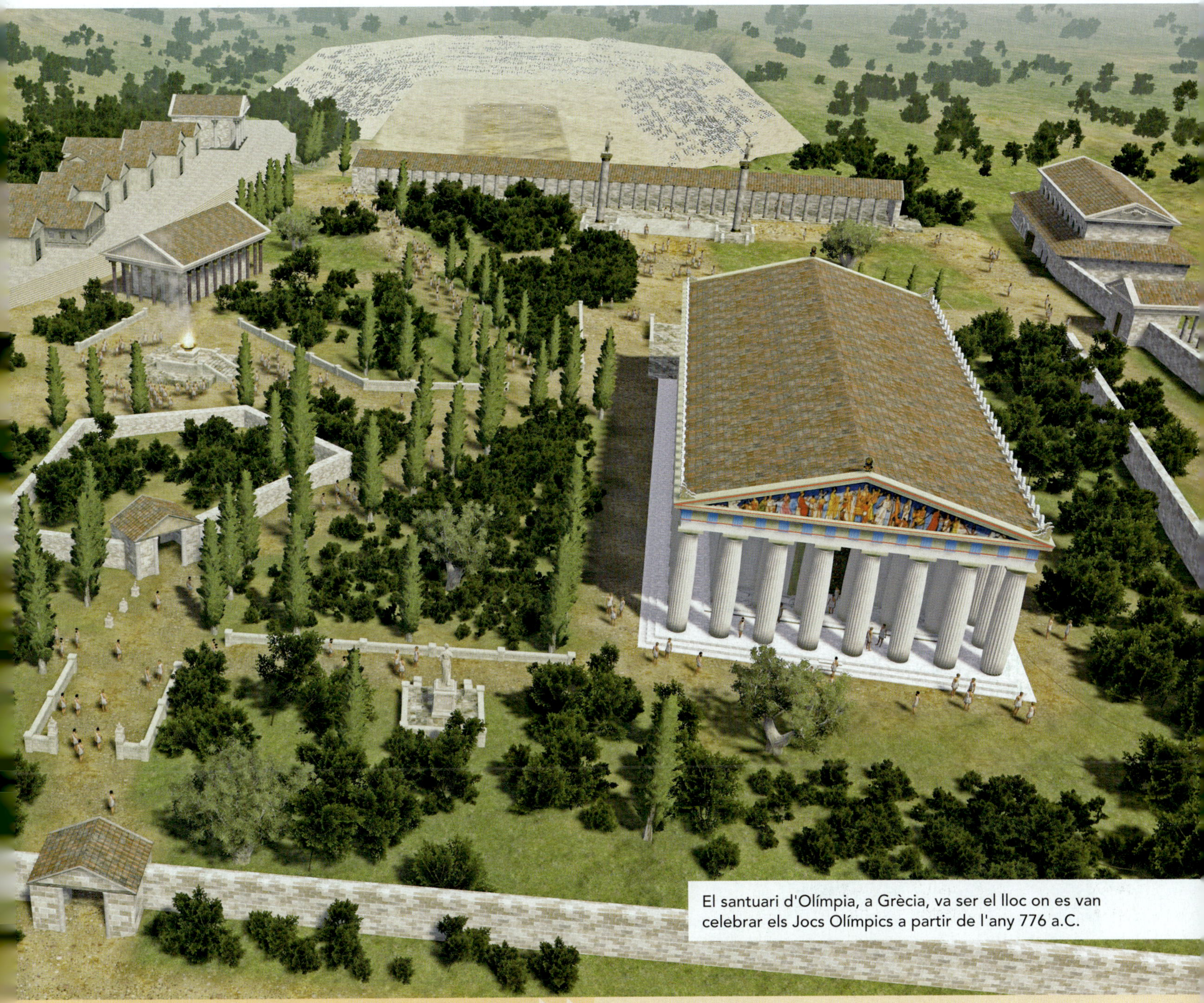

El santuari d'Olímpia, a Grècia, va ser el lloc on es van celebrar els Jocs Olímpics a partir de l'any 776 a.C.

... penso...

- Imagineu que no tinguéssim l'herència grecoromana. Podríeu pensar quines coses de la nostra vida quotidiana no existirien o serien molt diferents de com són avui dia? Recolliu les vostres impressions amb la tècnica del foli giratori.

... i em pregunto

Després de veure el vídeo, planteja dues preguntes sobre si l'Antiguitat clàssica és la base de la cultura occidental i com hi ha influït, i posa-les en comú amb la resta de la classe.

1 Ens van ensenyar els grecs a pensar racionalment?

Filòsofs i científics

Grans **pensadors grecs** van utilitzar l'observació de la realitat i la raó per crear **ciències** i **disciplines** que són la base de la nostra civilització.

- **Demòcrit** va intuir que la matèria està formada per àtoms molt petits i indivisibles.
- **Sòcrates** i **Plató** van cercar el coneixement a través del diàleg i la reflexió.
- **Aristòtil** va exposar les normes per pensar seguint un raonament lògic.
- **Tales de Milet**, **Pitàgores** i **Euclides** van establir les primeres regles de la geometria.
- **Aristarc** va afirmar que els planetes giraven al voltant del Sol (heliocentrisme), mentre que els seus contemporanis creien que la Terra era el centre de l'Univers (geocentrisme).
- **Arquimedes** va assentar els principis de la física i va desenvolupar el caragol i la palanca.
- **Hipàtia** és la primera dona matemàtica de qui tenim notícia. Va inventar el densímetre.

La informàtica, la robòtica, l'enginyeria genètica, és a dir, la **ciència** i la **tècnica** actuals són a anys de llum de la Grècia i la Roma antigues. Tanmateix, totes aquestes disciplines van començar amb el pensament racional i científic que va florir a Grècia.

Els savis grecs ens van ensenyar a pensar...

Durant segles, els grecs van explicar els fets naturals i humans per mitjà de llegendes mítiques sobre els seus déus i herois (Zeus, per exemple, provocava les tempestes i els llamps). Però, a partir del segle VII a.C., l'**explicació racional** de la realitat va anar substituint paulatinament els mites.

A partir del coneixement egipci i mesopotàmic, alguns pensadors grecs van començar a descobrir regularitats (**lleis**) en àmbits diferents: en el moviment dels astres (el Sol, la Lluna...), en la naturalesa física (el pes dels cossos, la seva flotabilitat en l'aigua...) i certes pautes en els afers humans (medicina, ètica, política...).

Rafael, un dels millors pintors del segle XVI, va voler representar a l'*Escola d'Atenes* els orígens del pensament occidental, que va situar a l'antiga Grècia.

... i ens van llegar grans invents

La tecnologia inventa eines i màquines basant-se en la ciència i en l'experiència pràctica.

L'Antiguitat grecoromana va assolir nivells que encara avui ens sorprenen també en tecnologia. Els **grecs** van descobrir els principis de la **politja**, la **palanca**, el **caragol**..., i amb això van desenvolupar la grua i sistemes per extreure l'aigua dels rius.

Els **romans** van aplicar la ciència a dissenys i màquines en diferents camps: construcció (grues de politges), infraestructures i equipaments (mineria, ponts, calçades, aqüeductes, claveguerам, etc.), indústria (molins i **serres hidràuliques**), transport (arreus de les bèsties de tir, suspensió dels carros), etc.

PRINCIPALS INNOVACIONS TÈCNIQUES

La palanca

La palanca permet també aixecar grans pesos. D'aquí prové la frase atribuïda a Arquimedes: "Doneu-me un punt de suport i mouré el món".

La politja

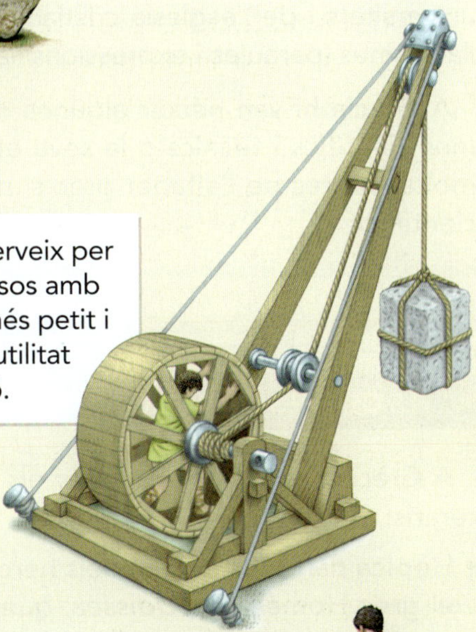

La grua politja serveix per aixecar grans pesos amb un esforç molt més petit i va ser de molta utilitat en la construcció.

La serra hidràulica

Els romans van inventar una **serra hidràulica** per tallar carreus de pedra. Aquest sistema utilitzava un engranatge de biela-manovella per transformar el moviment rotatori de les **rodes hidràuliques** en horitzontal, d'anada i tornada, que movia dues serres.

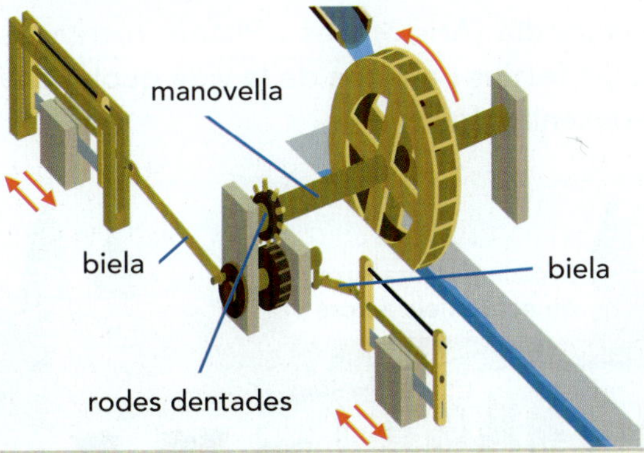

El caragol

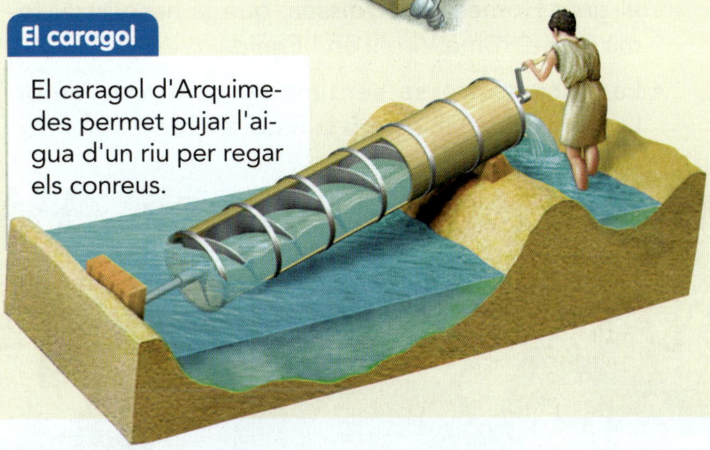

El caragol d'Arquimedes permet pujar l'aigua d'un riu per regar els conreus.

Comprenc i analitzo

1. Reuniu-vos en grups de quatre persones i trieu cadascun un aforisme dels filòsofs grecs representats al quadre *Escola d'Atenes*. Penseu-ne el significat i expliqueu als altres companys i companyes com s'hi recull la importància que els seus autors van donar a la raó humana.

2. Defineix els conceptes *explicació racional* i *regularitat*. Quines disciplines actuals es basen en aquests principis?

3. Com funcionaven la politja, la palanca, el caragol i la serra hidràulica?

Passat i present | Relaciono l'ahir i l'avui

4. Algunes màquines o tecnologies actuals encara utilitzen descobriments de l'Antiguitat clàssica com ara el caragol, la politja, la grua, etc.? Poseu-ne exemples.

5. Fixa't en el mecanisme del funcionament d'una bicicleta a www.tiching.com/778688:

- Creus que es basa en principis mecànics que ja coneixien els antics romans? Quins?
- Troba-hi semblances amb el mecanisme de la roda hidràulica.

2 Són hereves de l'Antiguitat clàssica la nostra llengua i la nostra cultura?

HEM HERETAT LA LLENGUA...

Les **llengües romàniques** (entre les quals hi ha el català, el castellà i el gallec) provenen del llatí i, per tant, també la major part del seu lèxic.

A més, el llatí va ser durant segles la llengua internacional de les universitats i de l'església cristiana, i això explica l'abundància de llatinismes (paraules i expressions llatines) que encara utilitzem.

A Grècia hi van néixer algunes **ciències** i, per això, molts termes científics i tècnics o la seva etimologia són d'origen grec, i moltes lletres de l'alfabet grec s'utilitzen per designar elements científics.

Origen d'alguns mots

astronomia: *astro* (astre) + *nomos* (llei)
arqueologia: *arkaio* (antic) + *logos* (estudi)
antropomorf: *antropo* (home) + *morfo* (forma)
biblioteca: *biblio* (llibre) + *théke* (caixa, armari)

Termes científics

π (**pi**): en matemàtiques representa una constant.
γ (**gamma**): en física designa un tipus de raigs.
α i ω (**alfa i omega**): representen el principi i la fi de tota cosa.

... ELS GÈNERES LITERARIS...

A Grècia i a Roma van néixer els grans gèneres literaris:

- L'**èpica** narra les gestes dels herois, com ho va fer el grec Homer en l'*Odissea*, que ja has vist al tema 9, o el romà Virgili en l'*Eneida*.
- La **lírica** expressa sentiments com ara l'amor, l'amistat, la relació amb la natura, etc.
- El **teatre** recrea situacions tràgiques o còmiques:
  - La **tragèdia** (Èsquil, Sòfocles i Eurípides) mostra la lluita de l'ésser humà amb forces invencibles (el destí, la culpa...) i té un desenllaç tràgic.
  - La **comèdia** (Aristòfanes i Plaute) recrea els aspectes festius i alegres de la vida quotidiana i té un desenllaç feliç.

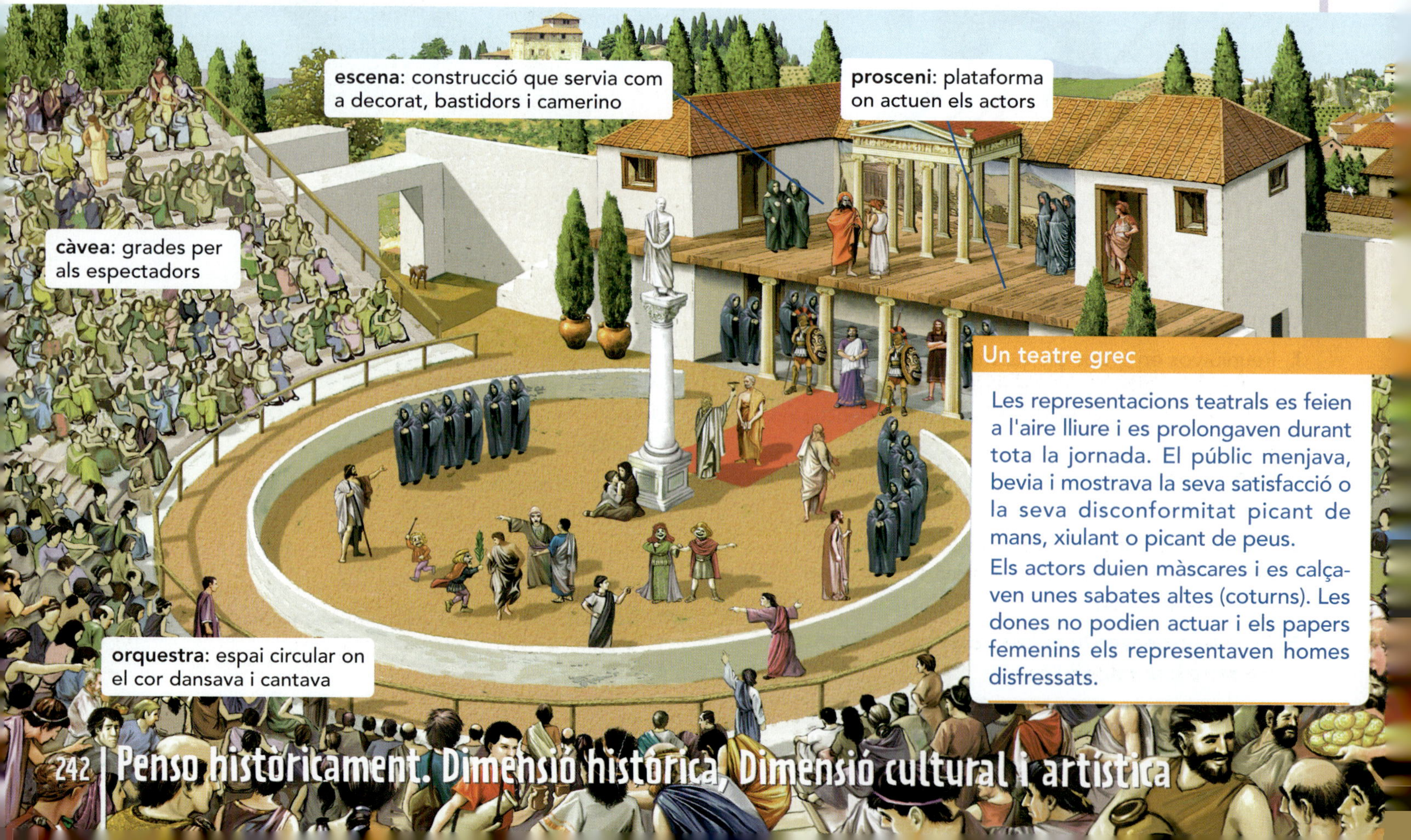

Un teatre grec

Les representacions teatrals es feien a l'aire lliure i es prolongaven durant tota la jornada. El públic menjava, bevia i mostrava la seva satisfacció o la seva disconformitat picant de mans, xiulant o picant de peus.

Els actors duien màscares i es calçaven unes sabates altes (coturns). Les dones no podien actuar i els papers femenins els representaven homes disfressats.

... LA HISTÒRIA I LA GEOGRAFIA...

Totes dues disciplines van néixer a Grècia i es basaven en fonts i dades de la realitat i deixaven de banda les llegendes fantàstiques.

Per explicar els fets

Heròdot (segle V a.C.) va ser un historiador grec que va narrar les guerres mèdiques.

Per primera vegada no va repetir les llegendes o les narracions mítiques, sinó que es va basar en allò que havia vist o en la informació que havia aplegat en els seus llargs viatges.

Va titular la seva obra *Història* (que en grec significa "cerca", "investigació"), i, a l'inici, hi va escriure: "Heròdot d'Halicarnàs presenta aquí els resultats de la seva investigació (...)".

Per representar el món

Mapa d'Eratòstenes

Eratòstenes (segle III a.C.) fou un geògraf grec que va calcular per primera vegada la circumferència de la Terra i la inclinació de l'eix terrestre, i ho va fer d'una manera força exacta. També va fer el primer mapa del món que incorporava un sistema de paral·lels i meridians.

... I TAMBÉ ELS JOCS OLÍMPICS

Els Jocs Olímpics actuals són hereus de la celebració religiosa i esportiva en honor a Zeus, que, des del segle VIII a.C. fins al segle IV a.C., es feia cada quatre anys al santuari d'Olímpia, a Grècia.

Hi havia concursos poètics, musicals i proves esportives (curses, boxa, javelina, disc, salt de llargada, curses de cavalls...). Els vencedors rebien una corona d'olivera o de llorer.

Ceràmica grega que representa uns corredors olímpics, segle V a.C.

Comprenc i comparo

6. Fixa't en aquests mots: politeisme, biologia, filosofia, metròpolis, biografia, geografia, zoologia. Esbrina el significat de la seva arrel grega.

7. Fixa't en el teatre grec i estableix-ne semblances i diferències amb un teatre actual.

8. Quins van ser els grans gèneres literaris de l'Antiguitat? Quines altres disciplines van néixer a la Grècia clàssica?

9. En què van consistir les aportacions principals d'Heròdot i Eratòstenes?

Raono

10. Què diferencia un relat llegendari o mitològic d'una explicació històrica? Relaciona-ho amb la frase d'Heròdot.

Pensament crític | Argumento la meva opinió

11. Amb quins arguments defensaries que hem heretat molts trets de l'Antiguitat clàssica que estan presents: **a)** en les nostres llengües; **b)** en els gèneres i els temes literaris; **c)** en les representacions teatrals; **d)** en el coneixement històric i geogràfic, i **e)** en l'esport?

3 Una religió de déus i llegendes fascinants?

La processó de les Panatenees

Una religió amb molts déus, herois i personatges fantàstics...

Els grecs i els romans eren **politeistes**, és a dir, creien en diversos déus. Aquests déus eren immortals i tenien poders extraordinaris, però s'assemblaven als éssers humans en l'aspecte (eren antropomorfs) i també en les virtuts i els defectes. Zeus, per exemple, solia ser paternal i just, però de vegades era cruel o enganyava la seva esposa Hera amb dones mortals.

Els grecs i els romans temien els seus déus i se'n propiciaven els favors amb sacrificis. A diferència d'altres religions, la seva no establia el paradís per als justos o el càstig per als pecadors després de la mort.

Al voltant dels déus, hi ha molts personatges:

- **Herois** que feien gestes extraordinàries, com ara Hèrcules o Teseu (el vencedor del Minotaure).
- **Divinitats menors**, com ara muses i nimfes.
- **Éssers fantàstics**, com els centaures (meitat home, meitat cavall) i els ciclops (gegants amb un únic ull).

Les pràctiques de l'endevinació

Els grecs i els romans eren molt supersticiosos i consultaven la voluntat dels déus a través de diversos signes, sobretot en moments especials, com ara guerres, viatges, matrimoni...

Els **oracles** eren les respostes d'un déu a consultes fetes en santuaris especials (Apol·lo a Delfos, Zeus a Dodona).

Els **auguris** i els **presagis** consistien en la interpretació de senyals en vísceres d'animals, en el vol i el cant dels ocells, en els llampecs, etc.

A Roma, els àugurs eren sacerdots dedicats a aquests tipus d'endevinacions.

La pítia de Delfos interroga els déus al temple d'Apol·lo davant un sacerdot.

Els déus grecoromans

Els principals déus grecs i romans eren equivalents, però amb nom diferent.

Nom grec / Nom romà

1. Zeus / Júpiter (pare dels déus)
2. Hera / Juno (el matrimoni i la família)
3. Apol·lo / Apol·lo (l'art)
4. Afrodita / Venus (l'amor i la bellesa)
5. Artemisa / Diana (la cacera)
6. Hermes / Mercuri (el missatger)
7. Atenea / Minerva (la saviesa)
8. Demèter / Ceres (l'agricultura)
9. Hestia / Vesta (la llar)
10. Poseidó / Neptú (el mar)
11. Hefest / Vulcà (el foc)
12. Hades / Plutó (l'infern)
13. Ares / Mart (la guerra)

... narrada en poemes mítics

Amb les **llegendes fabuloses** de déus, herois i éssers monstruosos i fantàstics, que formaven la **mitologia**, les cultures grega i romana intentaven donar una resposta a les grans preguntes sobre l'origen del món, la natura o les passions i les virtuts humanes.

La mitologia inclou també relats heroics dels avantpassats, que creen amb els seus símbols un fort sentit d'identitat en el grup.

No tenien llibres sagrats ni dogmes, i els sacerdots eren només responsables del culte, no intermediaris amb els déus.

Un sacrifici als déus

Els sacrificis d'animals es celebraven en altars fora del temple. Allà cremaven per al déu algunes peces de carn i la resta de l'animal sacrificat es consumia col·lectivament.

Culte públic i culte privat

- El **culte públic**. La religió era present en la majoria d'actes públics, com ara festes, viatges, guerres, etc. El culte públic incloïa rituals de processons, sacrificis, ofrenes i libacions (abocar vi, mel, etc.), dedicats als déus per obtenir-ne els favors.
- El **culte privat**. Es feia en l'àmbit familiar per protegir la vida, demanar abundància d'aliments... Consistia en ofrenes i libacions als déus de la llar (lars i penats).

  A les cases romanes hi havia un petit altar ritual, el *lararium*, on cremava de manera permanent una flama.

Comprenc i analitzo

12. Quins eren els principals déus grecoromans? Escriu-ne els noms grecs i romans. De quins altres personatges constava la seva religió?
13. Fixa't en el dibuix dels déus i identifica quin símbol representava cada divinitat.
14. Defineix els conceptes de *mitologia* i de *culte*. Observa el dibuix del sacrifici i descriu com els grecs i els romans retien culte als seus déus.

Investigo

15. Cerca a Internet una obra de Velázquez, Goya o Picasso que tingui relació amb alguna divinitat grecoromana. Fes una explicació breu del mite de què tracta i inclou-ne imatges.

Empatia | Em poso en la seva mentalitat

16. Mira de posar-te en la mentalitat dels grecs i els romans i explica quines creences religioses els duien a consultar un oracle o un àugur.
17. Creieu que en la nostra societat persisteixen encara supersticions que auguren bona o mala sort? Quines coneixes?
18. Hi ha persones que consulten endevins per conèixer el futur o la sort. Us sembla que ho fan per les mateixes raons que els grecs i els romans? Hi confieu, en aquesta mena de pràctiques? Raoneu les respostes i debateu-les amb els companys i les companyes de classe.

4 Sabries distingir entre l'arquitectura grega i la romana?

El Partenó d'Atenes

A diferència de l'arquitectura colossal d'Egipte i Mesopotàmia, els edificis grecs i romans estaven construïts a **escala més humana**.

Els arquitectes grecs van construir edificis de línies horitzontals i teulades planes, de gran bellesa i harmonia visual. Els romans hi van fer servir arcs i voltes i hi van aportar solucions tècniques genials.

Com a material de construcció es va fer servir principalment la pedra (marbre o calcària), tot i que els romans van emprar també el maó i el formigó. Els edificis es policromaven amb colors vius o es recobrien amb estucs i amb mosaics.

Una arquitectura grega bàsicament religiosa...

La majoria dels temples grecs tenien **planta rectangular**, es construïen damunt un basament amb graons i els envoltaven amb una columnata (peristil). El conjunt es cobria amb un arquitrau horitzontal damunt del qual se situava el fris i un teulat de dos vessants.

La planta es dividia en tres espais: el **pronaos** (l'entrada), el **naos** (reservat a l'estàtua de la divinitat) i l'**opistòdom** (l'espai per a les ofrenes).

Per als grecs i els romans, el temple era la residència de la divinitat i les cerimònies se celebraven a l'exterior.

Un temple grec: el Partenó d'Atenes

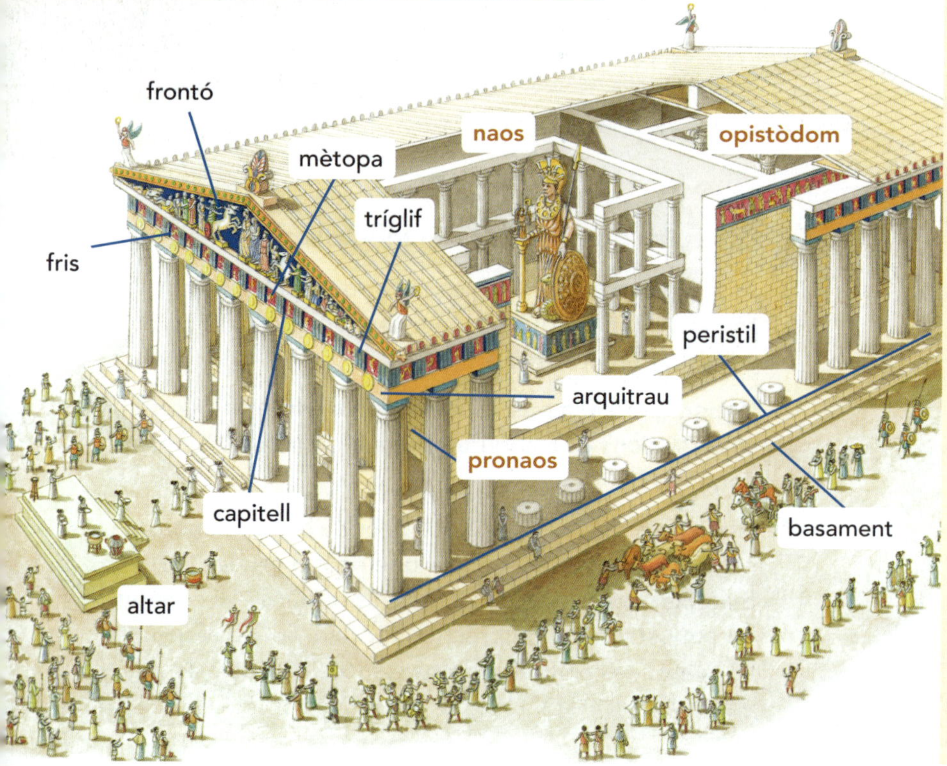

ELS ORDRES ARQUITECTÒNICS

Per als grecs, la bellesa partia de la proporció i l'harmonia, que van ser la base de tres ordres arquitectònics: el dòric, el jònic i el corinti.

Dòric: és sobri i corpulent. Presenta grosses columnes amb estries i sense base. Al fris s'hi alternen tríglifs i mètopes, decorats amb relleus.

Temple d'Hefest, a Atenes, segle V a.C

Jònic: és més lleuger i més esvelt. Les columnes descansen sobre una base i estan coronades per un capitell amb volutes. El fris es decora amb relleus.

Erectèon, a Atenes, segle V a.C.

Corinti: s'inspira en el jònic. Es distingeix per les fulles d'acant del capitell.

Olimpièon, a Atenes, segles VI a.C.-II d.C.

El Panteó de Roma

... i una arquitectura romana pràctica i funcional

L'arquitectura romana es caracteritza per la funcionalitat i les obres d'enginyeria civil. Les seves principals aportacions constructives es resumeixen en el **Panteó**: arcs, voltes i cúpules.

Les construccions de caràcter civil adequaven la forma a una funció determinada: edificis públics destinats a l'oci (amfiteatre, circ...), obres d'enginyeria (ponts, aqüeductes, calçades...) i monuments commemoratius.

Un temple romà: el Panteó de Roma

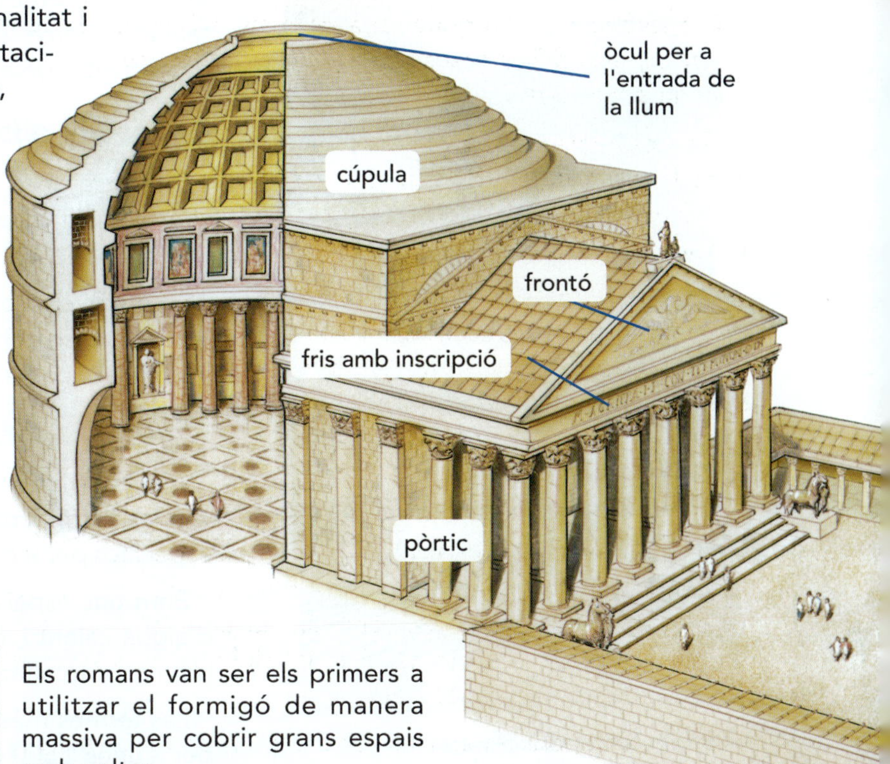

Els romans van ser els primers a utilitzar el formigó de manera massiva per cobrir grans espais amb voltes.

Arc de Tit al fòrum de Roma, segle I.

Les victòries militars se celebraven amb desfilades triomfals i la construcció de **columnes** i **arcs de triomf**.

Aqüeducte d'Aqua Claudia, a Roma, segle I.

Els territoris de l'Imperi estaven comunicats per **calçades**, amb grans **ponts** per salvar rius i desnivells. També hi havia **aqüeductes** per transportar l'aigua a la ciutat.

Comprenc

19. Què diferencia l'arquitectura grega de les construccions que feien els egipcis? Posa'n algun exemple.

20. Seguint el model, dibuixa la columna i l'entaulament de cadascun dels tres ordres. Assenyala'n les diferents parts i explicita les diferències entre tots tres.

21. Quins nous elements i quines tècniques de construcció van introduir els romans?

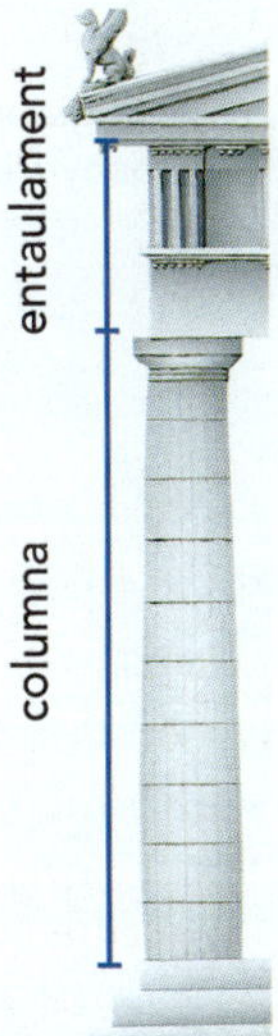

Investigo

22. Cerca imatges de les portalades del British Museum i del Museo del Prado. Quines semblances i diferències hi trobes amb l'arquitectura grecoromana? A quins segles corresponen? Com se'n diu, del seu estil artístic?

Patrimoni històric i artístic | Aprecio l'art

23. El Panteó és un dels edificis més espectaculars de la humanitat. El pots veure a www.tiching.com/778723, i resoldre aquesta incògnita: Quines dues raons tècniques expliquen que els grecs no construïssin temples semblants a aquest?

5 Quins grans espais d'oci van construir?

El Colosseu de Roma

Teatre d'Epidaure (Grècia), segle IV a.C.

Teatre de Sàbrata (Líbia), segle II.

Igual que per a nosaltres avui dia, l'oci era molt important per als grecs i els romans. Amb aquesta finalitat van construir edificis per instal·lar-hi banys públics, per fer-hi espectacles teatrals, competicions esportives, curses de quadrigues i jocs circenses.

Espais per a la cultura...

El **teatre grec** es construïa aprofitant el pendent d'un turó, en el qual se situava la càvea. Això permetia que el públic tingués una bona visibilitat sobre l'escena i una magnífica acústica del cor.

La grada del **teatre romà** s'aixecava sobre diferents nivells d'arcs i voltes, que la sostenien. Davant els espectadors, hi havia una orquestra semicircular i una escena elevada amb un fons arquitectònic.

... per a la cura del cos...

A més de practicar la lluita i la boxa a la palestra, els romans sovintejaven les **termes** per relaxar-se i conversar amb els amics. Hi havia horaris específics per a homes i dones, perquè en fessin ús separadament.

Eren uns espais grans, on es podien rebre massatges, prendre banys d'aigua calenta, freda o tèbia. Un sistema condicionat sota el paviment permetia escalfar i distribuir l'aire calent (hipocaust).

Les termes més grans van ser les de Caracal·la, a Roma, amb capacitat per a unes 1 500 persones.

Unes termes romanes

... i per als espectacles de masses

Roma va ser la primera civilització que va fomentar els espectacles de masses. Al circ, com per exemple el Circ Màxim de Roma, s'hi feien curses de quadrigues, i a l'**amfiteatre**, com el Colosseu de Roma, s'hi feien combats de gladiadors.

De vegades s'omplia d'aigua l'espai de l'arena de l'amfiteatre per organitzar-hi combats navals (naumàquies).

El Circ Màxim

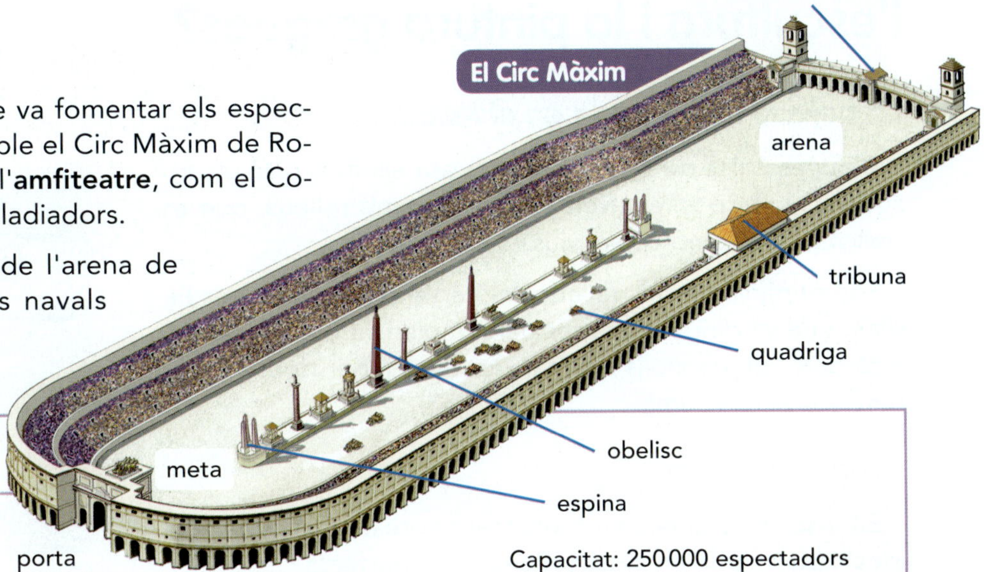

Capacitat: 250 000 espectadors

Quina finalitat tenien els espectacles de masses?

Els grans espectacles de masses van esdevenir instruments de propaganda de tres tipus:

- **Política**: el poder utilitzava aquests espectacles per guanyar popularitat (l'entrada era gratuïta i fins s'hi distribuïen aliments entre el públic).
- **Militar**: els ciutadans romans podien veure els homes i els animals exòtics sotmesos per les legions.
- **Cultural**: l'oci va facilitar la romanització, perquè fins les ciutats més petites van tenir construccions destinades a aquesta finalitat.

Saps que a les grades de l'amfiteatre i del circ romà s'hi feien activitats molt semblants a les de qualsevol estadi actual? S'hi venia menjar, s'agrupaven els seguidors dels diferents equips de cavalls o de gladiadors, els espectadors feien apostes, etc.

El públic, però, seia en espais diferenciats segons la posició social i fins i tot els homes i les dones havien d'estar separats.

D'ençà que no votem per ningú, aquest poble no es preocupa de la política. Ara s'està quiet i només frisa per dues coses: pa i jocs de circ.

JUVENAL: *Sàtira X*, segle II. (Adaptació)

El Colosseu

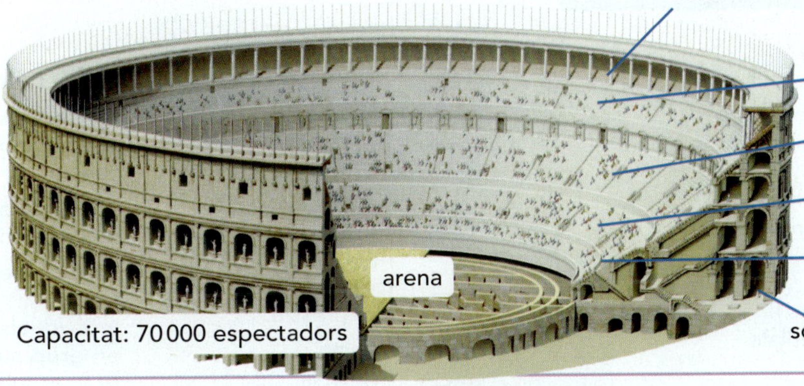

Capacitat: 70 000 espectadors

Comprenc i comparo

24. Explica com eren els teatres grecs i romans i assenyala'n diferències i semblances.

25. Enumera les dependències de les termes i explica quina activitat es feia a cadascuna. Quin sistema de calefacció tenien? Creus que són comparables a un *spa* actual?

Passat i present | Relaciono l'ahir i l'avui

26. Com eren els espectacles de masses? Per què diem que eren instruments de propaganda?

27. Descriu de manera detallada l'amfiteatre i el circ, i els espectacles que es feien en aquests dos edificis.

28. Quines restriccions tenien els esclaus i les dones en els espectacles de l'Antiguitat? Creus que actualment continua vigent la separació del públic per la condició social o de gènere?

29. Llegeix el text de Juvenal. Què creus que critica? Estàs d'acord amb el seu parer?

30. Organitzeu-vos en grups i compareu els espectacles de masses de l'antiga Roma amb els actuals.

6 La cerca de la bellesa. Com eren l'escultura i la pintura gregues?

La pintura grega: la ceràmica

La bellesa idealitzada en el relleu...

Algunes parts dels temples (com ara els frontons, els frisos i les mètopes) estaven decorades amb relleus, que es policromaven amb colors vius.

Són remarcables els relleus del Partenó, esculpits per **Fídies**, que va dirigir les obres del temple i va emprar la tècnica dels "draps molls" (enganxats al cos) per donar transparència al cos humà.

Detall del fris de la processó de les Grans Panatenees del Partenó d'Atenes, segle V a.C.

... en l'escultura...

Els escultors grecs van intentar representar la bellesa ideal i plasmar-la en cossos d'anatomia perfecta.

Per això, van idear un **cànon** o regla que mostra les proporcions perfectes i harmòniques del cos humà. Per exemple, **Policlet** va establir un cànon per a les seves figures, en el qual l'alçada equivalia a set vegades la mida del cap. Un segle més tard, l'escultor **Lisip** va allargar aquestes proporcions fins a 8 caps, de manera que les figures van guanyar lleugeresa i alçada.

tiching.com/778701

Per saber més sobre l'Acròpolis d'Atenes.

EVOLUCIÓ DE L'ESCULTURA GREGA

Arcaica (segles VII-VI a.C.)

Escultures rígides gairebé sense moviment, amb els braços enganxats al cos i amb faccions somrients i ulls ametllats.

Són remarcables els joves atletes nus (curos) i donzelles vestides (corai).

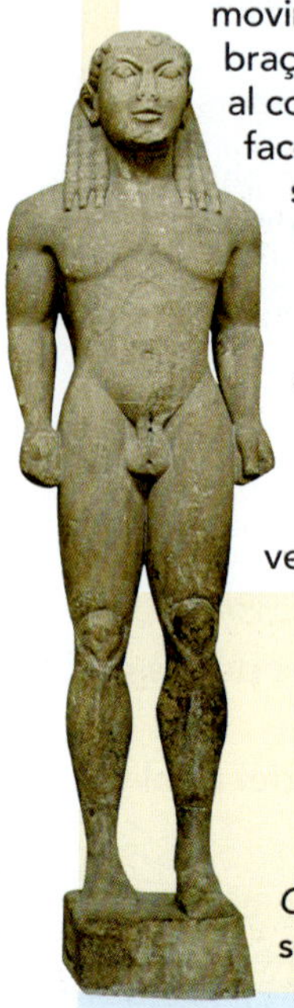

Curos Biton, segle VI a.C.

Realisme	★★★☆☆
Expressió	★★☆☆☆
Moviment	★☆☆☆☆

Clàssica (segles V-IV a.C.)

Obres més naturals, de moviment contingut, cos proporcionat i harmònic, i rostre serè i inexpressiu.

Hi van excel·lir escultors com ara Fídies, Miró, Policlet i Praxíteles.

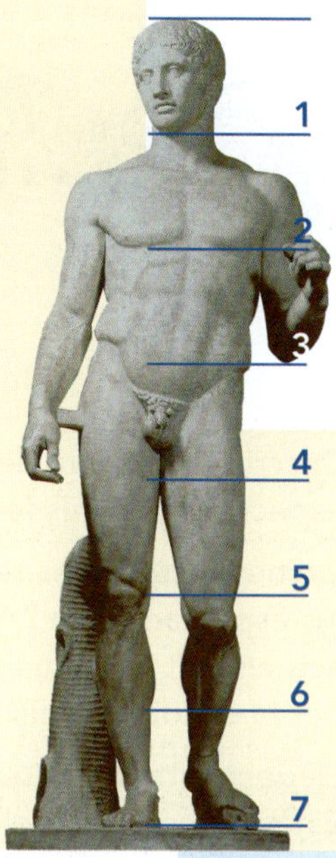

Dorífor, de Policlet, segle V a.C.

Realisme	★★★★☆
Expressió	★★★☆☆
Moviment	★★☆☆☆

Hel·lenística (a partir del segle III a.C.)

Hi trobem la representació de sentiments i d'emocions humanes (dolor, força, tensió...).

Es busca el realisme i fins i tot el dramatisme.

Es representen figures individuals o en grup amb gran moviment i expressivitat.

Laocoont i els seus fills, segle I a.C.

Realisme	★★★★☆
Expressió	★★★★★
Moviment	★★★★★

... i en la pintura

Tot i que sabem que molts edificis grecs estaven decorats amb pintures, se n'han conservat molt poques mostres. Tanmateix, gràcies a la **decoració ceràmica**, podem conèixer els temes i l'estil de la pintura grega.

Els ceramistes van crear peces molt esveltes i belles, amb formes diverses que s'adequaven a la funcionalitat. En la decoració ceràmica hi van representar escenes de la vida quotidiana i també representacions mitològiques.

Les pintures més nombroses presenten figures negres sobre fons ocre o bé figures vermelles sobre fons negre.

Fresc d'una tomba de Paestum (Itàlia), que mostra un banyista, segle V a.C.

Atuell grec decorat amb figures vermelles.

Fitxa ART

31. Fes aquest quadre al quadern i compara-hi totes dues escultures:

Característiques	1	2
Nom de l'obra, material, dimensions i cronologia		
Escena que representa		
Descripció del cos, el rostre i la posició		
Descripció de sentiments, emocions, moviments...		
Estil / etapa a què pertany		

1 *Afrodita de Cnidos*, segle IV a.C. Dimensions: 2,05 m d'alt.

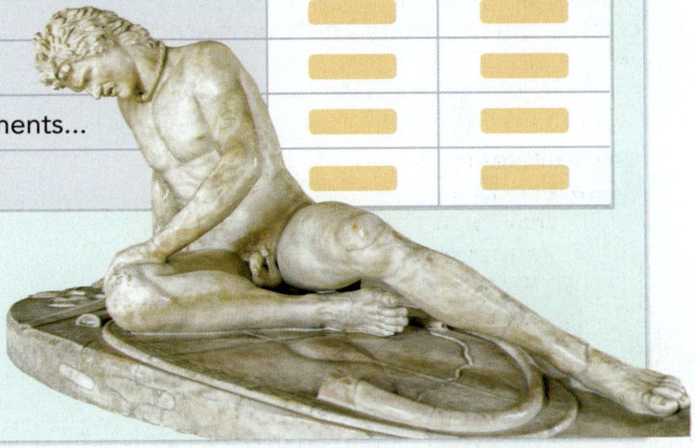

2 *Gàlata moribund*, segle III a.C. Dimensions: 0,81 m × 1,87 m

Comprenc i analitzo

32. Explica com entenien els grecs el relleu i l'escultura.

33. Què era el cànon? Com el representaven Policlet i Lisip?

34. Fixa't en la ceràmica grega que et presentem en aquesta pàgina i explica amb quina tècnica es va fer i quin tipus de representacions eren les més habituals.

35. Explica l'escena que es representa en el fresc de Paestum.

Investigo

36. Creus que avui dia s'estableixen cànons de bellesa com en l'Antiguitat? Cerca exemples de publicitat i explica quins creus que són els cànons de bellesa actuals.

Patrimoni històric i artístic | Aprecio l'art

37. Una part dels marbres del Partenó es guarden al British Museum de Londres. Esbrineu per què són allà i debateu a classe on creieu que haurien de conservar-se aquelles peces.

7 El sentit pràctic. Com eren l'escultura i la pintura romanes?

Amabilis, un escultor romà

Ara, en companyia d'Amabilis, un escultor romà de la Gàl·lia, coneixerem l'escultura romana.

Amabilis va rebre l'encàrrec de crear una escultura de l'emperador Marc Aureli i va restar pensatiu davant la tasca que havia de dur a terme. Havia de crear una obra bella a l'estil dels antics grecs (idealista), havia de plasmar la personalitat de l'emperador (realista) o havia de lloar-ne les gestes (propagandística)?

També havia de decidir si l'estàtua seria de cos sencer, sedent (asseguda), eqüestre (a cavall) o un bust, i decidir entre un estil idealista, realista o propagandístic.

Com representaries tu l'emperador, si fossis Amabilis?

Estàtua eqüestre de Marc Aureli, segle II.

Una escultura realista, idealista i simbòlica...

L'escultura romana va estar molt influïda per la grega i molts palaus i indrets públics estaven embellits amb escultures que copiaven dels models grecs.

Però, la gran innovació dels romans va ser el **retrat**, que presenta un intens realisme en contraposició amb la idealització dels grecs.

Els romans també van fer molts **relleus**, que mostren aspectes de la vida quotidiana o tenen un caràcter commemoratiu, i evoquen les gestes dels exèrcits i dels emperadors.

EL RETRAT

Realista

Durant la República, el retrat es feia de manera realista i sense cap tipus d'idealització.

Juli Cèsar, segle I a.C.

Idealista

A l'Alt imperi, era més **idealista**, d'influència grega, i representava els emperadors a manera de déus.

Emperador August, segle I.

Emperador Constantí, segle IV.

Simbòlic

Al Baix Imperi, era **simbòlic** i solemne, allunyat del realisme.

LA COLUMNA COMMEMORATIVA

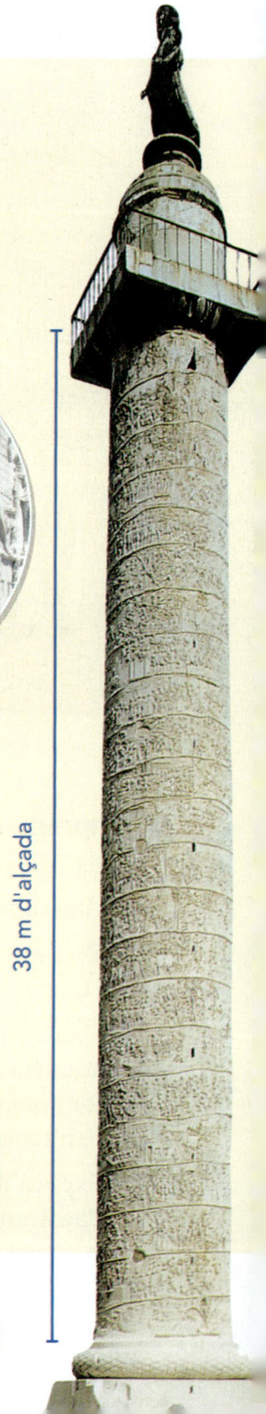

Estàtua de Trajà

Relleu helicoidal de més de 200 m, commemoratiu de les victòries sobre els dacis.

Columna commemorativa de l'emperador Trajà, Roma, segle II.

2. Repasso el que he après

a. Sintetitzo

- Quins gèneres literaris van sorgir a l'Antiguitat?
- Escriu aspectes relacionats amb la cultura i l'art que tinguin l'origen en el món grecoromà.
- Per què es considera que l'escultura grega és idealitzada i la romana és realista? Cita'n exemples.

b. Defineixo conceptes

- èpica
- heroi
- comèdia
- cànon
- Evangeli
- tragèdia
- auguri
- oracle
- amfiteatre
- ordre arquitectònic
- centaure
- pensament racional

c. Comparo

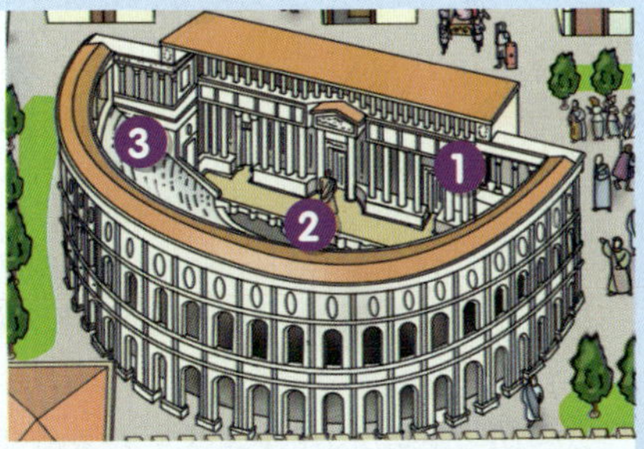

- Identifica les parts senyalades amb nombres del teatre romà i recorda'n la funció.
- Explica les diferències bàsiques entre un teatre romà i un teatre grec, que es corresponen amb els nombres 1 i 3 del dibuix.

d. Explico l'esquema

Explica com era la religió de grecs i romans:

- RELIGIÓ GRECOROMANA
  - endevinació
  - culte públic i privat
  - mitologia
  - déus i personatges fantàstics

e. Identifico les parts d'un temple

Relaciona cada nombre amb els elements del temple:

- peristil
- cel·la
- arquitrau
- coberta
- cornisa
- frontó
- capitell
- basament
- fris
- entaulament
- columna

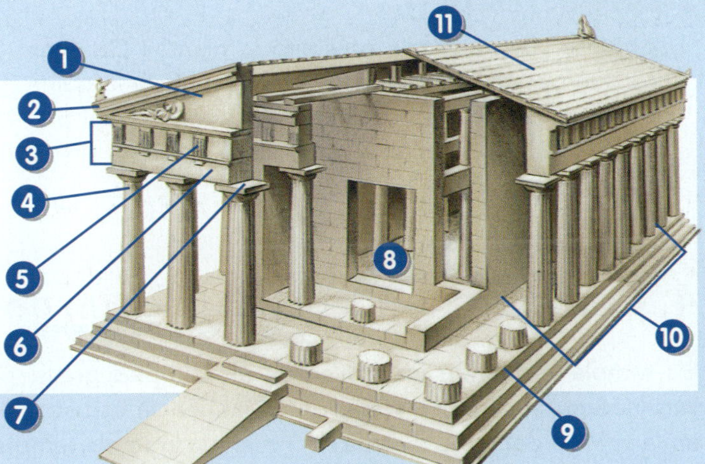

f. Completo un quadre resum

Copia i completa al quadern aquest quadre resum sobre el llegat clàssic:

	Partenó	Panteó
Estil		
Cronologia		
Ordre		
Coberta amb volta o de llinda		

	Curos Biton	Estàtua Marc Aureli
Estil		
Cronologia		
Expressió		
Moviment		

3. Aprenc a fer. Analitzar una obra arquitectònica

Partenó d'Atenes, segle V a.C.

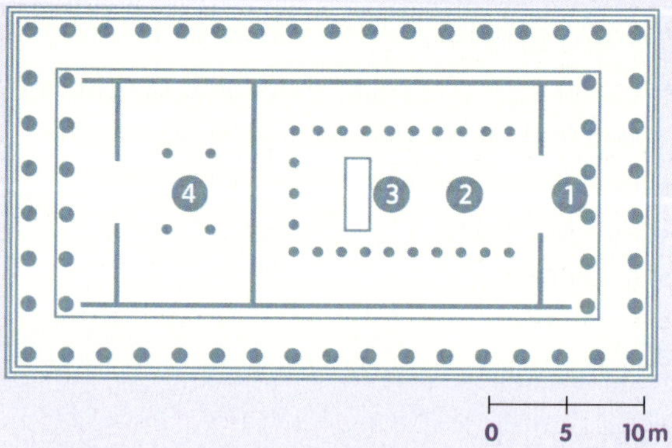

1. Presentació

a. Informació bàsica. Indica el nom de l'edifici, on es troba i quina n'és la cronologia.

b. Mides. Utilitza l'escala i calcula, sobre el plànol, les mides de la planta del temple (longitud i amplada).

c. Funció. Es tracta d'un edifici amb una funció civil o religiosa? A qui estava dedicat?

d. Autoria. Esbrina'n els autors i qui en va ser l'impulsor.

2. Descripció i anàlisi

a. Planta. Quina forma presenta la planta? Quantes columnes té el pòrtic? Podries identificar a quina part del temple corresponen els nombres del plànol? Quina funció tenia cadascuna?

b. Alçat. A quin ordre correspon? Quines en són les característiques? Quins materials s'han utilitzat en la construcció? Quins elements decoratius tenia el temple? Pots utilitzar com a ajuda alguna imatge d'Internet.

c. Tècnica. Utilitzava l'arquitectura grega l'arc i la volta? Què utilitzava en lloc d'això? Quin nom rep aquest tipus d'arquitectura?

3. Context històric

a. A quin període de la història de Grècia es va construir aquest temple?

- Quin tipus de cerimònies s'hi celebraven?
- Per què creus que les ciutats invertien tants recursos en la construcció d'aquests temples?

4. Comparo. Un temple grec i un de romà

Els temples romans s'inspiraven en els temples grecs, però s'hi van incorporar algunes variacions d'influència etrusca. Fixa't bé en la imatge del temple romà i compara-la amb els temples grecs de la pàgina 246.

a. Semblances. Quina forma té la planta? I la coberta? Té peristil? De quin estil és? Enumera cinc elements arquitectònics grecs que es repeteixen en aquest temple.

b. Diferències. Per ajudar-te, hi hem senyalat amb un nombre les diferències principals (el 4, per exemple, fa referència a la decoració del fris). Descriu-les. Hi pots veure alguna altra diferència relacionada amb l'alçada i l'esveltesa?

Temple de Portunus a Roma, segle I a.C.

5. Interpreto fonts secundàries. Mitologia i cinema

T'imagines que un dia t'adones que tens els superpoders d'un heroi clàssic? Perquè això és precisament el que li passa al protagonista de *Percy Jackson i el lladre del llampec*.

Mira el film i resol aquestes qüestions:

a. En quin heroi clàssic us sembla que està inspirat el personatge de Percy Jackson? Per què?

b. Quins altres elements de la mitologia grega apareixen al film?

c. Quins poders té Percy? Explica els dos episodis de les seves aventures que t'han agradat més i raona per què els has triat.

d. Coneixes algun altre film, una novel·la o un còmic actuals basats en mites o personatges clàssics?

e. Per què creus que molts aspectes de l'Antiguitat clàssica es continuen representant de manera recurrent en les ficcions actuals?

Portada del llibre *Percy Jackson i el lladre del llampec*.

6. Analitzo el vídeo

La processó de les Panatenees

Mira amb deteniment el vídeo sobre l'Acròpolis d'Atenes que et presentem a l'apartat 3: *Una religió de déus i llegendes fascinants?* Després fes aquestes activitats:

a. **Comprenc.** Explica qui són els protagonistes d'aquest vídeo.
   - Què ens narraran? Quin tipus d'emocions els provoca aquest esdeveniment?

b. **Contextualitzo.** Situa el vídeo tant en el temps com en l'espai:
   - On té lloc exactament la processó de les Panatenees? A quina polis?
   - Per què els protagonistes de la història la consideren la polis més bella del món?
   - Tenint en compte que el Partenó ja estava acabat en aquesta època, a partir de quin moment podríem datar l'escena del vídeo?

c. **Analitzo.** Què explica el vídeo sobre la deessa Atenea? I sobre el Partenó? Descriu tota la processó de les Grans Panatenees i digues quines hi són presents.

d. **Defineixo.** Defineix els conceptes següents relacionats en algun moment amb la processó:
   - Àgora, Lliga de Delos, atleta, àmfora.

e. **Elaboro.** La tarda del dia de la Processó hi haurà un gran banquet a l'Acròpolis d'Atenes. Imagina que hi pots assistir: descriu com serà el banquet, què s'hi menjarà, qui hi anirà i quin ambient regnarà a la festa.

12 Per què tenim un passat romà?

En aquest tema aprendràs:

- Com eren els pobles celtes i ibèrics abans de l'arribada dels romans.
- Quins interessos tenia Roma per conquerir la Península i com va ser la conquesta.
- De quina forma la presència romana va transformar la vida dels seus habitants?
- Què es conserva del nostre passat romà?
- Com es comparen reconstruccions històriques.

Començo

Observo...

- Quina escena mostra la imatge central? Saps quin ús tenia aquesta construcció?
- Fixa't en l'eix. Quins pobles habitaven la península Ibèrica al segle III a.C.? Segons el mapa, en quines províncies la van organitzar els romans?

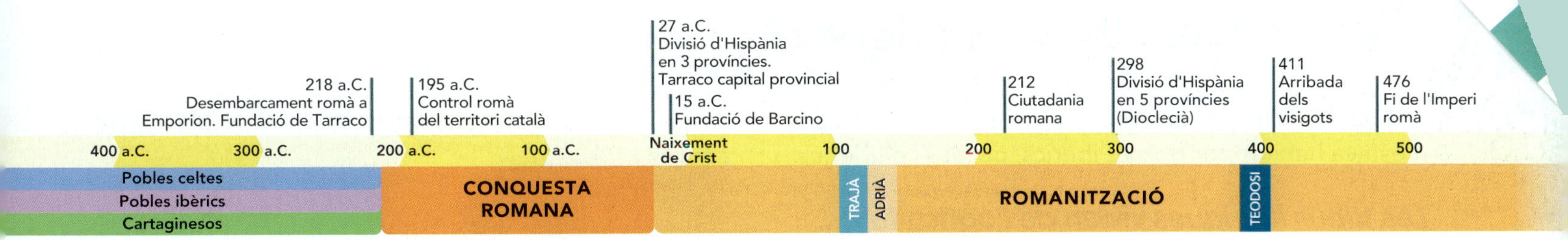

Construcció d'un aqüeducte romà.

... penso...

- Imagina que ets un habitant d'una tribu ibèrica que veu per primera vegada uns soldats romans. Com creus que seria aquest primer contacte?
- Creus que podria ser similar al que sentiries tu si veiessis un extraterrestre?

... i em pregunto

Després de veure el vídeo, planteja dues preguntes que trobis interessants sobre com va portar Roma la seva cultura a les terres de l'actual Catalunya i posa-les en comú amb la resta de la classe.

1 Com eren les tribus ibèriques?

Quan els romans van arribar a la Península el territori estava habitat per pobles ibèrics, celtes i celtibèrics.

Les tribus ibèriques vivien de l'agricultura...

Els ibers eren un conjunt de pobles organitzats en diferents tribus que no formaven una unitat política. Residien en poblats fortificats i els seus habitants es dedicaven a l'**agricultura** (cereals, vinya, llegums) i la **ramaderia** (ovelles, bous, cavalls...).

Explotaven els recursos minerals i coneixien la **metal·lúrgia** del ferro, el **teixit** i la **ceràmica**. Comerciaven entre tribus i amb els pobles colonitzadors.

Gràcies als contactes amb els pobles colonitzadors, van batre **moneda** pròpia i van adoptar un sistema de pesos i mesures. També coneixien l'**escriptura**, tot i que encara no n'hem pogut desxifrar el significat.

... i tenien una societat aristocràtica

La societat ibèrica estava jerarquitzada i la dirigia un rei o **cabdill militar**. Els sacerdots i els cabdills guerrers, que posseïen les terres de conreu, constituïen l'aristocràcia i exercien una funció social dominant.

Per sota hi havia agricultors, artesans i comerciants, que s'encarregaven de la producció de béns. Servents i esclaus formaven el nivell social inferior.

Sabem també que els ibers eren un poble **religiós**, gràcies als escrits d'historiadors antics i a les restes arqueològiques.

Àrees de poblament dels pobles preromans

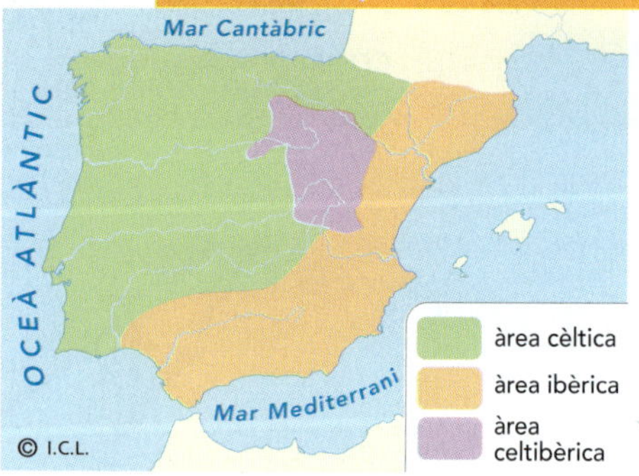

Els pobles ibèrics ocupaven una extensa zona de la Península, que s'estenia tot al llarg de la costa mediterrània.

Les tribus ibèriques del territori català

La vida en un poblat ibèric

Els habitatges solien ser rectangulars, amb sòcols de pedra i murs de tova. La sostrada es feia amb branques i palla i s'impermeabilitzava amb una capa d'argila.

Un poblat ibèric

Els ibers solien situar els poblats en indrets elevats, per facilitar-ne la defensa i el domini d'un territori extens, i a prop d'una font d'aigua.

Estaven encerclats de muralles amb torres de defensa. Els edificis s'agrupaven en un traçat urbà de carrers i places.

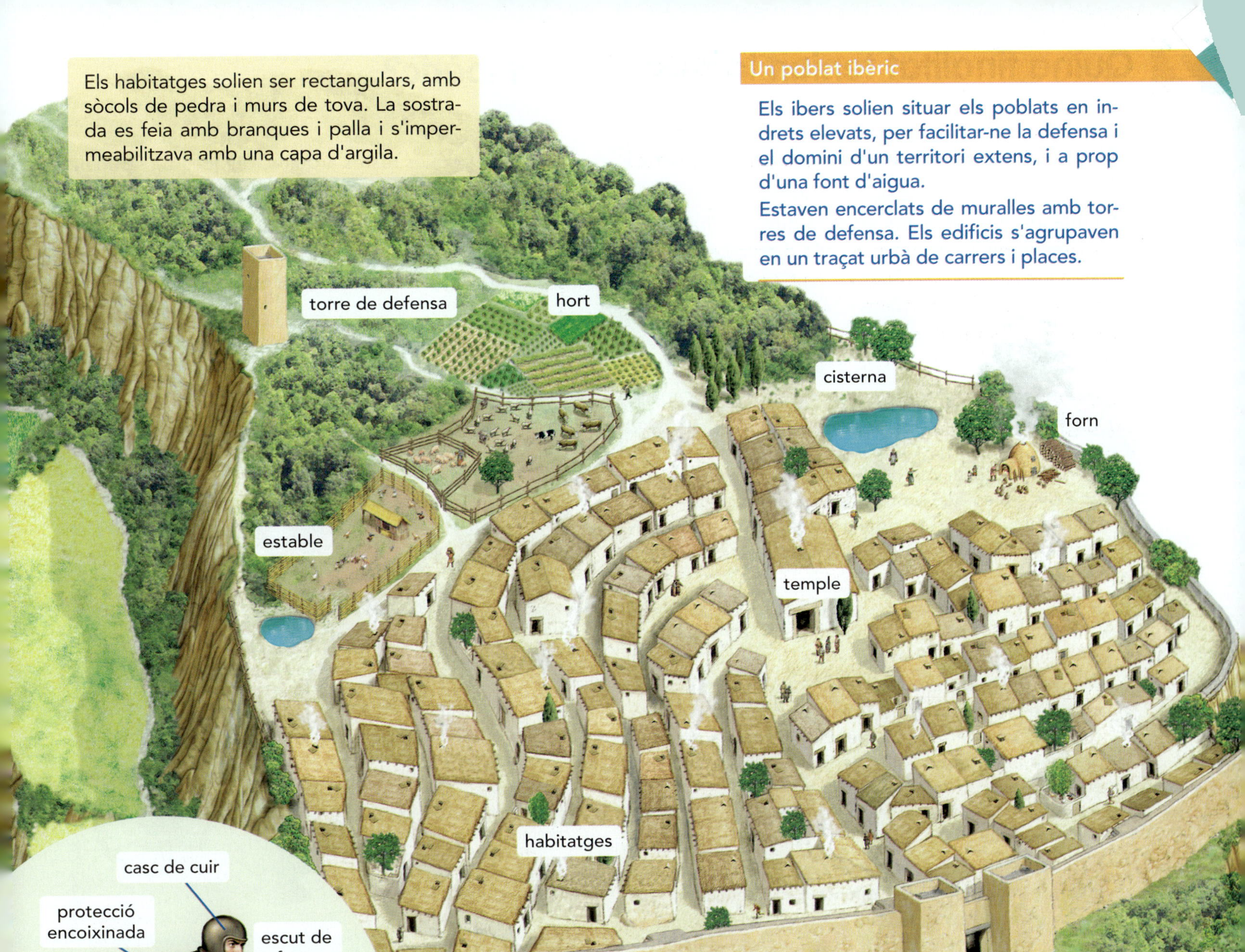

Els ibers eren molt hàbils en el maneig de les armes, entre les quals destaca la falcata de ferro, una espasa curta.

Làmina de plom amb signes ibèrics del puig de Sant Andreu (Ullastret).

Observo i analitzo

1. Quina tribu ibèrica ocupava la zona de Catalunya on vius? Hi havia algun poblat ibèric important?
2. Visualitza a www.tiching.com/778654 el vídeo sobre Ullastret. Explica com era l'emplaçament, l'estructura urbana i els habitatges.

Comprenc

3. Quines eren les principals activitats econòmiques dels ibers? Quina organització social tenien?
4. Esbrina a quines localitats actuals estaven ubicats els principals poblats ibèrics del mapa.
5. Coneixien els ibers l'escriptura? Com ho sabem?

Empatia | Em poso en la seva mentalitat

6. Imagina que ets un agricultor iber que es troba amb un viatger romà que està escrivint sobre els ibers. Observa bé les dues imatges: què li explicaries sobre la la vida dels ibers?

2 Quina finalitat tenien la religió i l'art ibèric?

Els pobles ibèrics van desenvolupar un art molt ric i refinat.

La majoria dels objectes artístics que se n'han conservat tenien una finalitat funerària o religiosa i s'han trobat a necròpolis o santuaris.

Queden poques restes arquitectòniques de santuaris ibèrics, però són moltes les escultures, les ceràmiques i l'orfebreria que s'han trobat en aquests jaciments.

Les mostres més ben conegudes de l'art ibèric són l'**escultura figurativa** i el **relleu en pedra**.

LA RELIGIÓ

Els ibers practicaven una religió de tipus animista, és a dir, creien que les muntanyes, els rius, els arbres o els animals estaven dotats d'esperit, i que havien de venerar-los amb rituals religiosos.

Els santuaris

Els nombrosos santuaris ibèrics que s'han trobat solen estar situats a zones elevades.

Alguns santuaris eren de grans dimensions, amb murs de protecció, patis interiors i més d'una estança; d'altres eren temples petits, amb una sola cambra, una entrada i un altar central per a les ofrenes i els sacrificis.

La necròpolis

Els ibers feien rituals d'incineració, que consistien a enterrar les cendres dels difunts, juntament amb l'aixovar funerari, en necròpolis.

Un santuari

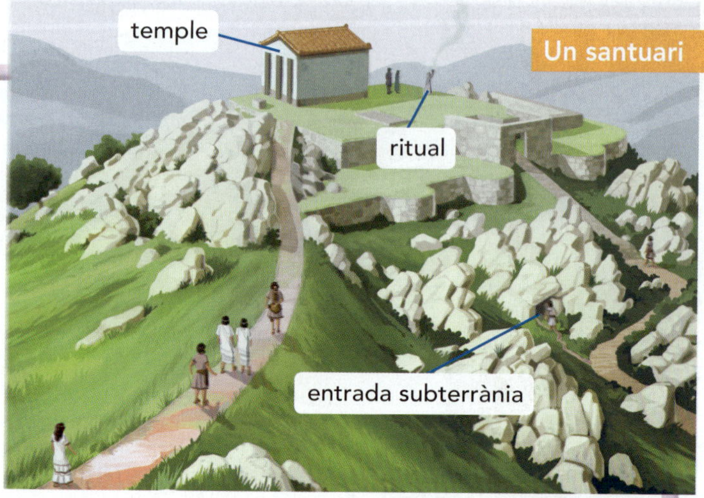

El tresor de Tivisa formava part d'una vaixella de luxe per a cerimònies rituals i es va trobar en un recinte religiós del poblat ibèric del Castellet de Banyoles.

Un ritual funerari

La dona ibèrica

La dona tenia una funció destacada en el pla religiós: podia exercir de sacerdotessa.

També contribuïa a l'economia domèstica: treballava al camp i s'encarregava de la fabricació de ceràmica i teixits, elements imprescindibles per a la vida del poblat.

Gran Dama oferent del Cerro de los Santos (Albacete), segle IV a.C.

LES FASES DE LA CONQUESTA D'HISPÀNIA

La conquesta de la Península, que els romans van anomenar **Hispània**, va tenir lloc de manera progressiva: es va perllongar durant dos-cents anys i es va desenvolupar en quatre fases:

Fase 1: El sotmetiment del litoral (218-201 a.C.)

Després d'haver dominat el territori coster català, els romans van conquerir les ciutats de Sagunt, Cartago Nova i Gades (Cadis), i es van fer amb el control del sud-est peninsular.

Fase 2: La conquesta de la Meseta oriental (201-154 a.C.)

Després d'ocupar el territori interior català, els romans van conquerir el Sistema Ibèric, on van trobar escassa oposició, i la Meseta oriental.

Fase 3: La resistència celta i celtibèrica (154-29 a.C.)

Els pobles celtes de la península Ibèrica, entre els quals hi havia els vacceus, els arevacs i els lusitans, comandats per **Viriat**, hi van oferir una tenaç resistència.

També va ser important la resistència de les tribus celtibèriques, que van defensar **Numància** durant vint anys.

Fase 3: La guerra contra els càntabres i els asturs (29-19 a.C.)

No va ser fins al govern de l'emperador August, a partir de l'any 29 a.C., que es va iniciar la conquesta de les últimes tribus no sotmeses al poder romà: els galaics, els asturs i els càntabres.

Amb la dominació d'aquests pobles, l'any 19 a.C., es va posar fi a la conquesta romana d'Hispània.

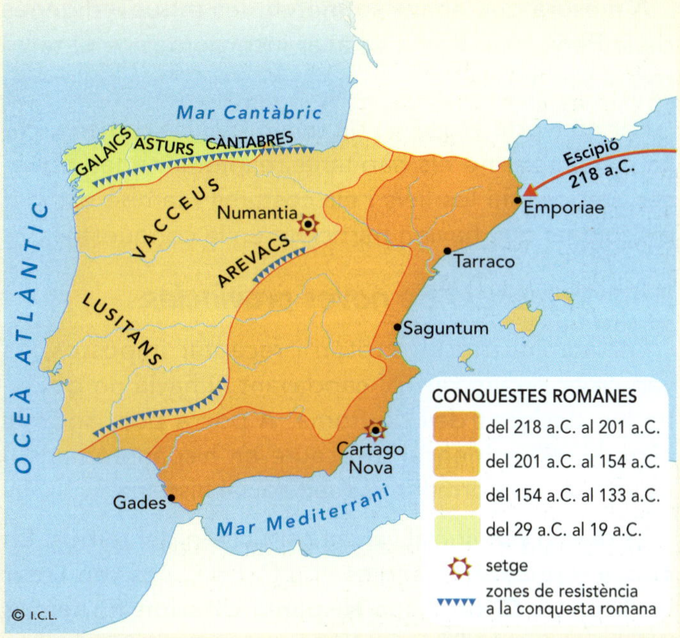

El canvi del calendari

La conquesta d'Hispània va obligar Roma a canviar el calendari. L'any començava el 15 de març, quan es nomenaven els cònsols que farien la guerra.

Si havien d'esperar fins al 15 de març per iniciar la marxa cap a la península Ibèrica, l'exèrcit romà perdia la primavera, la millor època per combatre.

Per aquest motiu es va avançar l'inici de l'any a l'1 de gener.

Observo i raono

17. Observa el mapa de les guerres púniques i respon:
- Quins territoris controlava Cartago? I Roma?
- Per què va començar la segona guerra púnica? Qui liderava cada bàndol?
- Qui va guanyar la guerra? A quin procés va donar inici?

18. Mira el mapa de Catalunya i explica quin itinerari va seguir la conquesta romana. Quins pobles van oferir més resistència? Per què?

19. Fixa't en el mapa sobre la conquesta d'Hispània. Elabora un eix cronològic explicatiu sobre les diferents etapes en què es va produir la conquesta de la Península i amb quins pobles es van enfrontar els romans en cada fase.

Causalitat | Identifico causes i conseqüències

20. Llegeix els text de Polibi i digues quines van ser les causes que van portar els romans a envair la península Ibèrica?

21. Per què la conquesta del litoral va ser més fàcil i ràpida que la de l'interior?

22. Quines conseqüències se'n van derivar del desembarcament romà a Hispània per a: els romans, els ibers, els celtes, els celtibers i els cartaginesos?

5 Com van controlar Hispània els romans?

A mesura que anava sotmetent les tribus indígenes de la Península, Roma va anar incorporant-ne el territori al seu imperi.

Per convertir Hispània en una província romana, calia romanitzar-ne els habitants, explotar-ne les riqueses, imposar-hi les lleis i els costums i també establir els soldats que havien participat en la conquesta.

Amb la creació de noves províncies...

Per administrar el territori i recaptar impostos, es van crear províncies. Al capdavant hi havia un governador, designat des de Roma. A poc a poc, aquests càrrecs van començar a recaure en hispanoromans, i es va anar conformant una elit social hispana.

La divisió provincial va canviar al llarg del temps. En època republicana (segles III a.C.-I d.C.) es van crear la **Hispània Citerior** i la **Hispània Ulterior**. En temps d'August (segle I) es van crear tres províncies: la **Tarraconensis**, la **Baetica** i la **Lusitania**.

Finalment, en temps de l'emperador Dioclecià (segle IV), es va dividir en sis províncies (s'hi van afegir la **Gallaecia**, la **Carthaginensis** i la **Balearica**).

Divisió provincial en temps de Dioclecià

La Tarraconensis i la Lusitania eren províncies imperials. Era l'emperador mateix qui en nomenava els governadors.

... la fundació de noves ciutats...

A Hispània van destacar moltes ciutats: antics municipis revitalitzats pels romans (Tarragona o Cadis) i noves colònies fundades pels soldats imperials o per l'Administració (Mèrida, Lleó, Saragossa).

Les ciutats es van convertir en el **centre administratiu, polític i econòmic** de la Hispània romana. La ciutat s'administrava per mitjà d'un consell i els magistrats escollits pels ciutadans.

L'**activitat artesanal** també es va desenvolupar a les ciutats. Hi havia petits tallers i grans factories amb esclaus. Es fabricaven armes, teixits, ceràmica, i salaons.

A més, van esdevenir importants **enclavaments comercials** gràcies a les calçades que les unien.

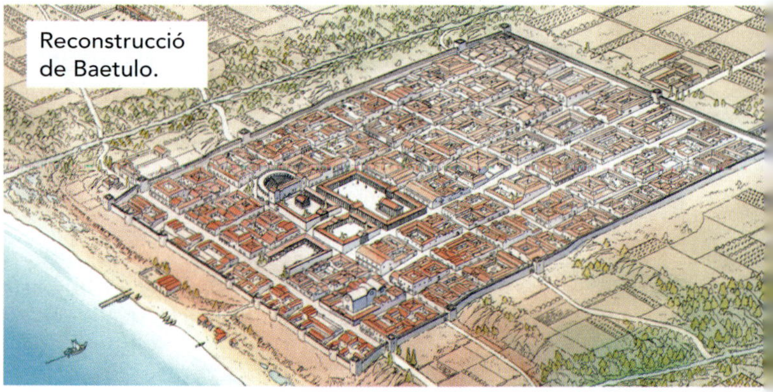

Reconstrucció de Baetulo.

Les ciutats romanes a Catalunya

Amb l'ocupació del territori català es van fundar moltes ciutats que seguien el model urbanístic romà.

Les ciutats principals eren Tarraco (Tarragona), la primera fundació romana a la Península, Gerunda (Girona), Ausa (Vic), Iluro (Mataró), Baetulo (Badalona), Barcino (Barcelona), Dertosa (Tortosa)...

Els ports catalans, sobretot el d'Empúries, van esdevenir centres de redistribució de mercaderies pel Mediterrani. La ciutat de Dertosa va tenir un paper destacat en el tràfic fluvial per l'Ebre cap a l'interior de la península Ibèrica.

Catalunya romana

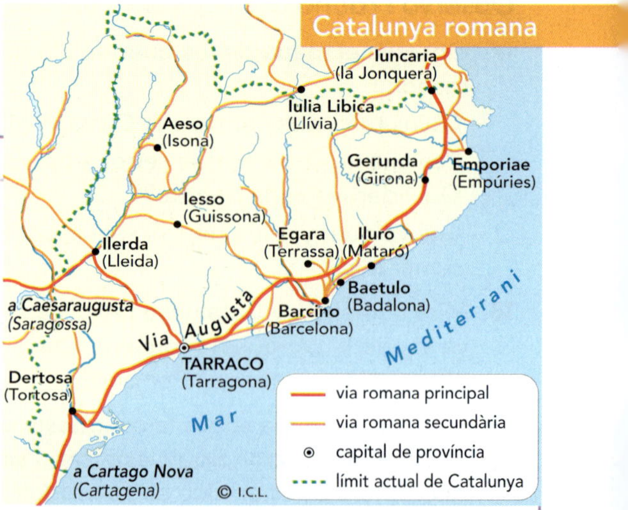

La construcció de calçades

El procés de construcció de calçades constava de diverses etapes, que feien aquestes vies molt resistents.

1. Topògraf que calcula el traçat de la via.
2. Excavació d'una rasa de 60 cm de profunditat fins a trobar un terreny dur i sorrenc.
3. Picapedrers que tallen pedres.
4. Vores construïdes amb lloses verticals.
5. Col·locació de capes de pedra i morter.
6. Capa superior bombada perquè l'aigua no s'hi entolli.

... i les calçades

Les ciutats d'Hispània estaven unides entre si i amb la resta de l'Imperi per mitjà d'una xarxa de calçades, que van jugar un paper molt important en la romanització del territori.

L'eix principal era la **Via Augusta**, que sortia de Gades, travessava el territori català en direcció nord-sud i tenia ramificacions cap a les terres de l'interior.

També destacava la **Via de la Plata**, que unia Emerita Augusta (Mèrida) amb Asturica Augusta (Astorga).

Les calçades d'Hispània

Comprenc

23. Fixa't en el mapa de la divisió provincial romana. Va ser la mateixa durant tot el període de la Hispània romana? Com va variar?

24. Explica, a partir del dibuix, com es construïa una calçada i quines màquines es feien servir?

25. Observa el mapa i identifica-hi les calçades més importants d'Hispània. Quina connectava amb Roma? Quin traçat seguia?

Raono

26. Quins instruments va utilitzar Roma per integrar Hispània a l'Imperi.

27. Fixa't en el dibuix de Baetulo. Identifica-hi les característiques pròpies d'una ciutat romana i destaca'n els edificis més rellevants. Informa't sobre si actualment queden restes ben conservades d'aquesta ciutat romana i busca'n fotografies a Internet.

Canvi i continuïtat | Comprenc l'evolució històrica

28. Imagina que vius a Baetulo al segle I. Escriu una crònica explicant com és la ciutat i quins canvis hi ha hagut en el territori i en les formes de vida dels habitants des de l'arribada dels romans.

6 La romanització de Catalunya

Viure a la romana era...

Tot i que la majoria mai no havia trepitjat la ciutat de Roma, els habitants de les províncies de l'Imperi, com la Tarraconensis, es van convertir progressivament en romans. Aquest procés d'adopció de la llengua i la cultura de Roma a les seves províncies rep el nom de **romanització**.

Per als habitants de l'actual Catalunya, la romanització va significar viure "a la manera romana", és a dir, adoptar les lleis, les creences i també els costums de Roma.

La Vil·la dels Munts, a Altafulla (Tarragonès) és una de les vil·les romanes més grans trobades a Catalunya.

... adoptar la llengua, les lleis, la religió...

El **llatí** es va anar convertint en la llengua que utilitzaven totes les províncies d'Hispània i arreu de l'Imperi. Les llengües peninsulars actuals (català, castellà, gallec, portuguès i aranès) provenen del llatí.

Tot l'Imperi es va regir segons el **dret romà**, que va unificar jurídicament tots els habitants de l'Imperi. Aquest dret constitueix encara la base de la legislació actual i a les universitats és una assignatura obligatòria per als futurs advocats.

La **religió romana** es va imposar sobre els antics cultes indígenes i totes les ciutats es van omplir de temples seguint el model romà. El culte a l'emperador es va convertir en un element de cohesió política de l'Imperi.

De la mateixa manera, el **cristianisme** es va expandir per Hispània a partir dels segles II i III. A Catalunya hi ha constància de l'existència de comunitats cristianes i de persecucions al segle III. Per exemple, el bisbe de la comunitat de Tarraco, sant Fructuós, va ser martiritzat i mort al circ.

Una ciutat acollidora

Per a mi Tarraco és la ciutat més agradable i estimada de totes les que sobresurten per al descans. Aquí tens un poble honrat, metòdic, tranquil, que manté una certa desconfiança envers els forasters, però, un cop els ha coneguts, els tracta bé (...).

La terra és fèrtil als camps i més encara als puigs: produeix vi i blat tan bons com els d'Itàlia, i la collita de la tardor no és inferior. A més, la ciutat [...] conserva estendards del cèsar i ostenta en el seu nom el títol de triomfal. I posseeix també monuments notables (...)

Luci Anneu FLORUS, segle II.

... i integrar-se en el món romà

Hispània es va integrar en l'aparell polític romà i les famílies més riques i poderoses van ocupar llocs de poder en l'administració provincial. Fins i tot algunes famílies enviaven els fills a Roma per iniciar-los en la carrera política.

Sabem que dos ciutadans de Barcino, Minici Natal pare i fill, van desenvolupar una brillant carrera política.

A més, l'any 129, durant la celebració dels jocs olímpics de l'antiguitat, Luci Minici Natal fill va imposar-se en la carrera de quadrigues.

TARRACO, UNA CAPITAL PROVINCIAL

Poc després del desembarcament dels germans Escipió a Emporion, els romans van instal·lar un campament militar a prop del poblat ibèric de Kese, situat a la part baixa de l'actual Tarragona i a tocar del mar.

A la segona meitat del segle I a.C., la ciutat va rebre el nom oficial de *Colonia Iulia Urbs Triumphalis Tarraconensis*.

Hi ha notícies que a l'any 26 a.C. , l'emperador August es va instal·lar durant dos anys a Tarraco per refer-se d'una malaltia i del cansament provocat per les guerres contra els càntabres i els asturs.

La presència de l'emperador va estimular el creixement de la ciutat, que va esdevenir capital de la província Tarraconensis, i es va convertir en un important centre econòmic, polític i administratiu.

La ciutat de Tarraco

Observo i comprenc

29. Qué s'entén per *romanització*? Posa'n tres exemples.

30. Pots citar tres elements del passat romà que encara siguin presents en la nostra societat i cultura? Podries dir tres expressions llatines que utilizem en la nostra parla habitual?

31. Creus que la família dels Minici Natal són un bon exemple d'integració dels hispans en l'admimistració romana? Per què?

32. Explica, segons el text de Florus, quins aspectes de Tarraco destacava el seu visitant del segle II.

Patrimoni històric | Valoro el patrimoni

33. Observa el dibuix de Tarraco.
- Com estava protegida? Com s'organitzaven els carrers? Quin nom rebia la plaça principal?
- Quins edificis en pots destacar? Quina utilitat tenien?

34. En quins aspectes s'assembla i en quins es diferencia del plànol d'una ciutat romana?

35. Consulta www.tiching.com/778665 i digues quins vestigis de la ciutat romana són encara visibles.

36. Creus que sota el tramat urbà actual hi ha encara restes de la ciutat romana? Justifica la resposta.

7 Per què Hispània era important per a Roma?

La riquesa d'Hispània

Des de l'arribada dels colonitzadors del Mediterrani, la Península es va considerar un territori ric en recursos i matèries primeres. Els romans hi van desenvolupar l'**agricultura** i en van explotar les riqueses naturals.

L'**activitat artesana** també hi va tenir un gran creixement. Hi havia petits tallers artesans i grans factories amb esclaus. Es fabricaven armes a Tarraco i a Toletum, i teixits, ceràmica i salaons a la costa mediterrània.

Una part de la producció agrícola i artesana es dedicava al mercat local; però, una altra part important, sobretot d'oli, vi i minerals, s'exportava per tot l'Imperi.

Les feines agrícoles i ramaderes s'organitzaven al voltant de les **vil·les**, grans centres d'explotació agrària. Estaven situades en zones de sòl fèrtil, aigua abundant i a prop d'una ciutat o d'una via de comunicació per donar sortida a la producció.

La producció a la Hispània romana

Paisatge de Las Médulas (Lleó), una de les explotacions d'or més grans en l'època romana.

PER L'EXPLOTACIÓ MINERA

Els primers colonitzadors ja coneixien la riquesa minera d'Hispània. Els romans van extreure, principalment, metalls preciosos, com ara l'**or** i la **plata**, **coure**, **ferro**, **mercuri** (a les mines d'Almadén) i **minerals** com el guix cristal·litzat.

Per explotar les mines, Roma va crear empreses públiques administrades en règim de concessió que feien servir mà d'obra esclava.

La producció minera

La Turdetània i les comarques veïnes no permeten trobar la paraula adient als qui volen lloar aquesta prodigalitat. Perquè mai fins ara no s'ha pogut trobar cap part de la terra on es produeixi ni tanta quantitat d'or, de plata, de coure o de ferro, ni de tanta qualitat.

ESTRABÓ: *Geografia d'Ibèria*, *segle* I a.C.

PER L'EXPLOTACIÓ PESQUERA

Les ciutats costaneres, especialment a la Baetica, van ser nuclis d'explotació pesquera importants, amb una florent indústria de salaons (conserves de peix en sal), que estenia el seu mercat arreu de l'Imperi romà.

A més del peix en salaó, Hispània també exportava el garum, una salsa de peix fermentat elaborada a les factories costaneres i que era molt popular a Roma.

Fàbrica de *garum* al jaciment romà de Baelo Claudia (Cadis).

PER L'EXPLOTACIÓ AGRÍCOLA

L'agricultura es va desenvolupar intensament gràcies a l'explotació del blat, la vinya i l'olivera, i per la introducció d'innovacions tècniques com l'arada romana, estirada per un animal, els molins de gra, les premses de vi i d'oli i també nous sistemes de canals i de regatge.

Gràcies a això, arreu d'Hispània s'hi van instal·lar colònies agrícoles explotades per pagesos i grans latifundis propietat de patricis, soldats o comerciants organitzats des de les vil·les.

La producció agrícola

És Hispània, certament, pobra en part, però allà on és fèrtil s'hi produeixen en abundància cereals, oli, vi, cavalls i metalls de tota mena, i en això la Gàl·lia és molt semblant; Hispània, però, la supera per l'espart de les regions desèrtiques, el guix cristal·litzat, la bellesa dels seus colorants, la força per al treball, la duresa corporal dels homes i la vehemència de cor (...).

PLINI: *Història Natural*, segle I.

Observo i comprenc

37. Fixa't en el mapa de la producció agrícola. Quins eren els productes de conreu principals i on es produïen? Fes el mateix amb l'explotació minera, la ramaderia i la pesca.

38. Quines aportacions van introduir els romans en la producció agrícola?

39. Fixa't en el dibuix de la vil·la romana, descriu com era i digues quines activitats s'hi feien. Dedueix quina part del dibuix correspon a cada part: urbana, frumentària i rústica.

40. En què consitia la salsa *garum*? Saps com s'elaborava?

Fonts històriques | Interpreto les fonts

41. Per què podem afirmar que Hispània era una província important per a l'Imperi romà? Argumenta la resposta amb exemples trets dels textos d'Estrabó i Plini.

42. Esbrina qui eren aquests autors i la seva relació amb Hispània.

8 Tots els hispans eren ciutadans romans?

A mesura que va anar avançant la cultura romana, la societat hispànica s'assemblava cada vegada més a la de Roma. Però, eren tots romans de ple dret?

La societat hispanoromana...

La majoria de la població que vivia a les terres de l'actual Catalunya era de procedència indígena, que amb el temps es va anar romanitzant i va crear una societat hispanoromana.

Igual com a Roma, els **patricis** formaven l'elit de la societat hispanoromana. Eren ciutadans lliures i propietaris procedents de famílies riques hispanes.

Aquests ciutadans no treballaven, però controlaven l'administració del seu patrimoni. També ocupaven els càrrecs públics de l'administració provincial (governadors, procuradors, etc.), i les distincions militars.

Els **plebeus**, el grup més nombrós, eren principalment soldats, agricultors o artesans. No tenien poder econòmic i sovint eren clients d'alguna família adinerada a la qual donaven suport a canvi de protecció.

Per sota dels plebeus hi havia els **lliberts**, antics esclaus alliberats, que no tenien accés als càrrecs públics. L'últim grup eren els **esclaus**, que treballaven al camp, a les mines, en tallers o servien a les grans *domus*.

La Casa dels Dofins és una *domus* o casa romana benestant de finals del segle I a.C. trobada a Baetulo.

Aquest habitatge pertanyia a un ric productor vitícola, i als magatzems s'hi podien emmagatzemar més de 18 000 litres de vi, que s'exportaven arreu de l'imperi.

Entre els mosaics que es conserven destaca el dels dofins, que dona nom a la casa.

Vestir a la romana

Els ciutadans romans vestien la **toga viril**, una peça de llana, semicircular, que feia quatre metres de llarg per tres metres d'ample i que es posava damunt la túnica.

Els nois vestien la **toga pretexta**, blanca i amb una vora de color porpra.

Les dones casades feien servir una **estola** lligada a la cintura, i per sortir al carrer se la cobrien amb una **palla**, una mena de xal.

Els plebeus acostumaven a portar una **túnica curta**. Tots calçaven **sandàlies**.

Magistrat romà vestint una toga.

Dona romana vestint una estola.

Com vivien les dones?

Les dones hispanoromanes, tot i que no podien participar en el govern ni en la política, tenien llibertat i autonomia: sortien soles de casa, anaven als temples, als espectacles públics, a les termes, i tenien el seu dot. També podien exercir determinades professions.

Tenim notícies escrites d'autors antics que parlen de dones que es dedicaven a la medecina a les ciutats de Tarraco i Emerita Augusta. D'altres van ser propietàries de grans vil·les rústiques i algunes es van dedicar al comerç i a l'exportació de vins i olis.

El treball femení més comú entre les hispanoromanes era el filat i el teixit de la llana.

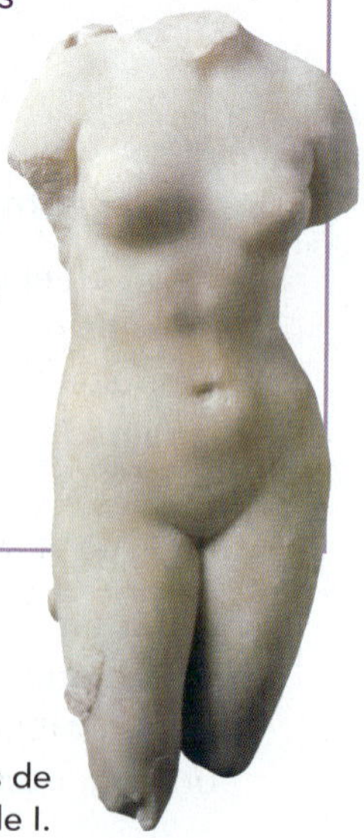

Venus de Badalona, segle I.

… va obtenir la ciutadania romana

Durant els primers segles de l'Imperi, els habitants de les províncies no eren considerats ciutadans romans, sinó estrangers (*peregrini*) i no tenien els mateixos drets.

Per afavorir la integració dels diferents habitants de l'Imperi, a la darreria del segle I, l'emperador **Vespasià** va estendre el dret llatí a a les ciutats d'Hispània. Malgrat això, els hispans tenien una participació política limitada: només podien triar els representants municipals.

Finalment, com ja saps, l'any 212, l'emperador **Caracalla** va atorgar el dret de ciutadania romana a tots els habitants lliures de l'Imperi romà. D'aquesta manera es completava l'equiparació jurídica.

Els habitants de les províncies d'Hispània ocupaven les magistratures locals, càrrecs que van constituir unes elits municipals riques i influents que van esdevenir un vehicle d'ascensió social. Moltes d'aquestes famílies van ocupar càrrecs arreu de l'Imperi i a Roma.

Fins i tot, tres ciutadans hispanoromans van arribar a ser emperadors: **Trajà** (98-117), **Adrià** (117-138) i **Teodosi** (347-395).

Actualment algunes ciutats de Catalunya organitzen festivals on es recreen les formes de vida del seu passat romà. A Tarragona se celebra el Tarraco Viva.

Què pretenia Caracal·la?

Per augmentar els impostos que recaptava, Caracal·la va declarar ciutadans romans tots els habitants lliures de l'Imperi.

Dit breument, es tractava d'honorar els habitants de l'Imperi; però, en realitat, l'objectiu era augmentar els ingressos, atès que els no ciutadans no estaven obligats a pagar gaires impostos.

CASSI DIÓ: *Història romana*, segle III.

Denari amb la imatge de l'emperador Caracal·la.

Filòsofs i escriptors hispans

D'entre el gran nombre d'escriptors i pensadors de la Hispània romana podem destacar:

Lucà

Va néixer a Còrdova vers l'any 39 a.C. i va escriure un poema èpic, la *Farsàlia*, sobre la guerra civil entre Cèsar i Pompeu.

Luci Anneu Sèneca

Va néixer a Còrdova cap a l'any 4 a.C. i es va dedicar a l'erudició i la filosofia. Va participar en la vida política de l'Imperi i fou nomenat tutor personal de l'emperador Neró.

Sèneca va ser un dels personatges més influents de Roma a la seva època.

Comprenc

43. Com era la societat hispanoromana? En què s'assemblava a la romana?

44. Els habitants d'Hispània van ser sempre ciutadans de ple dret? Quan i com van aconseguir la ciutadania plena?

45. Explica a partir dels documents com vivien els homes i dones de Catalunya durant l'època romana.

46. Quins grups socials hi havia? Què els diferenciava?

Reflexiono

47. Creus que les recreacions del passat romà ajuden a comprendre millor aquella època? Per què? Quina situació del passat romà t'agradaria reviure? Per què?

Empatia | Em poso en la seva mentalitat

48. Imagina que ets l'emperador Caracal·la. Redacta un edicte en què concedeixis la ciutadania a tots els habitants lliures de l'Imperi i en què expliquis els motius que et mouen a fer-ho.

9 Què se'n conserva, del nostre passat romà?

A més de la llengua, els costums i les tradicions, també conservem dels romans el patrimoni artístic i arquitectònic, construït durant més de set segles.

A molts indrets d'Hispània s'hi conserven grans **edificis públics**, com ara teatres, amfiteatres, circs, termes o temples; **muralles**, **calçades** i restes de **vil·les** i **ciutats**; així com també obres d'enginyeria, com ara **ponts** o **aqüeductes**, per salvar rius o muntanyes.

Tot això ens permet fer-nos una idea de com era la vida dels hispanoromans, quins n'eren els costums i com van adoptar a poc a poc la cultura romana en el procés de romanització.

L'ARQUITECTURA

Construccions per protegir-se...

Muralles de Lucus Augusti (Lugo), segle III.

... per enllaçar calçades

Pont d'Alcántara, segle II.

... per al subministrament d'aigua

Aqüeducte de les Ferreres (Tarragona), segle I.

... per honorar els déus

Temple d'Ausa (Vic), segle II.

... per prendre un bany

Termes d'Aquae Calidae (Caldes de Montbui), segle I a.C.

... per veure un espectacle teatral

Teatre de Cartago Nova, segle I.

... o vibrar amb els gladiadors

Amfiteatre de Tarraco, segle III.

EL MOSAIC, L'ESCULTURA I LA PINTURA

A Hispània s'hi van reproduir les principals manifestacions artístiques de Roma, igual com a d'altres províncies de l'Imperi.

Mosaics, **bustos**, **escultures**, **relleus** i **frescos** ornaven una gran quantitat d'edificis públics i privats a les ciutats principals, des de temples, termes i teatres fins a riques *domus* i vil·les agrícoles.

Relleu cristià trobat a Tarragona, segle IV.

Mosaic procedent de la vil·la de La Olmeda (Palència).

Mosaic amb escena de cacera del mausoleu de Centcelles (Constantí, Tarragonès), mosaic del segle IV.

Cap de marbre de l'emperador Marc Aureli, segle II, Museu Nacional d'Arqueologia de Tarragona.

Bust de l'anomenat *Home de la berruga*, trobat a Emerita Augusta, segle I.

Fitxa ART

48. Busca informació sobre l'arc de Berà, prop de Tarragona, i fes-ne la fitxa artística amb una imatge:

- **a. Identificació i localització.** Situa l'obra cronològicament i geogràficament.
- **b. Descripció.** De quin tipus de construcció es tracta? Descriu-ne les característiques. De quin material és feta?
- **c. Anàlisi artística.** Quines característiques de l'arquitectura romana en pots destacar?
- **d. Relació entre art i societat.** Amb quina finalitat es feien obres com aquesta? Què ens ensenya la societat hispanoromana?

Comprenc

49. Quina informació històrica pots deduir del relleu de Tarragona?

Investigo

50. Cerca informació sobre les principals restes romanes de Catalunya i fes-ne un informe responent a les preguntes següents i il·lustrant-lo amb imatges:

- Quin tipus d'edificis són? Quin ús se'n feia? Quan es van construir i a quina etapa de la història de Roma?
- Estan protegits per algun organisme, com ara el patrimoni mundial de la UNESCO...? Què significa aquesta protecció?

Patrimoni històric i artístic | Aprecio l'art

51. Observa les dues escultures, l'una és idealitzada i l'altra és realista. Identifica-les i dona dues raons que justifiquin la teva decisió.

52. Què prefereixes l'art realista o l'art idealitzat? Per què?

1. Resumeixo l'essencial

Els pobles ibèrics, celtes i celtibèrics

- La Península, abans de l'arribada dels romans, estava habitada per pobles ibèrics, celtes i celtibèrics.
- Els ibers tenien una economia agrícola i ramadera i practicaven el comerç i la mineria. Vivien en ciutats fortificades i la seva societat era jeràrquica, amb reis i cabdills militars. Van crear un art especialment notable en escultura (dames).
- Els celtes i celtibers eren tribus ramaderes i agricultores que coneixien la metal·lúrgia, vivien en poblats i desconeixien l'agricultura.

La conquesta romana

- Les guerres entre Roma i Cartago pel domini del Mediterrani occidental (guerres púniques) van ser l'origen de l'ocupació romana de la península Ibèrica.
- Cartago va preparar una invasió de la península Itàlica des de la península Ibèrica. Per frenar l'expedició d'Anníbal, l'any 218 a.C. dos exèrcits romans amb els germans Escipió al capdavant van desembarcar a les costes d'Emporion (Empúries, Girona).
- La conquesta del territori català va ser força ràpida i es va donar per acabada el 195 a.C. A la resta d'Hispània, la costa i l'est es van dominar molt ràpidament, però els celtes i els celtibers van oferir més resistència. Finalment, l'any 19 a.C. tota la Península va quedar sota domini romà.

L'organització del territori

- Per administrar Hispània i recaptar impostos els romans la van dividir en províncies, dirigides per un governador. El territori català va quedar inclòs a la província de Tarraconensis, amb capital a la ciutat de Tarraco, una de les més importants d'Hispània.
- Hispània va veure florir ciutats que es van convertir en centres administratius, polítics i econòmics. Les ciutats estaven unides, entre elles i amb la resta de l'Imperi, per una extensa xarxa de calçades. Les calçades principals d'Hispània eren la Via Augusta i la Via de la Plata.
- Els romans van introduir a l'agricultura l'arada, els molins de gra, les premses d'oli i vi, nous sistemes de regadiu i el conreu d'arbres fruiters, hortalisses, cereals, oliveres, vinya, etc. També van explotar la riquesa minera d'Hispània: obtenien metalls preciosos (plata i or), coure, ferro i mercuri.

La romanització de Catalunya

- A poc a poc el territori va adoptar el dret, la religió, la cultura i la llengua dels romans: romanització.
- La cultura romana va deixar a les nostres terres restes arqueològiques de ciutats i vil·les, calçades, teatres, termes, amfiteatres, aqüeductes, etc., que ens permeten conèixer les formes de vida, els costums i les creences dels hispanoromans.

a. Completo el mapa conceptual

Copia i completa al quadern aquest mapa conceptual:

ACTIVITAT COL·LABORATIVA pàg. 289
Presentem una campanya a favor del patrimoni.

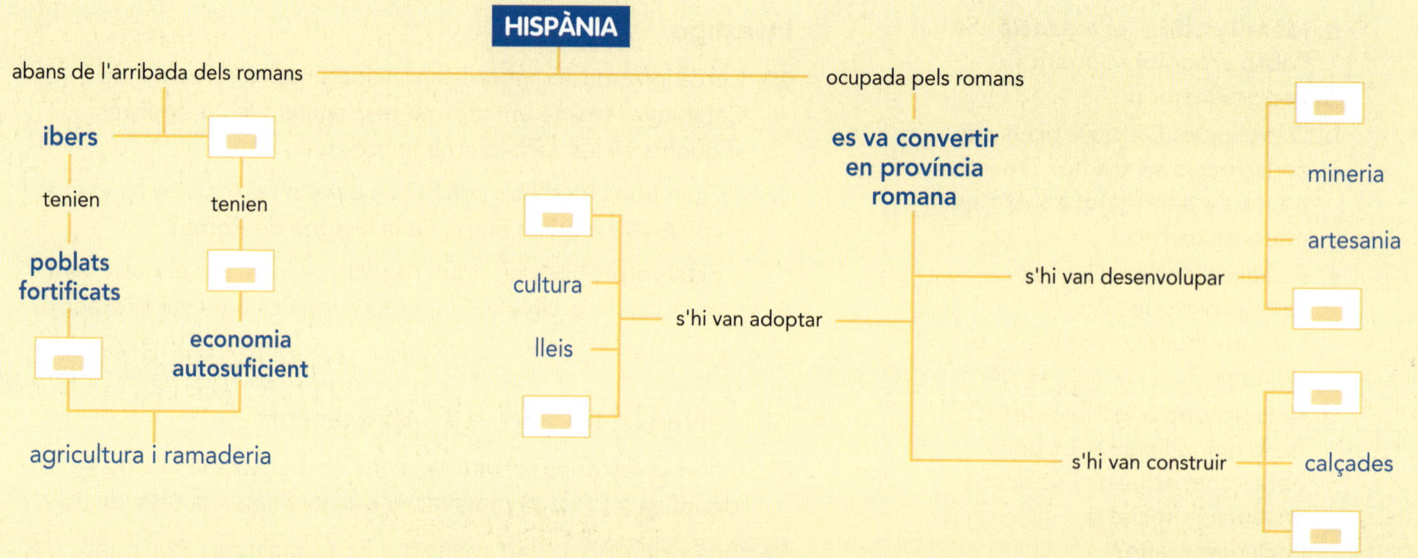

2. Repasso el que he après

a. Sintetitzo

- Explica les característiques dels pobles ibèrics i celtes i a quina zona de la Península es localitzen.
- Quines activitats econòmiques eren la base de la Hispània romana?

b. Defineixo conceptes

- celtes
- ibers
- castres
- garum
- falcates
- torques
- calçada
- clan
- romanització
- Via Augusta
- guerres púniques
- dames ibèriques

c. Explico l'esquema

Explica com va ser l'arribada dels romans a la península Ibèrica.

ROMANS A LA PENÍNSULA IBÈRICA

- Hispània
- províncies
- guerres púniques
- segles III i I a.C.

d. Relaciono

Relaciona cada lletra amb els complements de la indumentària femenina ibèrica: arracades, vestit llarg, vel o mantell, tiara o diadema i collarets.

Quina funció tenien aquestes escultures?

Explica el paper de la dona a la societat ibèrica.

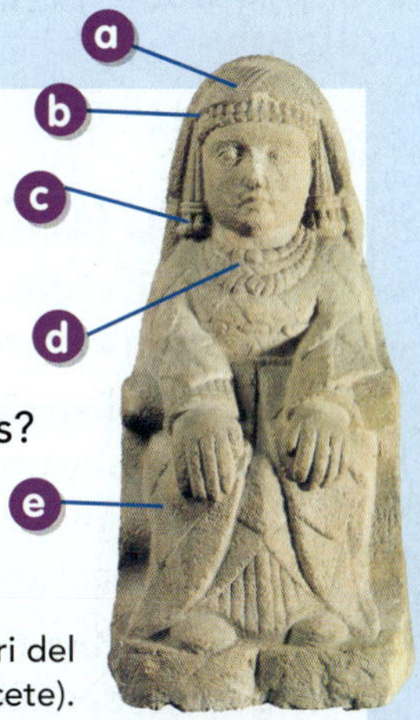

Estatueta del santuari del Cerro de los Santos (Albacete).

e. Identifico el patrimoni

Observa les fotografies. Quina construcció representa cada una? Quina és la funció i la ubicació de cada construcció?

1 

2 

3 

f. Completo un quadre resum

Copia i completa el quadre resum que tens a continuació sobre els pobles ibers i celtes.

	ibers	celtes
Tipus de poblat		
Tipus d'habitatge		
Organització econòmica		

	ibers	celtes
Organització social		
Escriptura i moneda		
Manifestacions artístiques		

3. Aprenc a fer. Comparar reconstruccions històriques

Les recreacions històriques són dibuixos detallats que representen formes de vida del passat. Intenten reflectir les troballes de les excavacions arqueològiques juntament amb d'altres fonts històriques.

1. Presentació

a. Què representen aquests dos dibuixos? A quin poble pertany el tipus d'habitatge A? I el B?

2. Anàlisi

b. Descriu la planta i la distribució interior dels dos habitatges. Quantes estances tenen? Com s'organitzaven?

c. Com es construïen els murs i com es cobria el sostre? Quins materials es feien servir? Com es ventilaven els habitatges? Per què era tan necessària la ventilació?

d. Explica com era el mobiliari. Cita objectes que hi puguis identificar.

e. Descriu les activitats que fan els personatges de cada habitatge.

3. Context històric

f. Relaciona el tipus d'habitatge amb la vida, l'economia i la cultura del poble preromà al qual creus que correspon.

g. Explica les semblances i diferències que pots establir entre aquestes dues cultures.

A

B

4. Identifico canvi i continuïtat. Del llatí al català

Com ja saps, l'idioma català prové del llatí. No és la mateixa llengua, però conserva un gran nombre de paraules que en deriven.

Llegeix la taula i fes les activitats següents:

a. Fixa't en les paraules llatines i mira de trobar les que fem servir en català.

b. Fes també l'exercici invers i esbrina quines són, en llatí, les paraules catalanes.

c. Busca deu paraules més que tinguin l'arrel llatina, com per exemple *domicili*, que prové del terme *domus*, que en llatí significa *casa*.

LLATÍ	CATALÀ	CATALÀ	LLATÍ
aqua	...	rosa	...
pugnare	...	or	...
habitare	...	temple	...
pater	...	cantar	*cantare*
arbor	arbre	dies	...
lingua	...	pa	...
anima	...	legió	...

5. Situo en l'espai. La conquesta romana

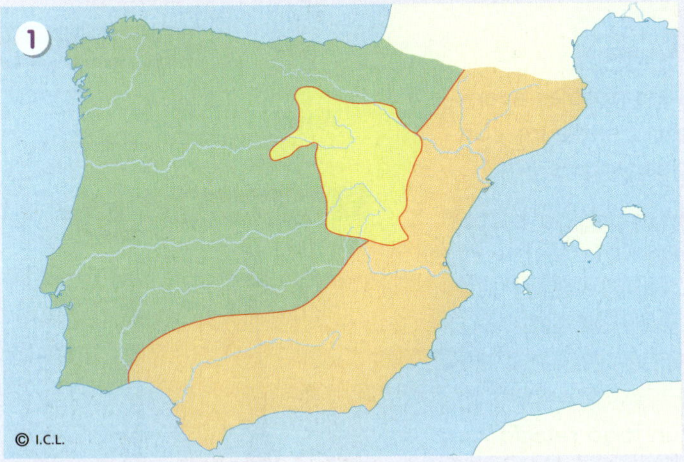

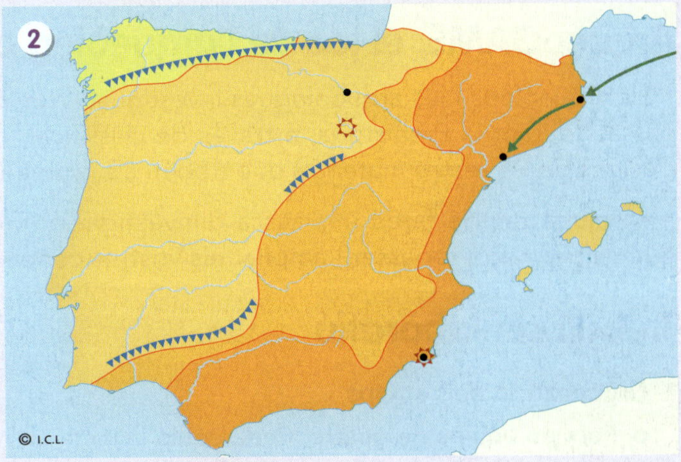

a. Observa el mapa 1.

- Identifica quin color correspon a cada una de les zones de poblament assenyalades a la península Ibèrica.
- Digues el nom d'algunes de les tribus que habitaven cada una de les tres zones.

b. Observa el mapa 2.

- Indica a quina fase de la conquesta romana correspon cada color.
- Què signifiquen els cercles? I les fletxes?
- A quina ciutat correspon cada punt? Per què s'han destacat?

6. Analitzo el vídeo

La Hispània preromana

Mira detingudament el vídeo sobre la vida en un poblat celta i en un poblat ibèric com els que et presentem a l'apartat 3: *Com vivien els pobles celtes i celtibèrics?* A continuació fes aquestes activitats:

a. Comprenc. Explica quins personatges surten a cada escenari del vídeo.

- On viu cada tribu? Compara els dos poblats.

b. Contextualitzo. Situa els dos escenaris en el temps i en l'espai.

- A quin període tenen lloc aquestes escenes? Són contemporànies?
- A quines zones podien estar situats els escenaris? Podien coincidir tots dos en un mateix territori?

c. Analitzo. Descriu la vida dels habitants de cada un dels poblats:

- Quines són les activitats principals de cada tribu? Compara-les.
- Quin tipus de comerç fa cada poble?
- Quines creences religioses es mostren al llarg del vídeo?
- Creus que un dels poblats té una vida més pacífica i fàcil que l'altre? A què es pot deure? Relaciona-ho amb la relació que té amb l'entorn.

d. Elaboro. Celtes i ibers van conviure en una mateixa època. Imagina que Vecio i el seu fill Hilern viatgen fins a la costa i coneixen els habitants del poblat ibèric. Escriu un final per a aquesta història en el qual les dues cultures comparteixen la seva manera de viure.

1. Creem i juguem

ArqueoGAME, el joc de l'arqueòleg astut

Els arqueòlegs i les arqueòlogues investiguen com vivien els nostres avantpassats durant la Prehistòria, a través de classificar, analitzar i extreure conclusions de les restes materials que troben als jaciments arqueològics.

Vosaltres també fareu una tasca d'investigació: creareu un joc de cartes que us permetrà repassar i ampliar els vostres coneixements.

Model de carta

Anvers

Revers

Treball col·laboratiu

1. Organització dels equips

a. Formeu equips de quatre. Cada equip inventa un nom i un logo relacionats amb la Prehistòria que els identifiquin.

2. Recerca de la informació

a. Cada membre de l'equip proposa imatges de restes materials que es podrien trobar en un jaciment prehistòric: estris (pedra, os, metall...), pintures rupestres, escultures, joies, armes, etc.

Comproveu que totes les propostes siguin diferents i que no es repeteixin amb les dels altres equips.

b. A continuació, busqueu a Internet o a la biblioteca la informació necessària per elaborar les vostres cartes. Seguiu el model de la carta de mostra.

3. Elaboració de les cartes

a. Elaboreu les cartes (cada membre de l'equip, una) amb una cartolina de 7 × 9 cm de mida:

- Enganxeu-hi o dibuixeu-hi la imatge que heu escollit i el nombre de la carta, i ompliu els camps següents: nom, funció, cronologia, descripció i material.
- Cada carta ha de tenir el nom i el logo de l'equip que l'ha elaborat.

Normes del joc

Per equips, es juga amb les cartes que s'han elaborat. S'escull per sorteig l'equip que comença la partida.

- L'equip inicial ensenya l'anvers d'una de les seves cartes a l'equip que té a la dreta. Aquest equip ha d'identificar l'objecte que apareix il·lustrat i les cinc característiques que estan escrites al revers de la carta.
- Si ho diu tot correctament, es queda amb la carta i la col·loca a la seva pila de cartes guanyades. Si no enumera bé les cinc característiques, el torn passa a l'equip de la dreta. Si aquest tampoc les encerta, el torn passa al següent i així successivament.
- Si ningú l'encerta, l'equip inicial descriu els ítems de l'objecte mostrat i posa la carta a la seva pila de cartes guanyades.
- La segona ronda segueix la mateixa mecànica. Aquest cop comença el segon equip, que mostra una carta seva a l'equip de la dreta. Es van fent rondes successives fins a acabar les cartes.
- Guanya la partida l'equip que té més cartes a la seva pila de cartes guanyades. En cas d'empatar, els dos equips tornen a jugar fins que un dels equips guanyi.

2. Debatem a classe

Quin càstig mereix la ciutat de Mitilene?

Imagineu-vos que la classe és l'Assemblea d'Atenes i que avui es reuneix per un debat molt especial: els ciutadans han de decidir quin càstig mereixen els habitants de Mitilene. Participa com un ciutadà més de l'Assemblea: escolta els oradors, emet la teva opinió i vota.

Plantejament del cas

Mitilene, una ciutat grega de la Lliga de Delos, estava descontenta per l'abús de poder que exercia Atenes i per l'apropiació del tresor comú que havien reunit a l'illa de Delos.

L'any 428 a.C., Mitilene es va revoltar contra el domini d'Atenes. Els atenesos, reunits en Assemblea, van debatre sobre el càstig que mereixia la ciutat rebel.

Intervenció del ciutadà Cleó

Estic ple de còlera per l'atreviment de la ciutat de Mitilene.

Amb aquesta traïció, ens correspon a nosaltres, els atenesos, defensar les nostres ciutats aliades del perill dels perses.

Proposo infligir-li un càstig sever perquè cap altra ciutat s'atreveixi a comportar-se com Mitilene i a desafiar Atenes: que tots els homes siguin condemnats a mort i les dones i els nens siguin venuts com esclaus.

Castigueu-los com es mereixen i, en el futur, cap altra ciutat s'atrevirà a trair Atenes.

Intervenció del ciutadà Diòdot

Hi ha dues coses que hem de deixar a banda abans de prendre una decisió sàvia: l'odi i la còlera. El ciutadà Cleó creu que un càstig sever ens protegirà en el futur i impedirà traïcions dels nostres aliats. Jo opino tot el contrari.

És de necis creure que s'aconsegueixen aliats o amics sotmetent-los a la força i atemorint-los. Hem d'actuar de manera que se sentin propers a Atenes i admirin l'ajuda que els proporcionem. Només d'aquesta manera no tindran mai desitjos de revoltar-se. Castiguem només els instigadors de la revolta, no tota la població.

Treball col·laboratiu

1. Lectura comprensiva dels textos

a. En grups, a partir de la lectura dels textos, expliqueu el motiu que va provocar que els ciutadans d'Atenes es reunissin en Assemblea. Quina decisió havien de prendre?

b. Quina opció van defensar els ciutadans Cleó i Diòdot sobre el càstig a Mitilene? Sintetitzeu els arguments que van exposar.

2. Presa de posició

a. Amb quina de les dues intervencions us identifiqueu? Teniu alguna proposta diferent? Escriviu el vostre punt de vista de manera argumentada.

3. Debat i votació

a. En grups, exposeu la vostra proposta sobre el càstig que mereixen els habitants de Mitilene. Expliqueu-ne oralment els motius durant un màxim d'un minut.

b. Després, voteu a mà alçada quina proposta us sembla millor.

4. Reflexió

a. A la vostra classe heu participat i heu votat tots els alumnes i les alumnes. Si haguéssiu viscut a Atenes al segle V a.C., qui de vosaltres no hauria pogut votar?

3. Elaborem un conte clàssic

El conte serà entretingut i fascinant per als lectors si hi poseu una mica d'imaginació.

Endavant, editors!

Els treballs d'Hèrcules

Hèrcules (Hèracles, per als grecs), fill del déu Zeus i d'una dona mortal, va ser un heroi de la mitologia clàssica conegut per la seva força extraordinària.

Per ser perdonat d'uns actes terribles que va cometre, Hèrcules va haver de realitzar dotze treballs difícils, que són, cada un d'ells, una aventura apassionant.

Us proposem que, entre tota la classe, escriviu i editeu com a revista digital un conte d'aventures sobre el personatge d'Hèrcules i els dotze treballs que va realitzar.

Estructura del conte

El vostre conte tindrà 14 capítols, que corresponen a la presentació del personatge, als 12 treballs d'Hèrcules i a la mort de l'heroi. Cada capítol ha d'ocupar dues pàgines de la revista. A la dreta teniu una proposta per a l'índex.

A. Hèrcules: el personatge

B. Els treballs d'Hèrcules

1. Matar el lleó de Nemea
2. Matar l'hidra de Lerna
3. Capturar la cérvola de Cerínia
4. Capturar el senglar d'Erimant
5. Netejar els estables d'Àugias en un sol dia
6. Matar els ocells del llac d'Estimfalos
7. Capturar el toro de Creta
8. Robar les eugues de Diomedes
9. Robar el cinturó d'Hipòlita
10. Robar els bous de Gerió
11. Robar les pomes del jardí de les Hespèrides
12. Capturar Cèrber i treure'l dels inferns

C. La mort d'Hèrcules

Treball col·laboratiu

1. Organització dels grups col·laboratius

a. Formeu grups. Cadascun ha de dur a terme una tasca del procés d'elaboració i edició del conte:

- **Documentalistes**: busquen la informació escrita per a cada apartat de la revista (dos grups).
- **Il·lustradors**: proposen i busquen la il·lustració per a cada pàgina (dos grups).
- **Redactors**: redacten el text dels apartats a partir de la il·lustració (tres grups).
- **Maquetistes**: elaboren la revista digital utilitzant la il·lustració i els textos, amb una aplicació com Madmagz (tres grups).
- **Productors**: coordinen la feina de tots els altres grups i resolen els problemes que puguin aparèixer al llarg del procés (un grup).

2. Elaboració de la revista

a. Cada grup planifica i duu a terme les tasques necessàries per acomplir els objectius que se'ls ha assignat, de manera coordinada amb la resta de grups.

b. El producte final serà la creació d'un conte sobre els dotze treballs d'Hèrcules i tindrà forma de revista, la qual podrà ser en format web, pdf o imprimible.

4. Presentem una campanya a favor del patrimoni

Un descobriment arqueològic

A sota de moltes de les nostres ciutats s'hi amaga un patrimoni hispanoromà molt ric que encara no ha estat excavat ni investigat.

Un bon dia, les obres de construcció d'un nou centre comercial posen al descobert restes arqueològiques de les quals no se sabia res. Aquest descobriment pot ser important per entendre millor la història de la ciutat.

L'Ajuntament ha organitzat un debat entre la ciutadania per decidir quina és la millor manera de preservar el patrimoni que s'ha trobat. Quina és la vostra posició?

Plantejament del cas

Formeu part del Grup d'Estudis Locals i teniu l'ocasió de defensar públicament la importància de preservar, estudiar i valorar les restes romanes trobades i també de presentar als veïns les vostres propostes d'actuació.

EL DIARI LOCAL

NOTÍCIES D'ACTUALITAT

S'han aturat les obres de construcció del nou centre comercial per la troballa d'unes restes que han sorprès els arqueòlegs i els historiadors.

Les restes podrien ser part d'unes termes i de diverses *domus* i indicarien, per tant, l'existència d'una important ciutat romana sota terra.

De moment, l'alcaldessa ha decidit paralitzar les obres, però ja s'ha obert el debat. Diverses persones s'han manifestat perquè les obres es reprenguin, argumentant que les restes romanes no han de posar en perill el futur centre comercial que els veïns han reclamat durant anys.

Treball col·laboratiu

1. Organització dels grups col·laboratius

a. Formeu grups de quatre. Cada grup crea una associació en defensa del patrimoni local i proposa una campanya per convèncer la ciutadania de la necessitat de protegir les restes romanes que s'han trobat. Cada associació ha de tenir un nom i un logotip adequats.

2. Elaboració d'una presentació digital

a. Cada grup elabora una presentació digital de cinc minuts durant la qual ha de respondre de forma argumentada dues preguntes:

- Per què hauríem de preservar totes les restes romanes?
- Quina solució podem proposar a l'empresa constructora?

b. Per fer-ho, primer heu de contrastar les vostres idees i posar en comú les respostes. Per contestar les dues preguntes, la presentació ha de desenvolupar els punts següents:

- Una exposició breu sobre la importància de la Hispània romana i del patrimoni romà de la península Ibèrica.
- Les raons per les quals l'Ajuntament hauria de preservar i conservar les restes trobades.
- Alternatives per ubicar el centre comercial.

c. Inventeu-vos un eslògan que serà el lema de la vostra campanya.

d. Distribuïu les tasques per elaborar la presentació. La presentació digital servirà de suport a la presentació oral que fareu davant de la resta de la classe.

3. Presentació oral i votació

a. Cada grup té set minuts per dur a terme l'exposició oral, que ha d'anar encapçalada per l'eslògan escollit.

b. Per acabar, heu de fer una votació per escollir la millor solució i el millor eslògan per a la campanya en defensa del patrimoni local.

CODI DE LLICÈNCIA *
VSVWZVAH

edubook
BASIC

1 Entra a la web: **activa.vicensvives.com**

2 Introdueix el **codi de llicència** del teu llibre

Introdueix la llicència

3 **Segueix els passos** i accedeix al teu compte d'Edubook

* Llicència gratuïta vàlida per un any des de l'activació
En cas que la disponibilitat i l'activació de la llicència no siguin possibles per algun motiu, l'usuari no podrà fer cap reclamació a EDUBOOK per aquest concepte.

- Les activitats contingudes en aquest llibre s'han de fer en un quadern a part.
- Els espais inclosos en les activitats són merament indicatius i tenen una finalitat didàctica.

Agraïm a L'**Helena Saavedra** la seva col·laboració en l'elaboració dels apartats
• *On es van establir els grecs que arribaren a Catalunya?* (pàgines 212-213 del tema 9) i
• *Per què els romans van desembarcar a Catalunya?* (pàgines 270-271 del tema 12).

Agraïm la possibilitat d'utilitzar el material fotogràfic a:
NASA. La Terra des de l'Estació Espacial Internacional; els pols nord i sud de la Lluna (Tema 1).
Zeynel Cebeci. Coscoll en el paisatge mediterrani (Tema 5).
Tato Grasso. Margalló en el paisatge mediterrani (Tema 5).
H. Zell. Castanya en el paisatge oceànic (Tema 5).
NASA/ JSC, ESA Astronauta Paolo Nespoli. Fotografia satèl·lit de Canàries (Tema 6).
CNIG. Marbella el 1956 i el 2016 (Tema 6).
Daniel Méndez (Revives)/ ASOME-UAB. Jaciment de La Bastida-Reconstrucció 3D (Tema 7).
The Walters Art Museum. Escena de la Ilíada, Príam (Tema 9).
Alun Salt. Bust de Germànic mutilat (Tema 11).
Giovanni Dall'Orto. Sarcòfag de Junius Bassus (Tema 11).

Il·lustrat per: Alademosca, Àlvar Salom, Marcel Socias, 123RF, age fotostock, Album Archivo Fotográfico, Cordon Press, Getty Images, iStock-Getty Images i Prisma Archivo Fotográfico.

Aquest llibre ha estat imprès en paper ecològic reciclable i amb tintes exemptes d'elements pesants solubles. Directiva Europea 88/378/UE, norma revisada EN/71.

Primera edició, 2020

2 3 4 5

Dipòsit Legal: B. 2.421-2020/ ISBN: 978-84-682-7184-2/Núm. d'Ordre V.V.: PL75.

IMPRÈS A ESPANYA. PRINTED IN SPAIN.

Atles

Geogràfic del Món

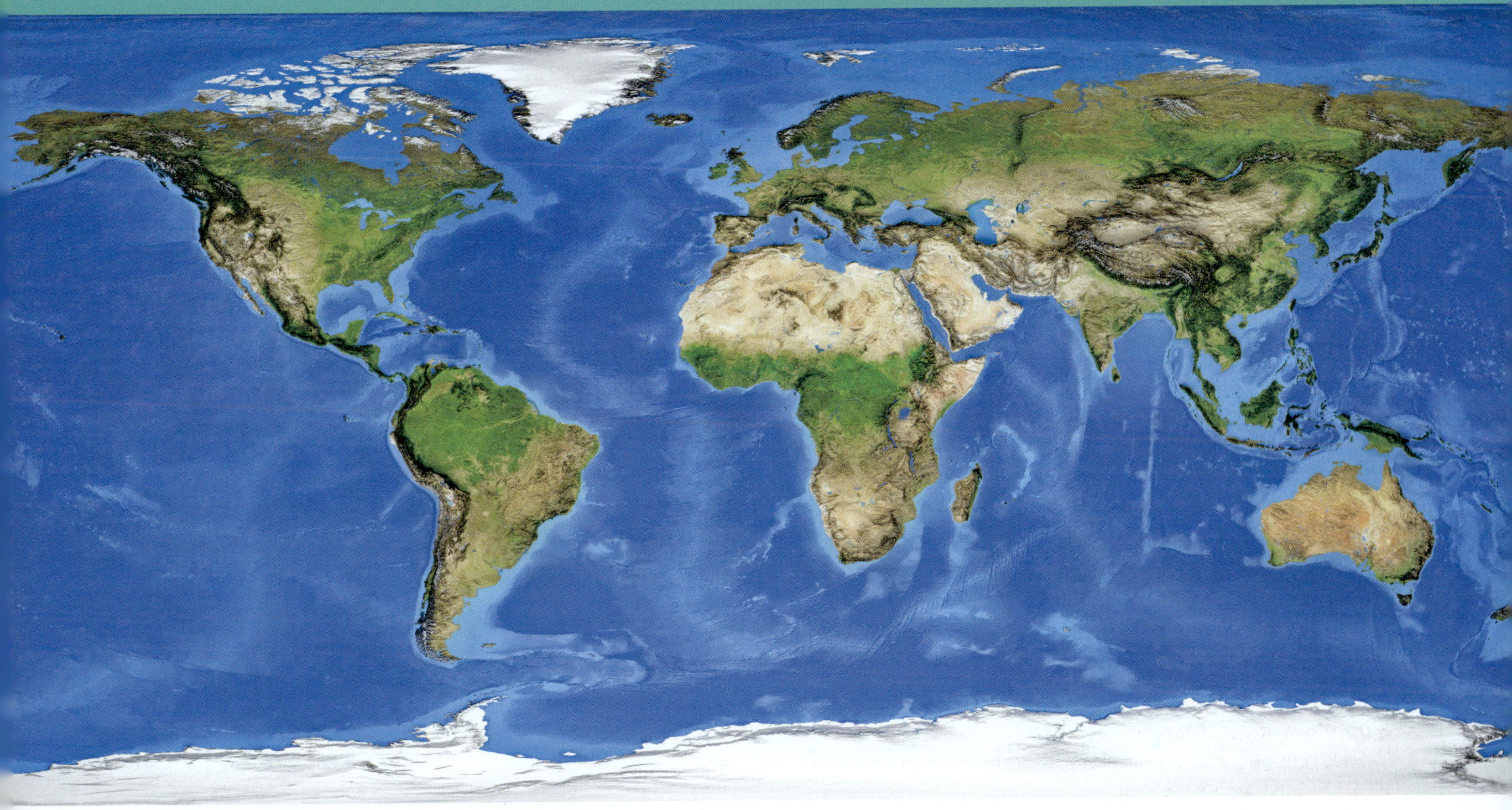

Institut Cartogràfic Llatí

1. Europa física

CIMS MÉS ALTS D'EUROPA

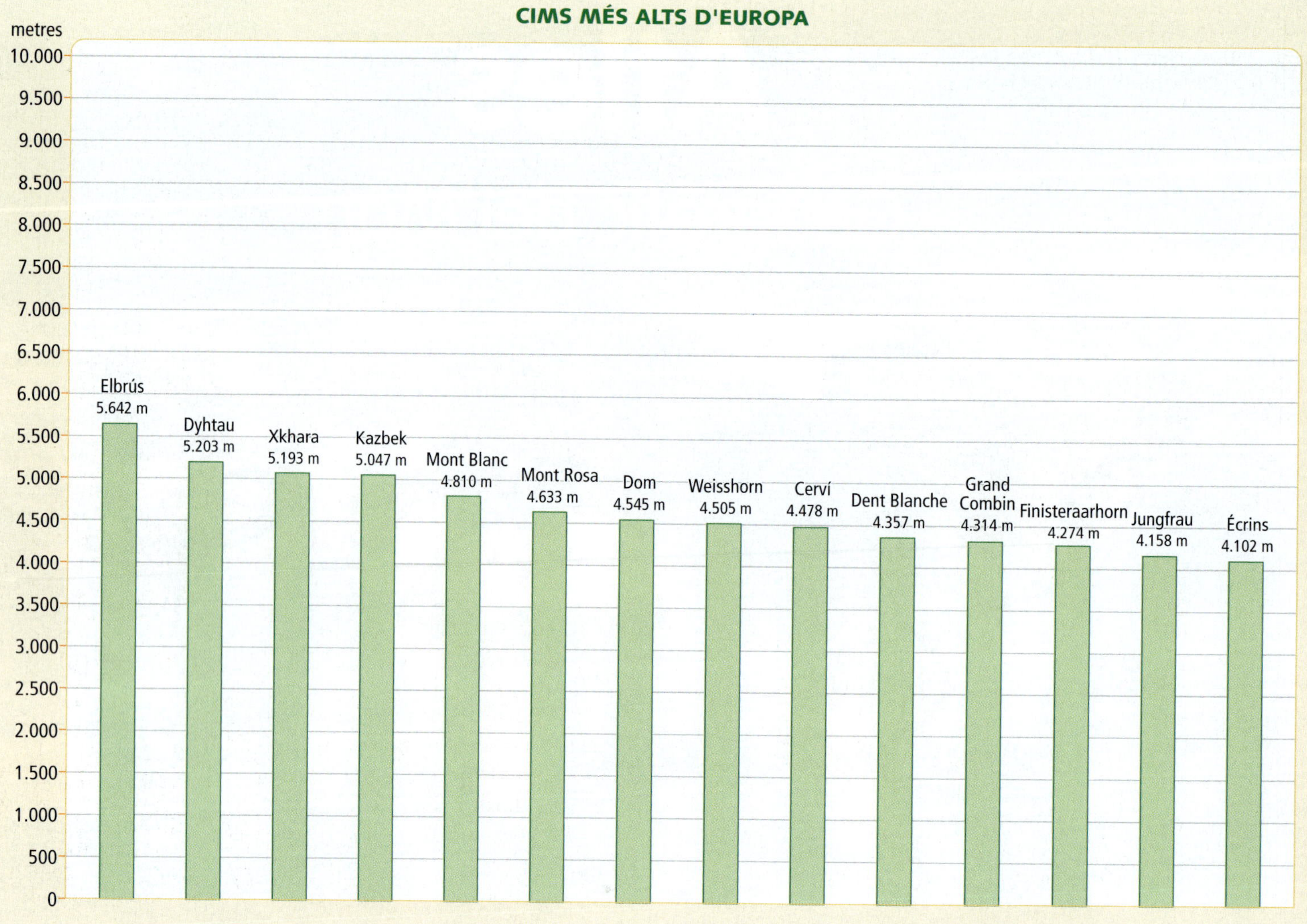

RIUS MÉS LLARGS D'EUROPA

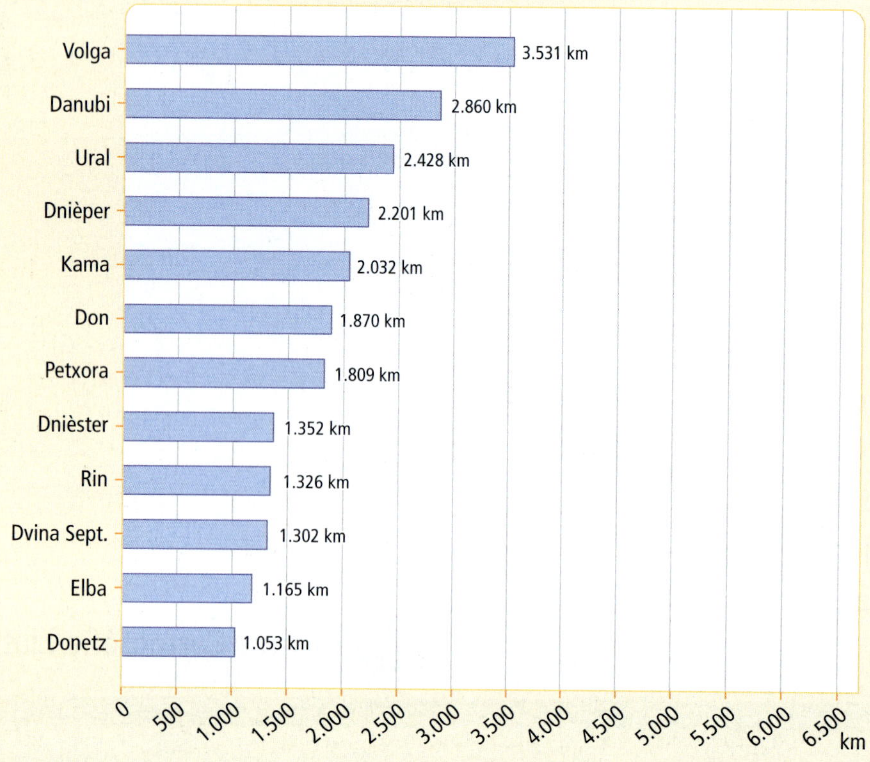

LLACS MÉS GRANS D'EUROPA

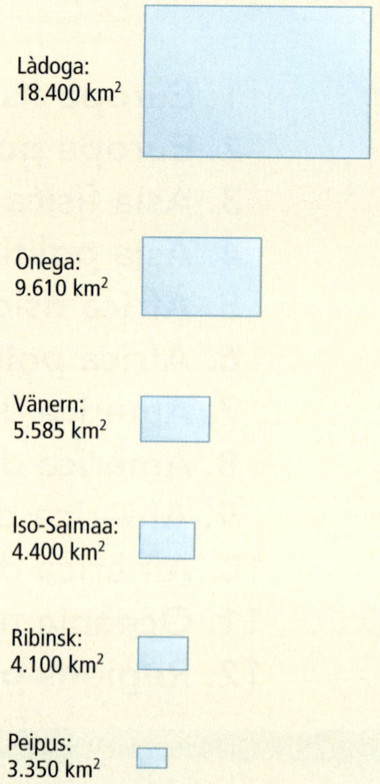

Europa física

2. Europa política

País	Capital	Superfície (en km²)	Població	Taxa de natalitat (per 1000 h.)	Taxa de mortalitat (per 1000 h.)	Taxa de mortalitat infantil (per 1000 h.)	Esperança de vida en néixer (en anys)		PIB/h. (en dòlars)
							H	D	
ALBÀNIA	Tirana	29.000	2.877.000	11	7	12	77	80	4.203
ALEMANYA	Berlín	357.000	82.176.000	9	11	3	79	84	41.902
ANDORRA	Andorra la Vella	500	78.000	8	4	2	80	85	39.896
ÀUSTRIA	Viena	84.000	8.700.000	10	10	3	79	84	44.498
BÈLGICA	Brussel·les	31.000	11.268.000	11	10	3	78	83	41.283
BIELORÚSSIA	Minsk	208.000	9.505.000	12	13	3	69	79	5.143
BÒSNIA I HERCEGOVINA	Sarajevo	51.000	3.518.000	8	11	5	74	79	4.308
BULGÀRIA	Sofia	111.000	7.102.000	9	15	6	71	78	7.369
C. DEL VATICÀ	C. del Vaticà	0,44	196	–	–	–	–	–	–
CROÀCIA	Zagreb	57.000	4.204.000	9	13	4	74	80	12.095
DINAMARCA	Copenhaguen	43.000	5.749.000	11	9	3	79	83	53.744
ESLOVÀQUIA	Bratislava	49.000	5.435.000	10	10	6	73	80	16.499
ESLOVÈNIA	Ljubljana	20.000	2.066.000	10	10	2	78	84	21.320
ESPANYA	Madrid	506.000	46.386.000	9	9	3	81	86	26.609
ESTÒNIA	Tallinn	45.000	1.316.000	11	12	2	73	82	17.633
FINLÀNDIA	Hèlsinki	338.000	5.504.000	10	10	2	78	84	43.169
FRANÇA	París	544.000	64.605.000	12	9	4	79	85	38.128
GRÈCIA	Atenes	132.000	10.824.000	8	11	4	78	84	17.901
HONGRIA	Budapest	93.000	9.830.000	1	13	4	72	79	12.778
IRLANDA	Dublín	70.000	4.762.000	14	6	3	80	84	62.562
ISLÀNDIA	Reykjavík	103.000	338.000	12	7	2	81	84	59.629
ITÀLIA	Roma	302.000	60.589.000	8	10	3	81	85	30.507
LETÒNIA	Riga	65.000	1.969.000	11	14	7	70	79	14.060
LIECHTENSTEIN	Vaduz	160	38.000	9	7	2	81	83	169.492
LITUÀNIA	Vílnius	65.000	2.888.558	11	15	4	69	80	14.890
LUXEMBURG	Luxemburg	3.000	591.000	10	7	1	79	85	103.199
MACEDÒNIA DEL NORD	Skopje	26.000	2.072.000	11	10	5	73	78	5.263
MALTA	La Valletta	315	434.000	10	8	5	80	84	25.214
MOLDÀVIA	Chişinău	30.000	2.998.000	11	11	10	68	76	1.901
MÒNACO	Mònaco	2	37.000	7	7	3	82	88	165.871
MONTENEGRO	Podgorica	14.000	622.000	12	10	2	75	79	6.629
NORUEGA	Oslo	324.000	5.258.000	11	8	2	81	84	70.392
PAÏSOS BAIXOS	Amsterdam	42.000	16.979.000	10	9	3	80	84	45.283
POLÒNIA	Varsòvia	313.000	38.427.000	10	10	4	74	82	12.316
PORTUGAL	Lisboa	92.000	10.310.000	8	10	3	77	83	19.832
REGNE UNIT	Londres	243.000	65.648.000	12	9	4	80	84	40.096
ROMANIA	Bucarest	238.000	19.760.000	9	13	8	72	79	9.465
RÚSSIA (EUROPA)	Moscou	4.265.000	111.534.000	13	13	6	66	77	8.929
SAN MARINO	San Marino	61	33.000	8	8	3	82	87	46.447
SÈRBIA	Belgrad	78.000	7.076.000	9	15	5	73	78	5.376
SUÈCIA	Estocolm	447.000	9.995.000	12	9	2	80	84	51.165
SUÏSSA	Berna	41.000	8.418.000	10	8	3	81	85	79.242
TURQUIA (EUROPA)	Ankara	24.000	11.310.000	16	5	12	75	81	10.743
TXECA, REPÚBLICA	Praga	79.000	10.579.000	11	10	3	76	83	18.286
UCRAÏNA	Kíev	576.500	42.523.000	11	15	8	66	76	2.194
XIPRE	Nicòsia	6.000	848.000	11	7	2	80	84	23.352
TOTAL	–	**10.213.307**	**718.442.291**	**10**	**10**	**4**	**76**	**82**	**34.462**

Font: *Calendario Atlante de Agostini*, 2018.

Europa política

3. Àsia física

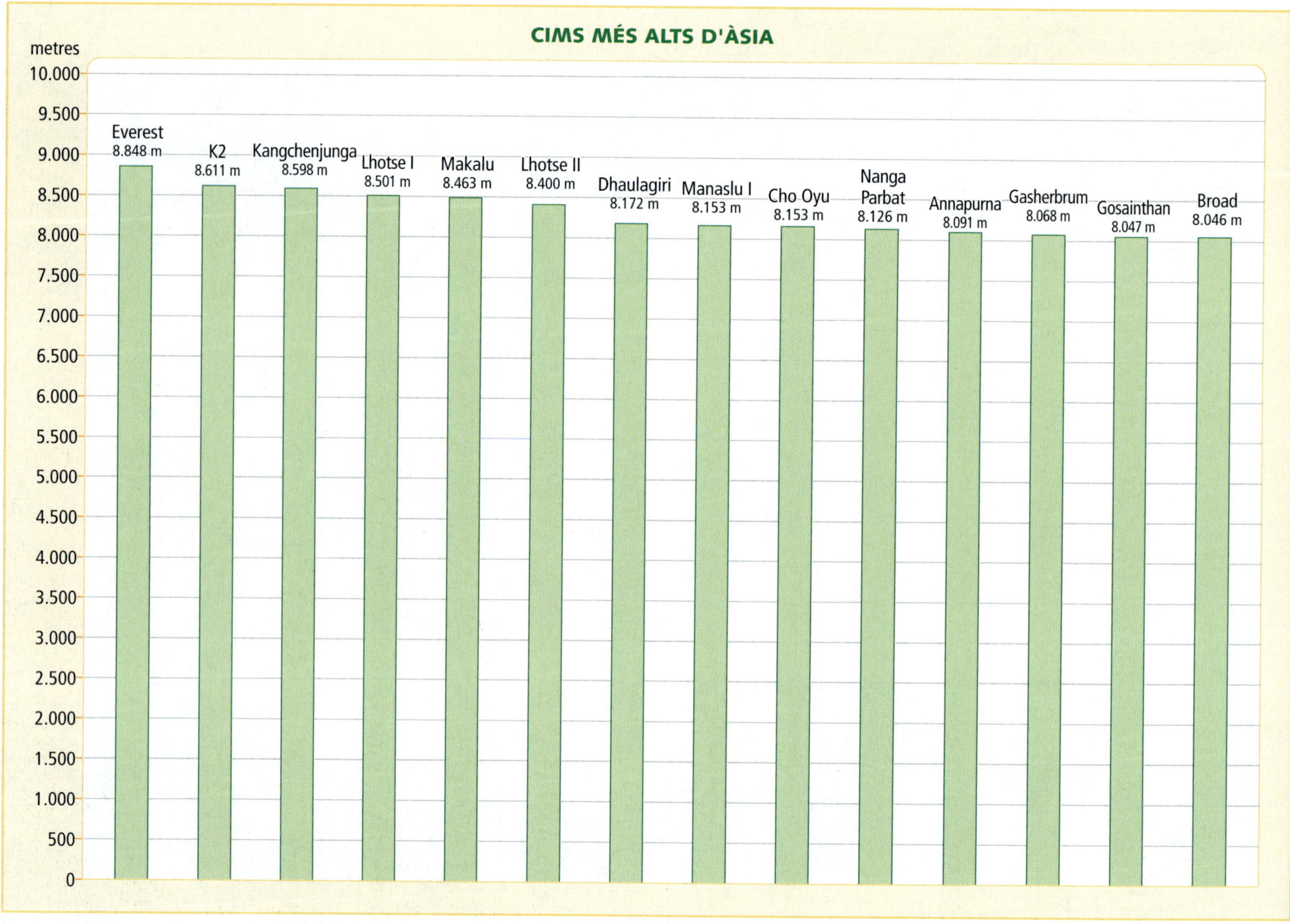

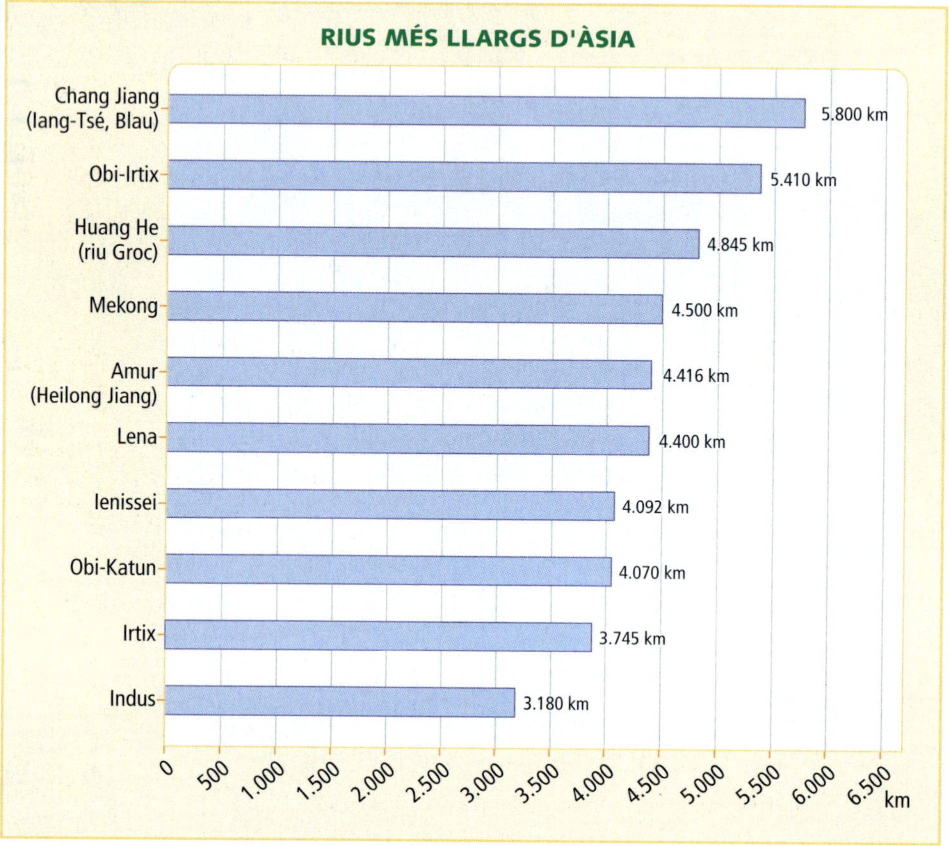

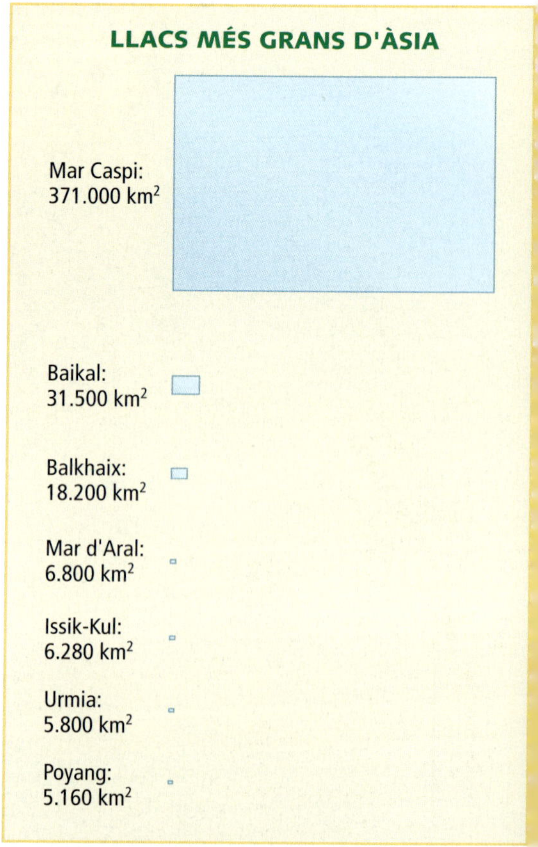

Àsia física

© I.C.L.
OCEÀ ATLÀNTIC
OCEÀ GLACIAL ÀRTIC
Pol nord
Groenlàndia
Islàndia
Mar de Groenlàndia
Cercle polar àrtic
Jan Mayen
Illes Svalbard
Terra de Francesc Josep
Nova Terra
Terra del Nord
C. Txeliuskin
Mar de Laptev
Mar de la Sibèria Oriental
Illes de la Nova Sibèria
Wrangel
Estr. de Bering
Sant Llorenç
Pen. dels Txuktxis
G. d'Anadir
Altiplà d'Anadir
C. Navarin
Mar de Bering
Illes Aleutianes
Serralades dels Koriaks
Illes Comandor
Kliutxevskaia Sopka 4.750 m
Pen. de Kamtxatka
C. Lopatka
Mar d'Okhotsk
Munt. de Kolyma
Pobeda 3.147 m
Munt. de Txerski
Munt. de Verkhoiansk
Munt. Djugdjur
Sakhalin
Illes Kurils
Munt. Stanovoi
Munt. Sikhote-Alin
Daisetsuzan 2.290 m
Hokkaido
Estr. de La Pérouse
ILLES BRITÀNIQUES
Irlanda
Gran Bretanya
Illes Shetland
Illes Fèroe
Mar de Noruega
Mar del Nord
SERRALADES ESCANDINAVES
Pen. Escandinava
Jutlàndia
Mar Bàltic
G. de Bòtnia
Lapònia
Pen. de Kola
Mar Blanc
C. Nord
Mar de Barentsz
Pen. de Kanin
Mar de Kara
Pen. de Iamal
Pen. de Guidi
Munt. Byrranga
Pen. de Taimir
Plana de la Sibèria Septentrional
Munt. Putorana
Altiplà de la Sibèria Central
Plana del Mar Bàltic
Carèlia
Plana de l'Europa Oriental
Munt. de Timan
Narodnaia 1.894 m
Uvals del Nord
Altures de la Rússia Central
Altures del Volga
SERR. DELS URALS
Plana de la Sibèria Occidental
Sibèria
ALPS
CARPATS
BALCANS
Pen. de Crimea
Mar Negre
CAUCAS
Elbrus 5.642 m
DEPRESSIÓ DEL CASPI
Mar Caspi
Altiplà d'Ustiurt
Altiplà de Kazakhstan
Munt. Saian
Munku-Sardyk 3.491 m
ALTAI
P. Belukha 4.506 m
Munt. de Khangai
Altai Mongol
Mongòlia
Altiplà de Mongòlia
DESERT DE GOBI
Munt. Iablonovoi
Khingan
Petit Khingan
Manxúria
Mar del Japó o mar de l'Est
Honshu
Fuji-San (Fuji-Yama) 3.776 m
On Take 3.064 m
ARX. JAPONÈS
Shikoku
Kyūshū
Pen. de Corea
Liaodong
Mar Groc
Estr. de Corea
SERR. DEL PONT
Anatòlia
TAURE
Xipre
Ararat 5.165 m
Mt. Erciyas 3.916 m
Kurdistan
Mesopotàmia
Mar Mediterrani
Turkestan
DES. DE KIZILKUM
DES. DE KARAKUM
DEPR. DETURAN
Munt. Elburz
Damavand 5.671 m
Munt. Kope
DES. DE KAVIR
DES. DE LUT
Zard Kūh 4.547 m
Sir Kūh 4.075 m
Altiplà de l'Iran
SERR. DEL ZAGROS
Golf Pèrsic
Balutxi
Ll. Balkhaix
Jungària
7.439 m P. Pobedy
TIAN SHAN
Depressió de Turfan
Munt. Alai
P. Ismoil Somoni 7.495 m
PAMIR
K2 8.611 m
Broad 8.046 m
Gasherbrum 8.068 m
DES. DE TAKLA MAKAN
Lob Nur
QILIAN SHAN
ALTUN SHAN
Muztag 7.723 m
SERR. KUNLUN
HINDU KUSH
Nanga Parbat 8.126 m
KARAKORAM
Caixmir
Altiplà del Tibet
HIMÀLAIA
Punjab
Gosainthan 8.047 m
Lhotse I 8.501 m
Lhotse II 8.400 m
Namcha Barwa 7.756 m
Manaslu I 8.153 m
Annapurna 8.091 m
Cho Oyu 8.153 m
Makalu 8.463 m
Dhaulagiri 8.172 m
Everest 8.848 m
Kangchenjunga 8.598 m
DES. DE THAR
Plana del Ganges
Assam
Taibai 4.107 m
Gran Plana de la Xina
Shandong
Mar de la Xina Oriental
Okinawa
Illes Ryukyu
Wuyi Shan
Gongga 7.590 m
Nan Ling
Yu Shan 3.997 m
Taiwan
Estr. de Taiwan
Estr. de Luzon
OCEÀ PACÍFIC
C. Engaño
Mar de les Filipines
Luzon
Pulog 2.930 m
ILLES FILIPINES
Mindoro
Mindanao
V. Apo 2.954 m
Palawan
Mar de Sulu
Hainan
G. de Tonquín
Estr. de Balabac
Arx. de Sulu
Mar de les Cèlebes
Halmahera
DESERT DE NAFUD
Hejaz
Península d'Aràbia
DESERT DE DAHNA
Neyed
Trópic de Càncer
G. d'Oman
Estr. d'Ormuz
Ras al-Hadd
Asir
RUB AL KHALI
Mar Roja
Hadramaut
Ras Madrakah
Golf d'Aden
Bab al-Mandab
Socotra
C. Guardafui
Pen. de Somàlia
Mar d'Aràbia
Munt. Vindhya
Munt. Satpura
Pen. de l'Hindustan
GHATS OCCIDENTALS
GHATS ORIENTALS
Dècan
Costa de Malabar
Costa de Coromandel
Illes Lakshadweep (Lacadives)
2.695 m Anai Mudi
Estr. de Palk
C. Comorin
Sri Lanka
C. Dondra
Illes Maldives
Golf de Bengala
Boques del Ganges
Serr. de l'Arakan
Munt. Pegu
Munt. Dawna
Boques de l'Irauadi
C. Nagare
Illes Andaman
Mar d'Andaman
Arx. Mergui
Pen. d'Indoxina
Annam
Golf de Siam
Boques del Mekong
Pta. Ca Mau
ISTME DE KRA
Illes Nicobar
Mar de la Xina Meridional
Kinabalu 4.101 m
Illes Natuna
Illes Anambas
Kalimantan (Borneo)
Raya 2.278 m
Tahan 2.190 m
Pen. de Malacca
Estr. de Malacca
Leuser 3.381 m
Sumatra
Nias
Illes Mentawai
Kerinci 3.800 m
Bangka
Belitung
Estr. de Karimata
Sulawesi (Cèlebes)
Estr. de Makassar
Rantekombola 3.455 m
Illes Moluques
Seram
Mar de Banda
Illes Grans de la Sonda
Mar de Java
Java
Estr. de Sonda
Semeru 3.676 m
Agung 3.142 m
Raung 3.332 m
Slamet 3.418 m
Bali
Lombok
Rindjani 3.726 m
Sumbawa
Flores
Sumba
Illes Petites de la Sonda
Timor
Mar de Timor
Equador
Illes Almirall
Illes Seychelles
C. d'Ambre
Illes Agalega
Illes Chagos
Madagascar
OCEÀ ÍNDIC
Saint Brandon
Maurici
Illa de la Reunió
Illes Mascarenyes
C. de Santa Maria
Illes Cocos
C. Lévêque
Barrow
C. Nord-oest
GRAN DESERT DE SORRA
DES. DE GIBSON
GRAN DESERT DE VICTÒRIA
Austràlia
Tròpic de Capricorn
Escala 1: 44.500.000
0 500 1.000 km
Long. est 90° de Greenwich

4. Àsia política

País	Capital	Superfície (en km²)	Població	Taxa de natalitat (per 1 000 h.)	Taxa de mortalitat (per 1 000 h.)	Taxa de mortalitat infantil (per 1 000 h.)	Esperança de vida en néixer (en anys)		PIB/h. (en dòlars)
							H	D	
AFGANISTAN	Kabul	653.000	27.657.000	33	8	66	60	62	565
ARÀBIA SAUDITA	Al-Riyād	2.150.000	31.788.000	20	3	12	73	76	20.150
ARMÈNIA	Erevan	30.000	3.999.000	14	9	13	72	78	3.511
AZERBAIDJAN	Bakú	87.000	9.706.000	17	6	28	73	78	3.956
BAHRAIN	Al-Manāma	778	1.424.000	14	2	5	76	78	24.183
BANGLA DESH	Dacca	148.000	160.221.000	19	5	31	69	72	1.411
BHUTAN	Thimbu	38.000	769.000	17	6	27	70	70	2.674
BRUNEI	Bandar Seri Begawan	6.000	417.000	16	4	9	77	78	26.424
CAMBODJA	Phnom Penh	181.000	15.626.000	24	6	25	67	71	1.230
COREA DEL N.	Pyongyang	123.000	25.155.000	14	9	20	67	74	648
COREA DEL S.	Seül	100.000	51.069.000	8	5	3	79	86	27.539
FILIPINES	Manila	300.000	100.981.000	23	7	22	65	72	2.924
GEÒRGIA	Tbilisi	57.000	3.720.000	16	13	9	69	77	3.842
IEMEN	Sanà	528.000	26.832.000	32	7	34	63	65	938
ÍNDIA	Nova Delhi	3.287.000	1.311.050.000	20	7	38	67	70	1.723
INDONÈSIA	Jakarta	1.914.000	258.705.000	20	7	23	67	71	3.604
IRAN	Teheran	1.629.000	79.926.000	17	5	13	74	77	4.683
IRAQ	Bagdad	434.000	36.933.000	34	5	26	67	72	4.631
ISRAEL	Jerusalem	21.000	8.655.000	21	5	3	80	84	37.262
JAPÓ	Tòquio	378.000	127.933.000	8	10	2	81	87	38.917
JORDÀNIA	Amman	89.000	9.789.000	23	6	17	73	74	5.554
KAZAKHSTAN	Astana	2.725.000	17.671.000	23	7	13	68	77	7.453
KIRGUIZISTAN	Bixkek	200.000	6.019.000	28	6	18	67	75	1.073
KUWAIT	Kuwait	18.000	4.132.000	15	2	8	74	76	26.005
LAOS	Vientiane	237.000	6.492.000	25	6	51	65	68	1.925
LÍBAN	Beirut	10.000	4.966.000	15	4	7	78	82	11.309
MALÀISIA	Kuala Lumpur	330.000	31.660.000	17	5	6	73	77	9.360
MALDIVES	Malé	300	348.000	20	3	9	73	75	9.554
MONGÒLIA	Ulan Bator	1.564.000	3.120.000	27	5	19	66	76	3.660
MYANMAR	Naypyidaw	677.000	53.897.000	17	8	39	64	68	1.269
NEPAL	Katmandú	147.000	28.514.000	20	6	29	69	72	733
OMAN	Masqat	309.000	4.414.000	19	3	10	75	79	15.964
PAKISTAN	Islamabad	796.000	188.925.000	26	7	65	65	67	1.468
QATAR	Doha	12.000	2.700.000	11	1	7	78	80	60.787
RÚSSIA (ÀSIA)	Moscou	12.860.000	35.011.000	13	13	8	66	77	8.929
SINGAPUR	Singapur	719	3.934.000	9	5	2	80	85	52.961
SÍRIA	Damasc	185.000	18.502.000	22	6	11	64	77	1.535
SRI LANKA	Sri Jayawardenapura, Colombo	66.000	20.966.000	16	6	8	72	78	3.887
TADJIKISTAN	Duixanbe	143.000	8.551.000	28	4	38	72	76	800
TAILÀNDIA	Bangkok	513.000	67.458.200	10	8	10	71	78	5.899
TAIWAN	Taipei	36.000	23.540.000	9	7	4	77	84	22.453
TIMOR ORIENTAL	Dili	15.000	1.184.000	36	9	44	67	70	2.102
TURKMENISTAN	Aixkhabad	491.000	5.373.000	21	8	44	62	70	6.622
TURQUIA (ÀSIA)	Ankara	756.000	68.505.000	16	5	12	75	81	10.743
UNIÓ DELS EMIRATS ÀRABS	Abu Dhabi	84.000	5.927.000	11	2	6	76	79	37.678
UZBEKISTAN	Taixkent	444.000	31.575.000	24	5	34	71	76	2.122
VIETNAM	Hanoi	331.000	91.713.000	16	7	15	71	76	2.173
XINA	Pequín	9.573.000	1.374.620.000	12	7	9	74	79	8.113
TOTAL	**–**	**44.713.097**	**4.418.794.457**	**19**	**6**	**20**	**71**	**76**	**11.103**

Font: *Calendario Atlante de Agostini*, 2018.

Àsia política

5. Àfrica física

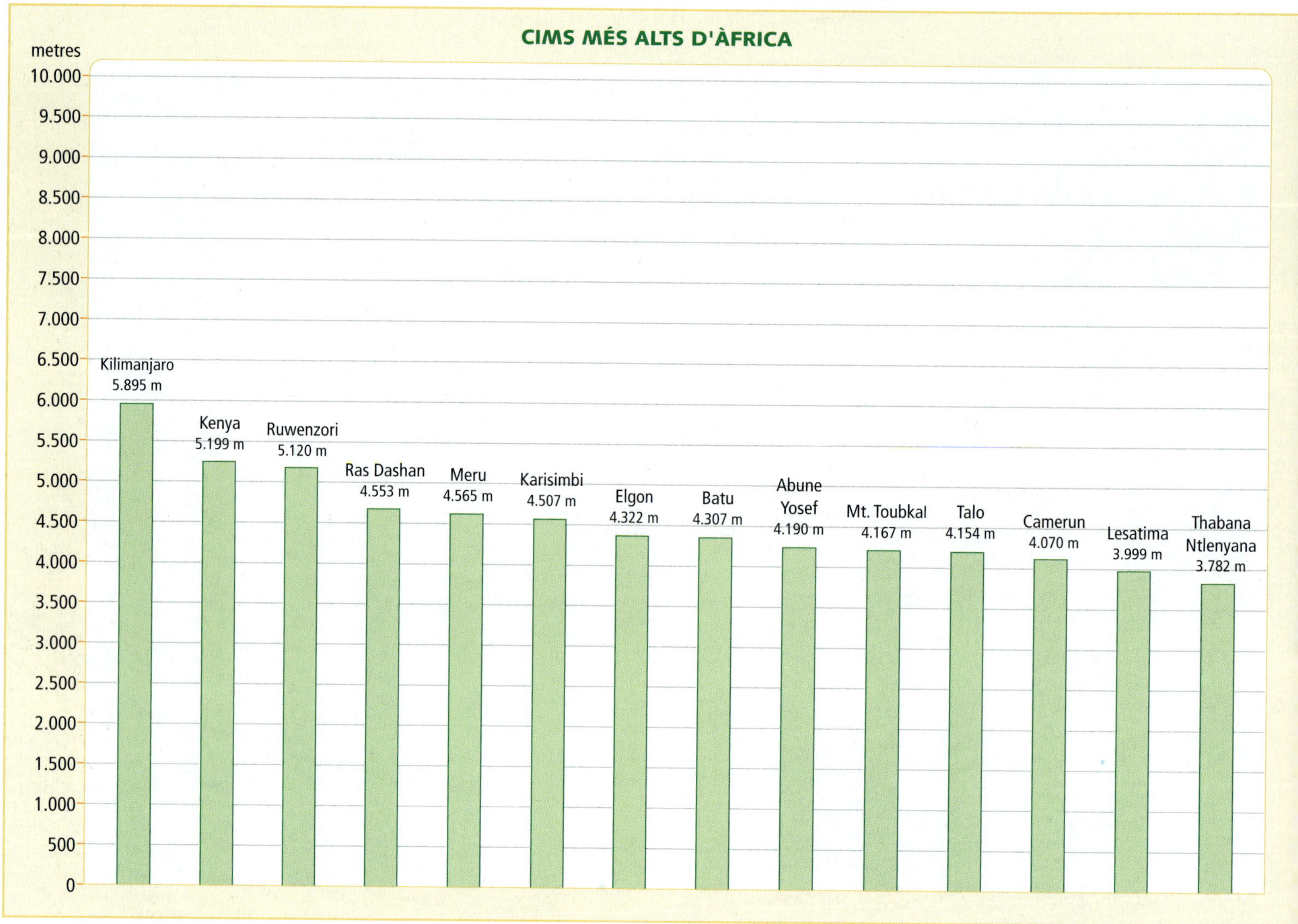

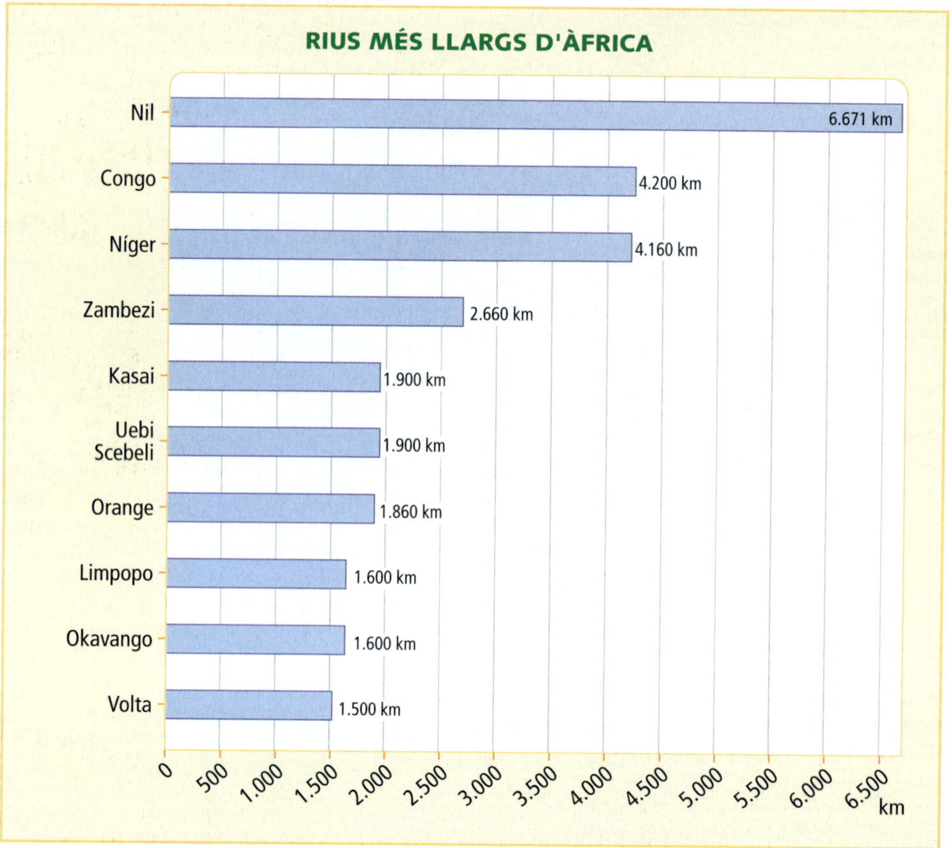

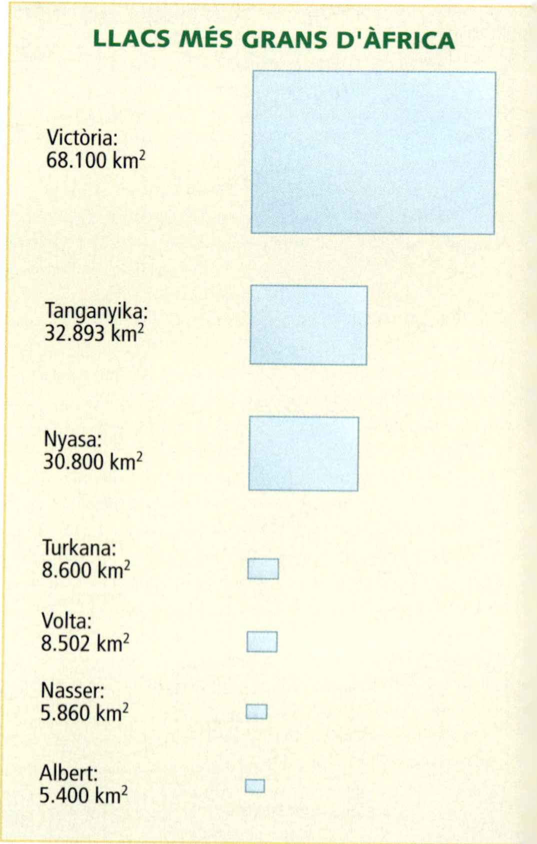

Àfrica física

6. Àfrica política

País	Capital	Superfície (en km²)	Població	Taxa de natalitat (per 1000 h.)	Taxa de mortalitat (per 1000 h.)	Taxa de mortalitat infantil (per 1000 h.)	Esperança de vida en néixer (en anys)		PIB/h. (en dòlars)
							H	D	
ANGOLA	Luanda	1.247.000	28.360.000	45	13	96	51	54	3.502
ALGÈRIA	Alger	2.382.000	40.836.000	26	4	21	77	78	3.944
BENÍN	Porto-Novo	115.000	10.880.000	36	9	64	58	61	771
BOTSWANA	Gaborone	582.000	2.231.000	25	7	35	62	67	6.972
BURKINA FASO	Ouagadougou	271.000	19.035.000	40	9	61	58	60	2.400
BURUNDI	Bujumbura	28.000	9.984.000	43	11	54	55	59	120
CAMERUN	Yaoundé	476.000	22.507.000	36	11	57	55	57	1.238
CAP VERD	Praia	4.000	531.000	21	5	21	72	75	3.078
CENTREAFRICANA, REP.	Bangui	622.000	4.900.000	33	14	91	50	53	364
COMORES	Moroni	1.900	806.000	33	7	55	62	65	753
CONGO	Brazzaville	342.000	4.620.000	36	8	33	61	64	1.784
CONGO, REP. DEM. DEL	Kinshasa	2.345.000	86.026.000	41	10	74	58	60	495
COSTA D'IVORI	Yamoussoukro	322.000	22.701.000	37	13	67	51	53	1.459
DJIBOUTI	Djibouti	23.200	993.000	25	9	54	61	64	1.908
EGIPTE	el Caire	1010.000	92.128.000	30	6	16	70	73	3.685
ERITREA	Asmara	121.100	5.110.000	33	6	34	62	66	823
ETIÒPIA	Addis Abeba	1.064.000	90.078.000	32	7	41	63	67	795
GABON	Libreville	268.000	1.726.000	30	8	36	64	66	7.587
GÀMBIA	Banjul	11.000	1.991.000	42	9	48	59	62	469
GHANA	Accra	239.000	28.308.000	32	9	43	60	62	1.569
GUINEA	Conakry	246.000	11.703.000	36	10	61	59	60	515
GUINEA BISSAU	Bissau	36.000	1.545.000	37	12	69	54	57	694
GUINEA EQUATORIAL	Malabo	28.000	1.222.000	35	11	68	57	59	14.174
KENYA	Nairobi	610.000	44.157.000	34	8	35	60	64	1.516
LESOTHO	Maseru	30.000	2.135.000	28	15	69	50	50	1.170
LIBÈRIA	Monròvia	111.000	4.503.000	35	8	53	60	62	480
LÍBIA	Trípoli	1.676.000	6.278.000	20	5	11	69	75	5.193
MADAGASCAR	Antananarivo	587.000	24.325.000	34	6	36	64	67	391
MALAWI	Lilongwe	119.000	16.933.000	38	7	43	63	65	295
MALI	Bamako	1.249.000	18.084.000	43	10	74	59	58	830
MARROC	Rabat	442.000	33.968.000	20	6	24	73	75	3.063
MAURICI	Port Louis	2.048	1.264.000	10	8	12	71	78	9.424
MAURITÀNIA	Nouakchott	1.030.700	3.720.000	33	8	65	62	65	1.243
MOÇAMBIC	Maputo	799.000	26.424.000	39	12	57	52	56	392
NAMÍBIA	Windhoek	824.000	2.324.000	29	7	33	62	68	4.630
NÍGER	Niamey	1.267.000	19.865.000	49	9	57	61	63	411
NIGÈRIA	Abuja	924.000	193.500.000	39	13	69	53	53	2.211
RUANDA	Kigali	26.000	11.533.000	31	7	32	64	67	729
SÃO TOMÉ I PRÍNCIPE	São Tomé	1.000	190.000	33	7	35	64	69	1.687
SENEGAL	Dakar	197.000	15.256.000	37	6	42	65	69	960
SEYCHELLES	Victoria	500	95.000	17	8	12	69	80	14.938
SIERRA LEONE	Freetown	73.000	7.092.000	35	13	87	51	52	618
SOMÀLIA	Mogadiscio	638.000	12.317.000	43	12	85	54	57	145
SUD-ÀFRICA, REPÚBLICA	Ciutat del Cap, Pretòria, Bloemfontein	1.221.000	55.909.000	22	10	34	60	65	5.261
SUDAN	Khartum	1.845.000	39.599.000	33	8	48	62	65	2.384
SUDAN DEL SUD	Juba	644.000	11.425.000	37	11	60	55	57	233
SWAZILÀNDIA	Mbabane	17.000	1.287.000	30	14	44	50	48	3.330
TANZÀNIA	Dodoma	947.000	50.145.000	38	7	73	64	67	970
TOGO	Lomé	57.000	7.305.000	35	9	52	59	61	590
TUNÍSIA	Tunis	164.000	11.154.000	20	6	12	73	77	3.730
TXAD	N'Djamena	1.284.000	14.037.000	45	14	85	51	53	852
UGANDA	Kampala	242.000	36.593.000	42	9	38	57	61	638
ZÀMBIA	Lusaka	753.000	15.934.000	40	9	43	59	63	1.275
ZIMBÀBUE	Harare	391.000	14.480.000	34	9	47	58	61	977
TOTAL	**–**	**30.177.598**	**1.191.546.149**	**33**	**9**	**49**	**60**	**63**	**2.401**

Font: *Calendario Atlante de Agostini*, 2018.

Àfrica política

7. Amèrica del Nord i Central física

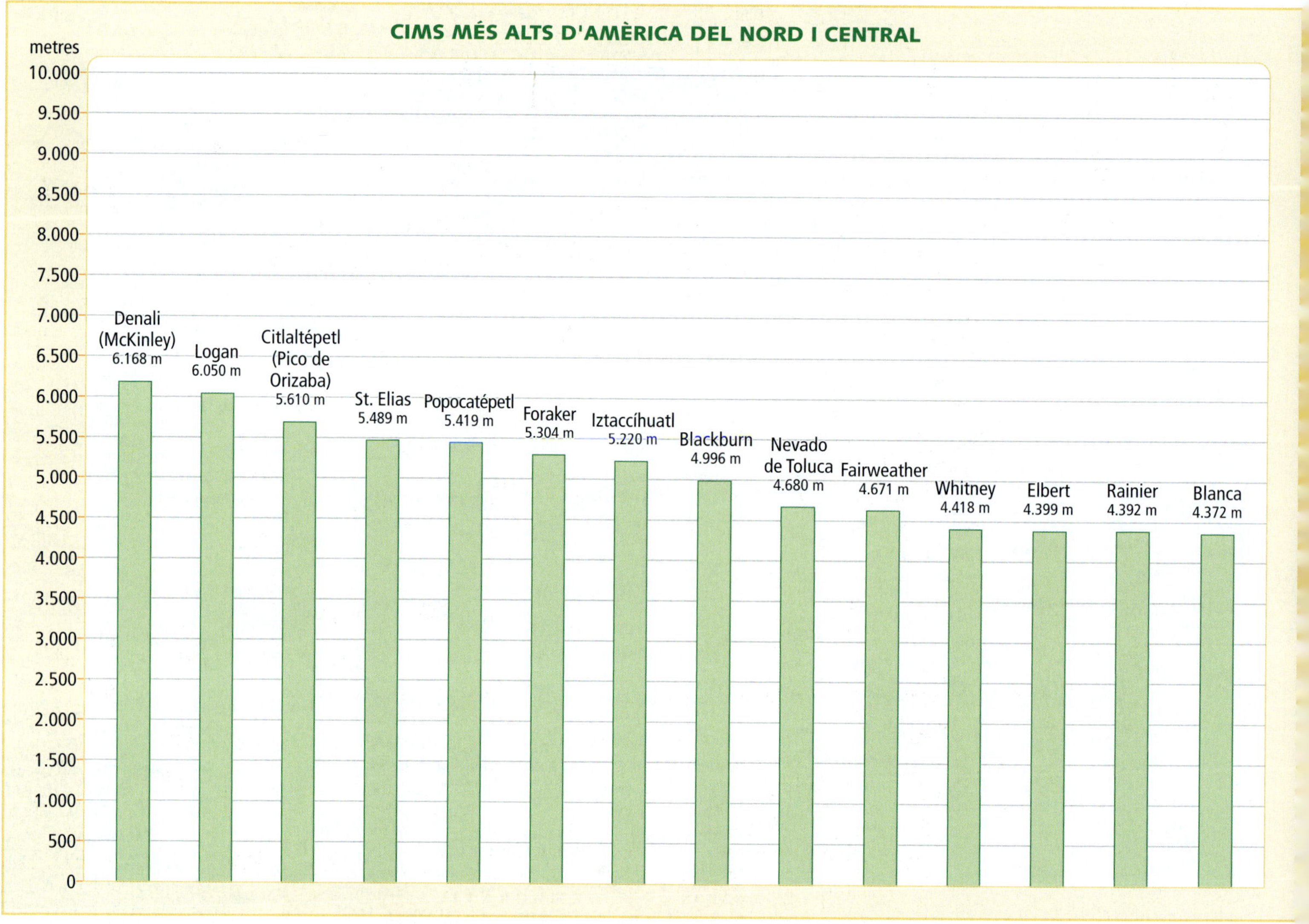

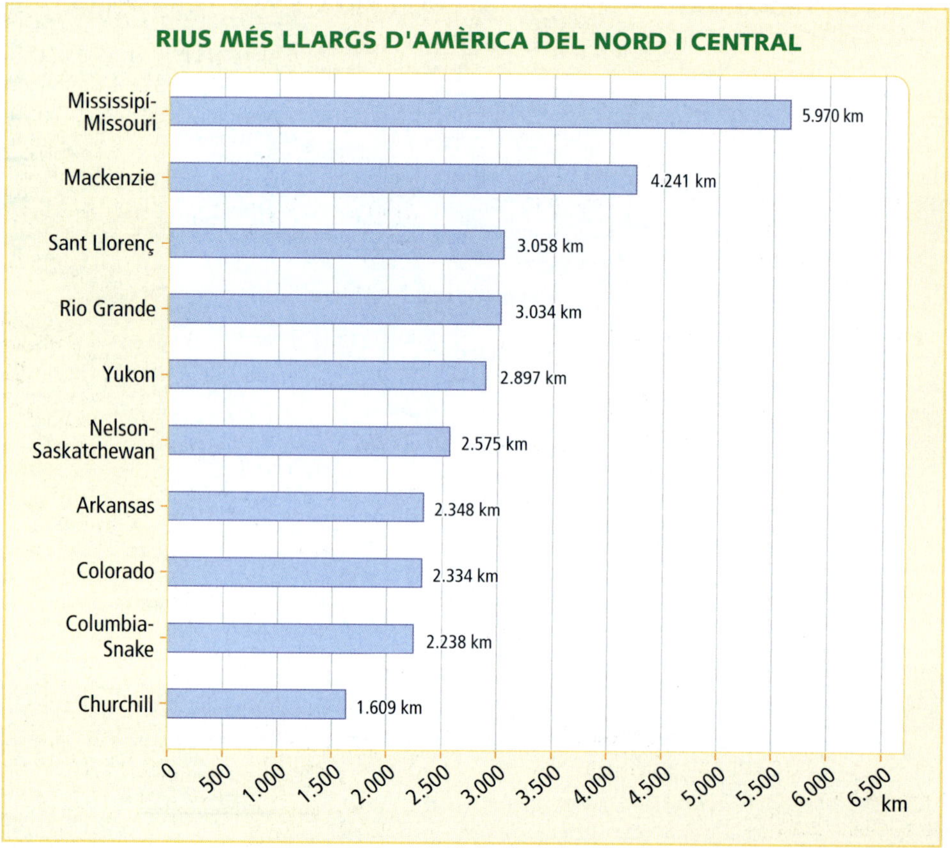

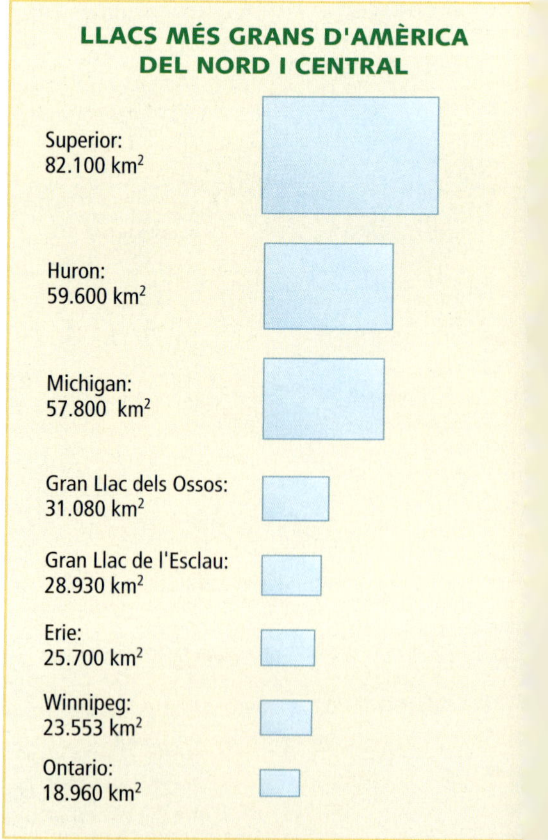

Amèrica del Nord i Central física

8. Amèrica del Nord i Central política

AMÈRICA DEL NORD

País	Capital	Superfície (en km²)	Població	Taxa de natalitat (per 1000 h.)	Taxa de mortalitat (per 1000 h.)	Taxa de mortalitat infantil (per 1000 h.)	Esperança de vida en néixer (en anys) H	Esperança de vida en néixer (en anys) D	PIB/h. (en dòlars)
CANADÀ	Ottawa	9.987.000	37.503.000	11	8	4	80	84	42.210
ESTATS UNITS	Washington	9.371.000	323.128.000	12	8	6	76	81	57.436
MÈXIC	Ciutat de Mèxic	1.964.000	119.938.000	18	6	11	75	79	8.555
TOTAL	**–**	**23.382.098**	**478.196.386**	**14**	**7**	**7**	**77**	**81**	**36.067**

Font: *Calendario Atlante de Agostini*, 2018.

AMÈRICA CENTRAL

País	Capital	Superfície (en km²)	Població	Taxa de natalitat (per 1000 h.)	Taxa de mortalitat (per 1000 h.)	Taxa de mortalitat infantil (per 1000 h.)	Esperança de vida en néixer (en anys) H	Esperança de vida en néixer (en anys) D	PIB/h. (en dòlars)
ANTIGUA I BARBUDA	Saint John's	444	92.000	16	6	6	74	79	15.488
BAHAMES	Nassau	14.000	388.000	15	6	10	72	78	24.272
BARBADOS	Bridgetown	431	284.000	12	11	12	73	78	16.363
BELIZE	Belmopan	23.000	378.000	23	6	14	67	73	4.636
COSTA RICA	San José	51.000	4.890.000	15	4	4	76	81	11.835
CUBA	l'Havana	110.000	11.239.000	11	9	4	78	82	7.657
DOMINICA	Roseau	750	73.000	15	8	20	76	79	7.356
DOMINICANA, REPÚBLICA	Santo Domingo	48.000	9.980.000	20	4	23	71	76	7.159
EL SALVADOR	San Salvador	21.000	6.521.000	17	7	14	69	78	4.343
GRENADA	Saint George's	344	107.000	19	7	11	71	76	9.585
GUATEMALA	Guatemala	109.000	16.548.000	24	5	24	68	76	4.089
HAITÍ	Port-au-Prince	27.000	10.912.000	25	9	52	61	65	761
HONDURAS	Tegucigalpa	112.000	8.721.000	21	5	17	71	76	2.609
JAMAICA	Kingston	11.000	2.731.000	17	7	13	74	78	4.931
NICARAGUA	Managua	130.000	6.328.000	23	4	19	72	78	2.120
PANAMÀ	Panamà	74.000	3.975.000	19	5	12	75	81	13.654
SAINT CHRISTOPHER I NEVIS	Basseterre	272	56.000	14	8	8	73	78	16.058
SAINT LUCIA	Castries	617	185.000	15	7	13	72	78	7.940
SAINT VINCENT I LES GRENADINES	Kingstown	389	110.000	16	7	17	71	75	7.038
TOTAL	**–**	**748.292**	**88.110.601**	**18**	**7**	**15**	**72**	**77**	**8.836**

Font: *Calendario Atlante de Agostini*, 2018.

Amèrica del Nord i Central política

9. Amèrica del Sud física

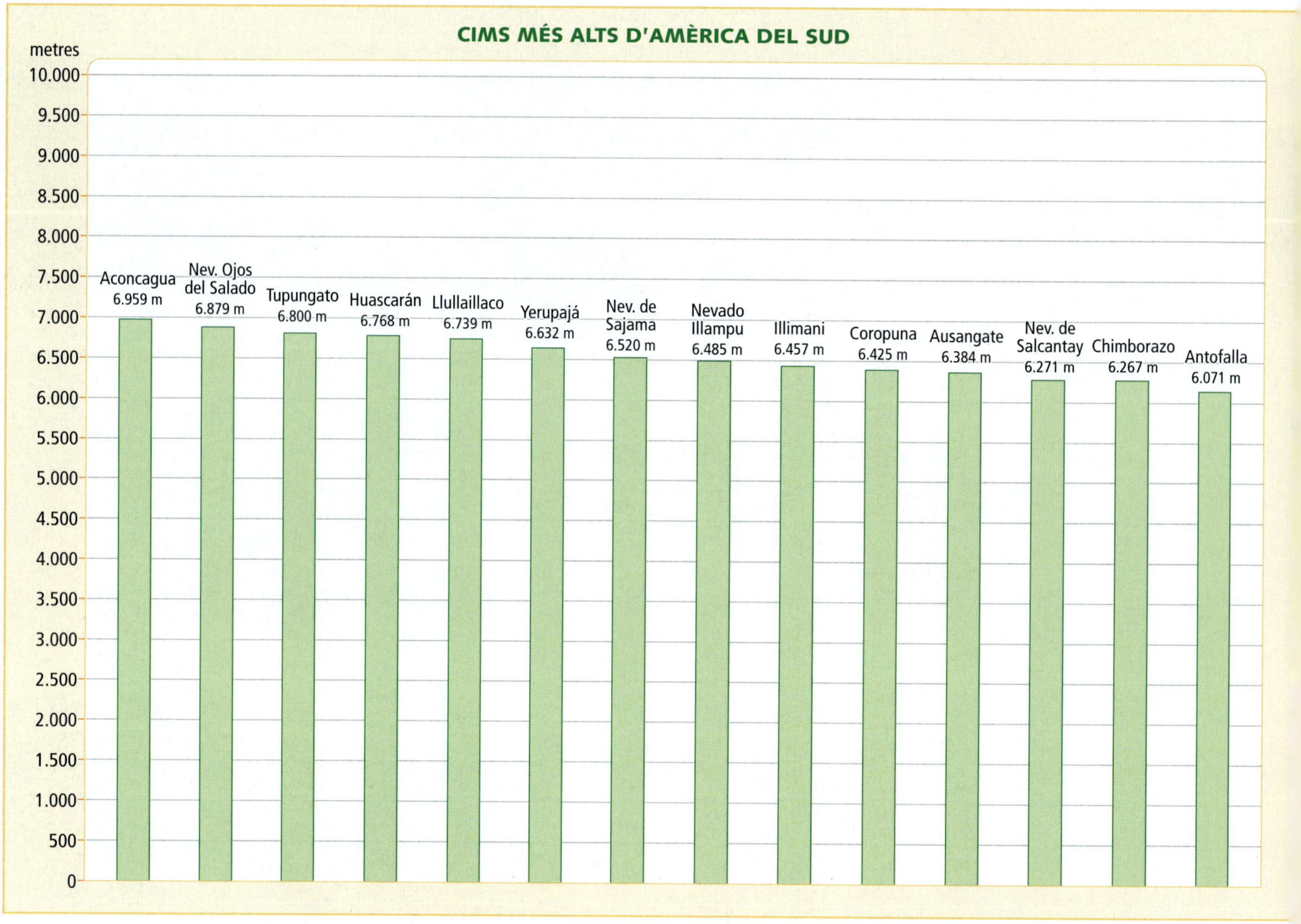

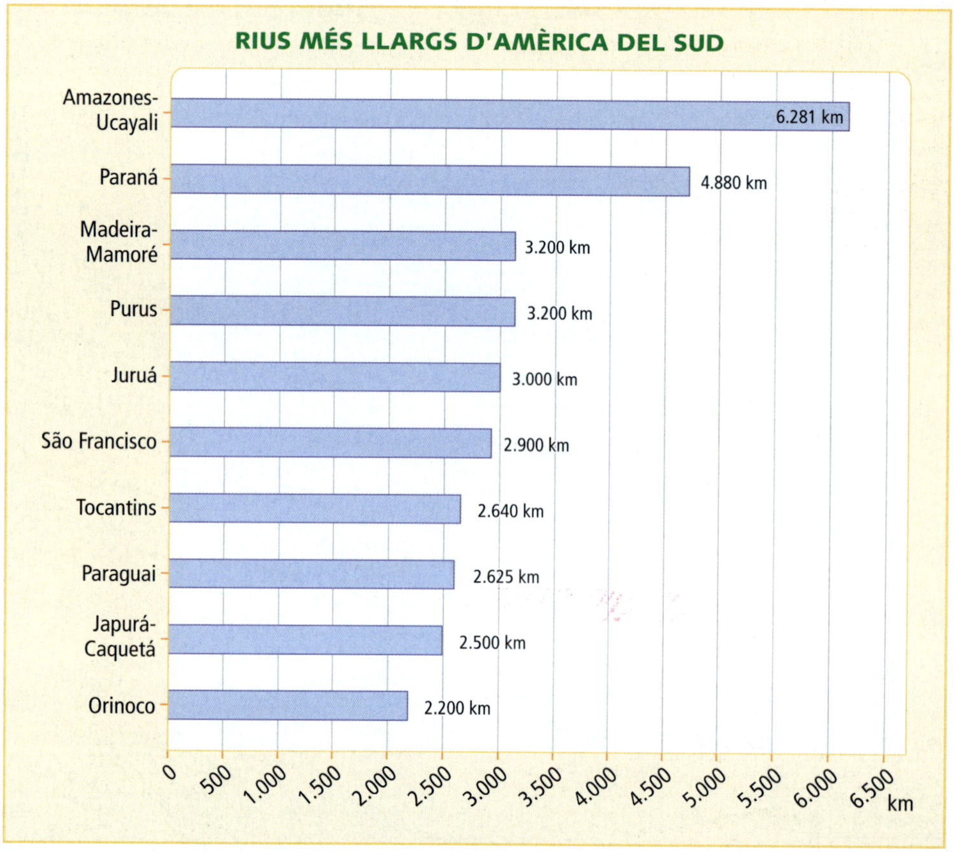

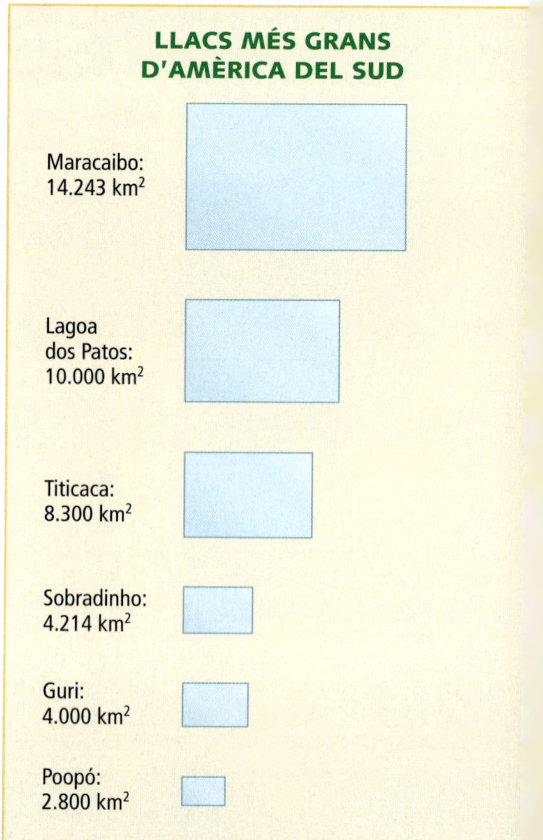

Amèrica del Sud física

10. Amèrica del Sud política

País	Capital	Superfície (en km^2)	Població	Taxa de natalitat (per 1000 h.)	Taxa de mortalitat (per 1000 h.)	Taxa de mortalitat infantil (per 1000 h.)	Esperança de vida en néixer (en anys)		PIB/h. (en dòlars)
							H	D	
ARGENTINA	Buenos Aires	2.780.000	43.590.000	17	8	11	73	80	12.503
BOLÍVIA	Sucre, La Paz	1.100.000	10.985.000	24	7	31	66	71	3.197
BRASIL	Brasília	8.516.000	206.081.000	15	6	15	71	78	8.727
COLÒMBIA	Bogotà	1.142.000	48.748.000	14	4	14	71	78	5.792
EQUADOR	Quito	256.000	16.529.000	17	4	18	73	79	5.930
GUYANA	Georgetown	215.000	767.000	19	8	32	64	69	4.475
PARAGUAI	Asunción	407.000	6.855.000	21	6	17	71	75	4.003
PERÚ	Lima	1.285.000	31.489.000	20	6	13	72	78	6.199
SURINAM	Paramaribo	164.000	543.000	18	7	19	68	75	9.333
TRINITAT I TOBAGO	Port-of-Spain	5.000	1.354.000	13	8	18	67	74	15.342
URUGUAI	Montevideo	176.000	3.467.000	13	9	7	74	81	15.679
VENEÇUELA	Caracas	916.000	31.029.000	19	6	13	70	79	9.258
XILE	Santiago	756.000	18.192.000	13	5	7	79	85	13.576
TOTAL	**–**	**17.834.062**	**420.186.249**	**17**	**6**	**17**	**71**	**77**	**8.770**

Font: *Calendario Atlante de Agostini*, 2018.

Cascades de l'Iguaçú a la frontera entre l'Argentina, el Brasil i el Paraguai.

Meandres del riu Amazones a la zona central del Brasil.

Amèrica del Sud política

11. Oceanía física i política

País	Capital	Superfície (en km²)	Població	Taxa de natalitat (per 1 000 h.)	Taxa de mortalitat (per 1 000 h.)	Taxa de mortalitat infantil (per 1 000 h.)	Esperança de vida en néixer (en anys)		PIB/h. (en dòlars)
							H	D	
AUSTRÀLIA	Canberra	7.700.000	23.398.000	13	7	3	80	84	51.850
FIJI	Suva	18.300	869.000	20	7	19	67	73	5.182
KIRIBATI	Bairiki	726	110.000	28	7	44	63	70	1.437
MARSHALL, ILLES	Majuro	181	53.000	30	4	30	70	75	3.338
MICRONÈSIA, ESTATS FEDERATS DE	Palikir	701	104.000	24	6	29	68	70	3.150
NAURU	Yaren	21	11.000	30	8	35	57	64	18.469
NOVA ZELANDA	Wellington	267.000	4.693.000	13	7	4	80	83	38.345
PALAU	Ngerulmud	489	18.000	14	8	17	69	76	16.222
PAPUA NUEVA GUINEA	Port Moresby	463.000	7.619.000	28	8	44	61	65	2.528
SALOMÓ	Honiara	30.000	639.000	29	6	24	67	70	1.971
SAMOA	Apia	3.000	192.000	25	5	15	71	77	4.035
TONGA	Nuku'alofa	748	106.000	24	6	14	70	76	3.856
TUVALU	Funafuti	26	10.000	24	9	23	64	68	3.157
VANUATU	Port Vila	12.000	272.000	26	5	23	70	74	2.815
TOTAL	**–**	**8.503.289**	**39.820.772**	**23**	**7**	**23**	**68**	**73**	**11.168**

Font: *Calendario Atlante de Agostini*, 2018.

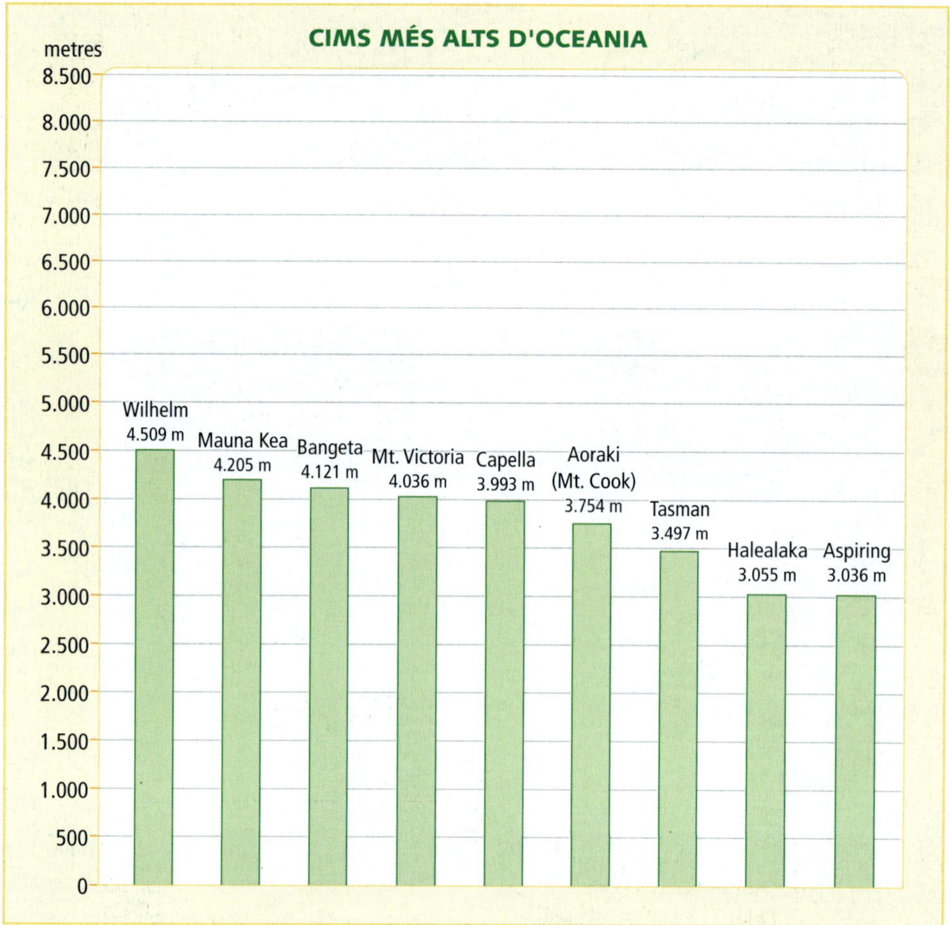

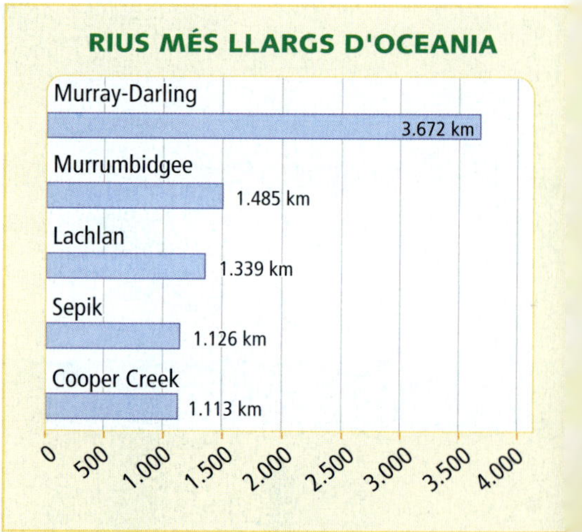

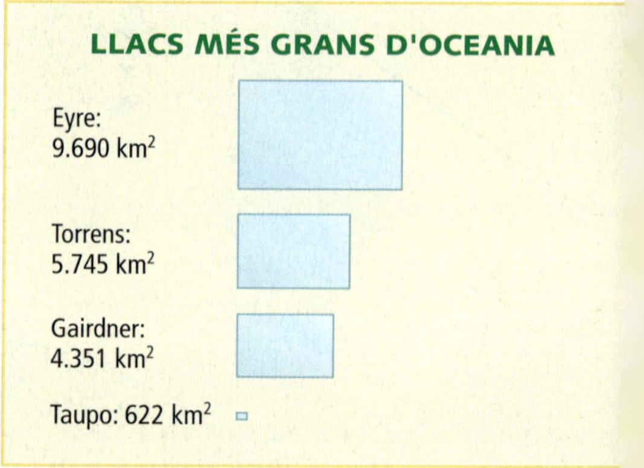

Oceania física i política

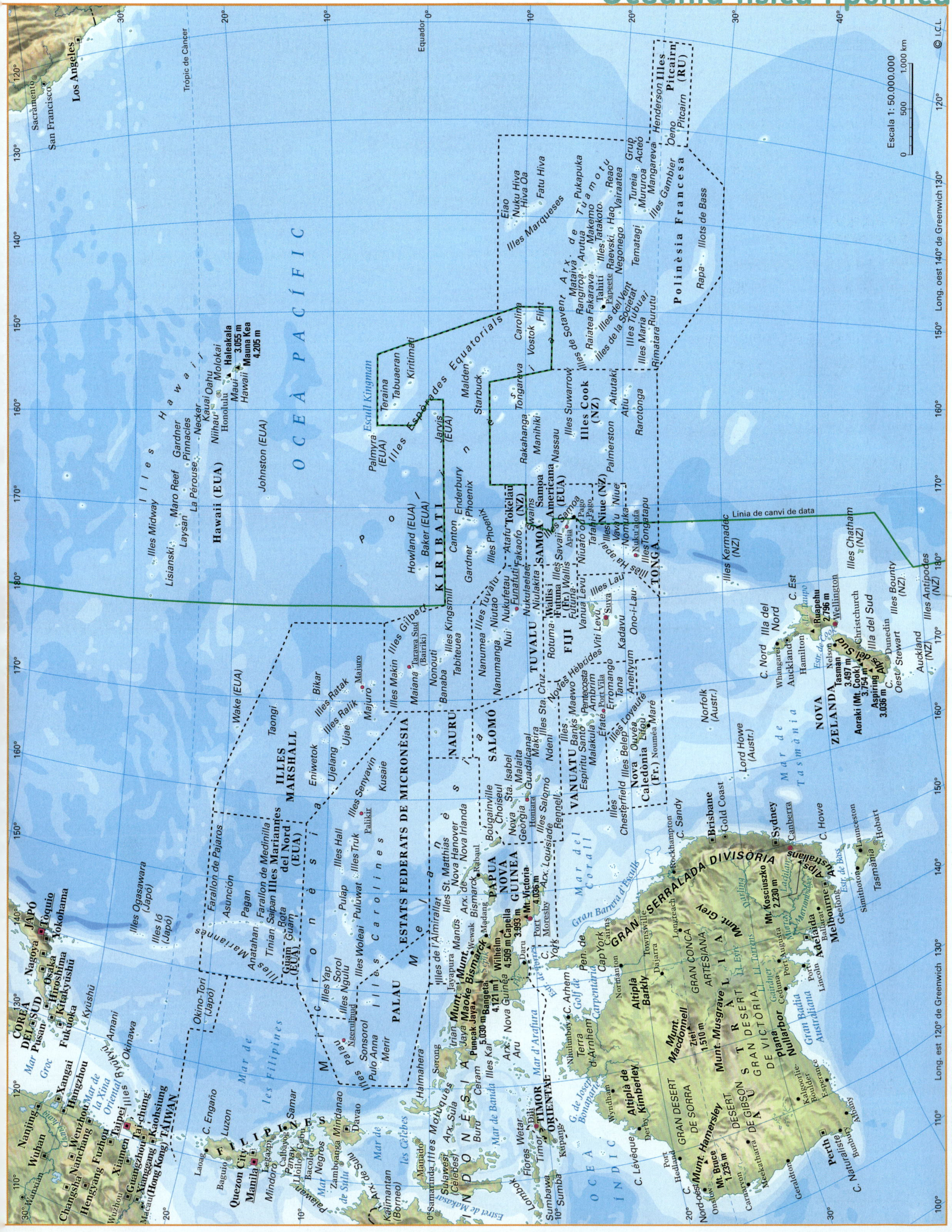

12. Regions polars

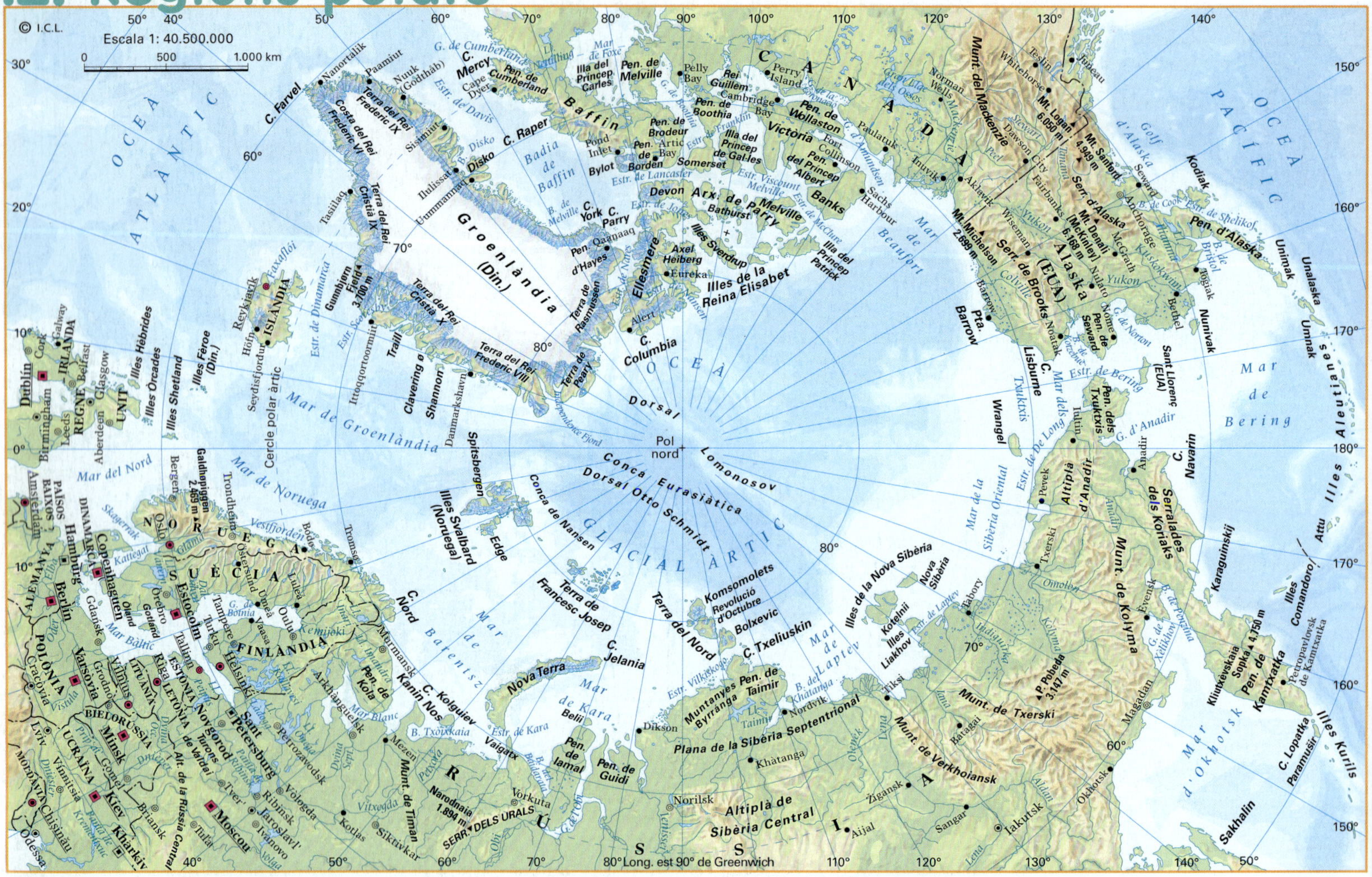

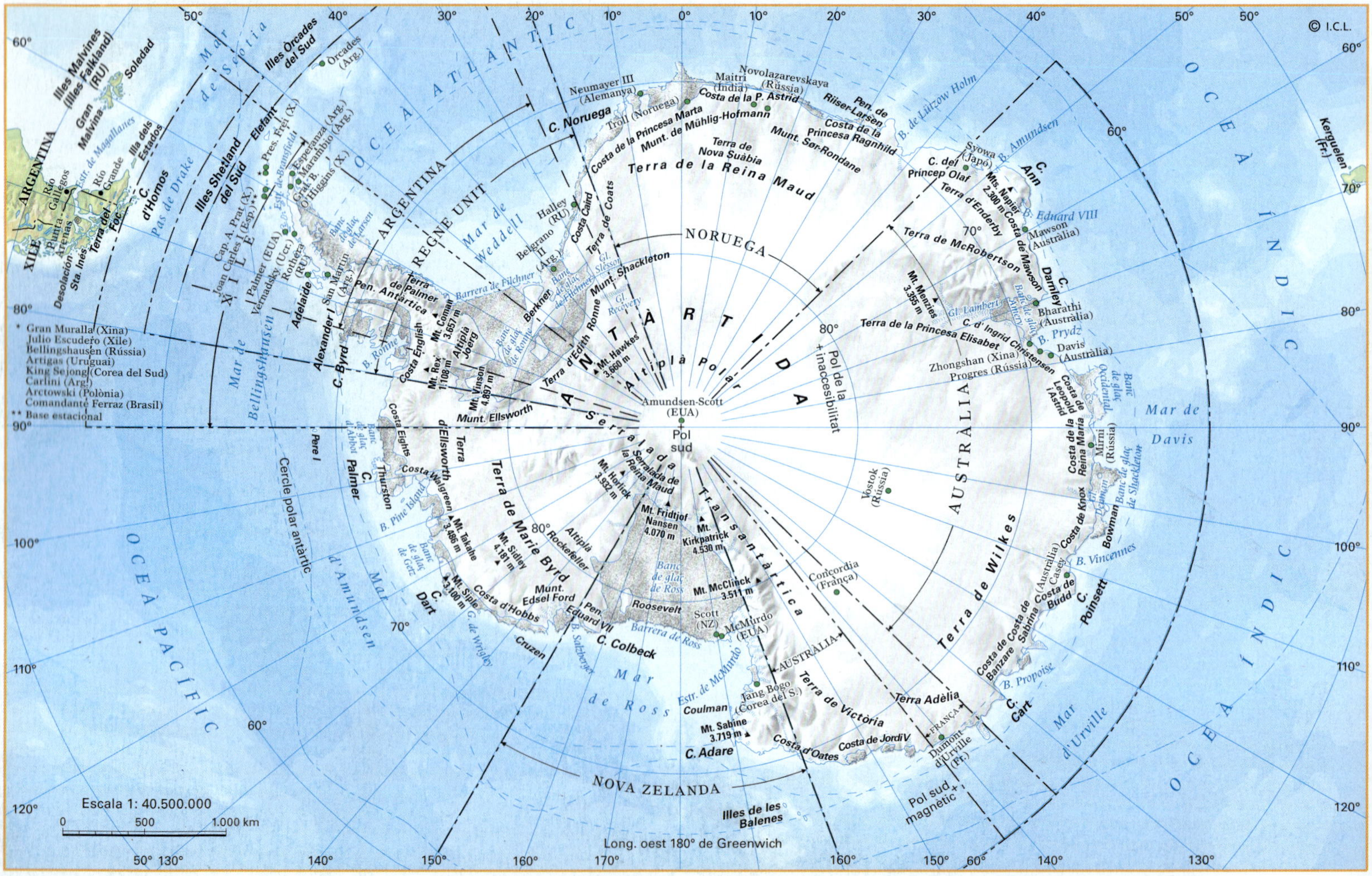